本书得到中国博士后科学基金第五十九批面上资助项目："建设法治经济进程中的中国劳资纠纷化解机制研究"（编号：2016M591866）与江苏省社科基金项目"《资本论》劳动者权益观研究"（编号：13MLD014）资助，同时为淮阴师范学院区域治理法治化研究中心研究成果

《资本论》劳工权益思想研究

江雪松 ◎ 著

中国社会科学出版社

图书在版编目（CIP）数据

《资本论》劳工权益思想研究/江雪松著. —北京：中国社会科学
出版社，2016.10
ISBN 978 - 7 - 5161 - 9035 - 7

Ⅰ.①资…　Ⅱ.①江…　Ⅲ.①《资本论》—马克思著作研究
Ⅳ.①A811.23

中国版本图书馆 CIP 数据核字（2016）第 237619 号

出 版 人	赵剑英
责任编辑	熊 瑞
责任校对	季 静
责任印制	戴 宽

出　　版	中国社会科学出版社
社　　址	北京鼓楼西大街甲 158 号
邮　　编	100720
网　　址	http://www.csspw.cn
发 行 部	010 - 84083685
门 市 部	010 - 84029450
经　　销	新华书店及其他书店

印　　刷	北京君升印刷有限公司
装　　订	廊坊市广阳区广增装订厂
版　　次	2016 年 10 月第 1 版
印　　次	2016 年 10 月第 1 次印刷

开　　本	710×1000　1/16
印　　张	16
插　　页	2
字　　数	223 千字
定　　价	58.00 元

谨以本书告慰慈母赵瑛在天之灵！

资本是资产阶级社会的支配一切的经济权力。

——马克思《政治经济学批判（1857—1858 年手稿)》

劳动权就是支配资本的权力。

——马克思《1848 年至 1850 年法兰西的阶级斗争》

目　录

前　　言

中国改革开放以来的治理实践，印证着马克思写作《资本论》的态度——"走你的路，让人们去说罢！"经济建设取得世人瞩目的可喜成就。但是，劳动力作为重要的市场力量，却在经济繁荣之下渐趋分化与弱化，劳动力所有者的权益保障阙如，经济社会发展成果共享不均。以《劳动合同法》为例，颁布不久即被修订，在实施过程中遭遇诸多困境，不时有人呼吁取缔。可以看出，《资本论》所描述的劳资关系张力在当今依然清晰展现。

怎么办？结果若无通向它的道路是令人绝望的。

社会治理必须解决马克思主义法学研究停滞于宏观叙事所带来的实践指导性欠缺！立足原点、回到经典，是马克思主义法学深耕中国现代化实践，提炼本土知识增量，永葆理论生命力的第一步。而《资本论》劳工权益思想研究，正是在此道路上行进的马克思主义法学理论精细化、部门化努力。

马克思虽未写出专门研究法律的著作，但在《资本论》中"用了很大篇幅来叙述英国工厂立法的历史、内容和结果"①。马克思认为工厂法促进了资本主义生产由工场手工业和家庭劳动向大工业过渡的加

---

① 《资本论》（第 1 卷），载《马克思恩格斯文集》（第 5 卷），人民出版社 2009 年版，第 9 页。

速,"工厂立法是社会对其生产过程自发形态的第一次有意识、有计划的反作用"①。马克思虽曾说过:"我学的专业本来是法律,但我只是把它排在哲学和历史之次当作辅助学科来研究。"② 但是他对法律的认识比同时代的许多法学家都要透彻,法律上层建筑决定于社会经济基础且交互作用的关系原理至今颠扑不破。马克思通过商品理解劳动,通过劳动理解劳资关系,通过劳资关系理解经济、理解法律、理解社会,是《资本论》劳工权益思想研究的主线。

《资本论》时代是市场经济萌发、勃兴的年代,马克思在揭露资本剥削本质时,明确指出资产阶级法律的局限性会被超越,但并未预言法律将在未来消亡。遍查经典文本,"法律消亡的预言在马克思和恩格斯的论著中无法找到有力的根据"③。马克思在《〈政治经济学批判〉导言》中提到"每种生产形式都产生出它特有的法的关系"④。未来社会必将有新的生产形式,也一定会生成新的"法的关系"与社会规范。马克思批判实质不公平的法律,强调"权利决不能超出社会的经济结构以及由经济结构制约的社会的文化发展"⑤。本书立足于这一立场,进行文献爬梳,运用法治经济原理,结合经济、政治、社会、历史、管理等学科理论与方法,挖掘阐释《资本论》劳工权益思想,初步建构《资本论》劳工权益思想的研究框架,校准《资本论》劳工权益思想的理论方位,梳理《资本论》劳工权益思想的逻辑脉络,诠释《资本论》劳工权益思想的理论蕴涵,映证《资本论》劳工权益思想的实践呈现,探寻《资本论》劳工权益思想的当代启示。

---

① 《资本论》(第1卷),载《马克思恩格斯文集》(第5卷),人民出版社2009年版,第553页。

② 《〈政治经济学批判〉序言》,载《马克思恩格斯文集》(第2卷),人民出版社2009年版,第588页。

③ [美]埃德加·博登海默:《法理学:法律哲学与法律方法》,邓正来译,中国政法大学出版社2004年版,第99页。

④ 《马克思恩格斯文集》(第8卷),人民出版社2009年版,第12页。

⑤ 《哥达纲领批判》,载《马克思恩格斯文集》(第3卷),人民出版社2009年版,第435页。

　　法治经济是现代市场经济的本质，而劳动与资本的关系作为"我
们现代社会体系所围绕旋转的轴心"①，构成现代市场经济最为本质的
关系，所以，劳资关系纳入法治化轨道是法治经济的必然要求。劳动
关系治理法治化成为全面推进依法治国的重要驱动源，劳动法治的落
脚点在于劳工权益保障。由此，本书认为《资本论》劳工权益思想是
马克思主义法学理论的重要组成部分和新的理论生长点。《资本论》
劳工权益思想为开辟通往历史唯物主义的现实道路铺垫了理论基石，
《资本论》所阐释的劳工权益思想实现与否成为衡量社会文明程度的
标杆，劳权保障也是未来社会人自由全面发展的现实路径。"重新建
立劳动者的个人所有制"是劳工权益的未来指向，马克思在《资本
论》里的这一设想蕴含着劳工权益的最高目标——天然就业权。马克
思作为伟大的思想家，其关于法律的体认视野开阔、思想深邃、批判
深刻，其对劳工权益及人的全面解放和发展条件的强烈关怀成为马
克思主义法学最为鲜明之处，马克思之所以能够开创人类思想的新
境界也正在于此！中国劳动关系治理和法治经济建设的理论营养也
正在于此！

---

　　① ［德］恩格斯：《卡尔·马克思〈资本论〉第一卷书评——为〈民主周报〉作》，载
《马克思恩格斯文集》（第3卷），人民出版社2009年版，第79页。

第一章　绪论

第一节　本书的由来

为什么在一个生产日益发达、财富总量丰足的社会里，创造财富的大多数劳动者仍然辛劳拮据，而极少数人却非常富有而"幸福"？

为什么在一个持续改革、不断发展的社会里，作为社会基石的大多数劳动者承担了改革的巨大成本，却由少数人享受着改革红利，"发展成果惠及全体人民"仍是政府奋力发出的口号？

为什么通过劳作维持生活的大多数劳动者，在自身既没有胡作非为，也没有自然灾害的情况下，工资报酬、休息休假、安全卫生等许多基本权益仍然缺乏切实保障？

追问之下，谁都能说上几句自己的答案，但很难保证深刻或者全面。而迄今最为全面而深刻之答案，仍然需要回到经典——《资本论》中找寻。上述劳动者权益问题涉及现代社会的良好运行，《资本论》作为划时代的巨著，"本书的最终目的就是揭示现代社会的经济运动规律"[①]，问世已近一个半世纪，经受了历史风雨的考验，至今仍然具有强大的生命力，最有资格作出科学回答。带着困惑与希望，本

[①] 《资本论》（第1卷），载《马克思恩格斯文集》（第5卷），人民出版社2009年版，第10页。

书确定以"《资本论》劳工权益思想研究"为题。

　　劳工权益（laborer rights），简称劳权，是指现代产业关系中劳动者的全部权利。[①]"劳工"专指"现代产业关系中劳动者","劳工权益"简称为"劳权",但对于"权益"与"权利"的理解,需要细化。在马克思的研究中,权利呈现两个层面的意蕴:一是由现实的社会物质生活条件所反映的应然权利或权利关系;二是由法律规定的实然权利或权利关系。无论是应然权利,还是实然权利,都是法学理论基本范畴。依据与马克思同时代的19世纪德国最伟大法学家——鲁道夫·冯·耶林关于"权利就是受到法律保护的利益。同时,不是所有的利益都是权利,只有为法律所承认和保障的利益才是权利"[②]的理解,对一些尚未被法律承认和保障、还没有及时称为权利,但却被现实社会物质生活条件所反映的利益,显然也不能忽略,因为这正是社会主体客观需要或社会发展的潜在动力。而什么是利益?就是"在一定的社会形式中满足社会成员生存、发展需要的客体对象"[③]。众所周知,并不是所有的利益都需要或可以转化为权利,譬如个人的不正当利益是不能够转化的。但由现实社会物质生活条件所反映的利益,则有实现为权利的必要性与正当性。因此,笔者为了获得最大限度的概念认同,本书决定以含义较为宽泛的"权益"一词涵盖前述的权利与利益[④],实际上也就是马克思的权利研究范围,既含应然权利,又包括实然权利。所以,马克思权利理论视角的"劳工权益",是研究劳动者的权利与应当转化为权利的利益。本书所研究的"劳工权益",既包括《资本论》时代法律已有规定的权利,也包括当时没有立法但在现实的社会关系中由物质生产条件反映出来的权利。

　　此外,需要专门说明的是,本书标题为何使用"劳工"称谓,而

---

　　① 常凯：《劳权论》，中国劳动社会保障出版社2004年版，第11页。
　　② 夏勇：《法理学讲义》（上），北京大学出版社2010年版，第330页。
　　③ 张明楷：《法益初论》，中国政法大学出版社2000年版，第169页。
　　④ 本书是将"权益"作为"权利"与"利益"的复合词来使用的，因为"权利"严格意义上是法学的核心范畴，而本书的论域视角并非仅限于法学。

没有使用大家都熟悉且国内通行的"劳动者"？主要出于三个方面考虑：一是为了论域的集中。劳工专指现代产业关系中的劳动者，即以工人为主体的雇佣劳动关系中的劳动者，而劳动者的外延要宽于劳工，如农民、手工业者、教师、医生、作家、画家等主要以劳动收入为生活来源的人皆可称为劳动者，而这些并不是本书讨论的主体对象。[①] 二是为了尊重时代。劳资关系是《资本论》的论述重点，《资本论》研究资本的运行，无法回避劳资关系。而马克思在《资本论》中涉及此类关系论述时并未用"劳动者"这个称谓，多用"工人阶级"、"无产阶级"、"工人"、"劳工"[②] 甚至是"劳动力"来指称劳资关系中的劳方，本书认为以"劳工"行文统一上述称谓，比"劳动者"更贴切《资本论》所处时代。[③] 三是与国际惯称接轨。对于产业雇佣关系中的劳动者，国际通行称谓是劳工。如"国际劳工组织"（ILO）、"国际劳工合约"等，我国旧时亦称工人即为"劳工"，社会主义新中国建立后为了表示剥削已消灭，防止人们将"劳工"的"劳"理解为"劳苦"，便将劳工统称为"工人"。目前，港澳及台湾地区仍袭旧称，与国际惯称同轨。

---

① "劳动者"，其概念存有不同语境下的解释，既有政治学意义上之解释，指与剥削阶层剥离的全体劳动人民；亦有经济学意义上之解释，指能够劳动并创造财富之劳动者；乃至法学中的宪法学解释，指一国所有具有劳动能力的公民；这些概念都超出了《资本论》的讨论范围，而本书所称"劳工"实际与劳动法学所指涉的"劳动者"范围是一致的，即雇佣关系下从事劳动获取工资收入的人。《资本论》中大量引证英国《工厂法》，也从侧面证明了《资本论》的讨论汇集于劳资关系中的"劳动者"。这也非常有意思地显示，本书的讨论视角并非限于法学，但讨论的对象却是劳动法学的研究对象。

② 《资本论》中使用过"劳工"一词，如马克思在论述机器和大工业生产发展出完整的工厂制度，使监督劳动充分发展时指出"把工人划分为劳工和监工"。参见《资本论》（第1卷），载《马克思恩格斯文集》（第5卷），人民出版社2009年版，第488页。

③ 当企业达到一定规模，劳动分工达到一定程度，就会使用专门的管理者——监工，来代替资本所有者担负企业的监督和指挥工作。马克思在他那个时代，已经清楚预见由劳动分工而带来的劳动者分层问题，"凡是直接生产过程具有社会结合过程的形态，而不是表现为独立生产者的孤立劳动的地方，都必然会产生监督和指挥的劳动"。参见《资本论》（第3卷），载《马克思恩格斯文集》（第7卷），人民出版社2009年版，第431页。很显然，本书使用"劳工"的意义就在于，与作为管理者的劳动者相区隔，因为劳工才是劳动法真正要倾斜保护的对象，也是本书的集中研究对象。

本书选题最终确定的动力在于：其一，《资本论》是研究现代产业关系的百科全书式巨著，书中蕴藏了丰富的劳工权益思想，可惜至今未见系统的专门研究，笔者有志作此补缺工作。其二，马克思是以关注劳工这一最为典型的产业劳动者为出发点，来研究资本主义社会乃至整个人类社会的运行规律与发展趋势，进而揭示出劳动解放、人类解放的规律性认识，笔者试图追溯原点，从权利视角去捕捉马克思的思想轨迹。

第二节 研究背景及意义

一 研究背景

《资本论》诞生以来，世界发生了翻天覆地的变化，但每当社会面临严重的经济危机或重大的社会转型之时，《资本论》往往就成为研究的焦点，人们试图从《资本论》中寻求有效地解决方案。一百多年来，生产社会化规模不断扩大推动着市场的世界化，产生全球贸易机制及经济全球化，但市场经济运行基本规律未有改变。经济利益的驱使和全球化的影响，引发世界范围内劳动力的恶性竞争，跨国资本在全球范围内自由的剥削劳工。劳工权益角度观察全球化进程，难免是充满利益倾轧的过程、劳资冲突激烈、暴力迭出的过程。

我国经济社会迅猛发展得益于改革开放，而改革开放是对经济全球化的一种倒逼回应。经济全球化的驱动力来自资本。经济全球化不是阻止，而是强化了"资本是资产阶级社会的支配一切的经济权力"①的论断，全球范围内，资本自由流动和增值，以资本为中心来构筑相应的社会结构和社会模式。全球范围内的资本扩张与发展，无法避免地致使资本与劳动的矛盾日益扩大、日益尖锐。当前中国正处于民族

---

① 《政治经济学批判》（1857—1858年手稿），载《马克思恩格斯文集》（第8卷），人民出版社2009年版，第31—32页。

复兴的战略机遇期，各种矛盾与问题相叠加，情况尤为复杂，雇佣劳动关系广泛存在，劳动与资本的矛盾不容乐观，经济社会发展领域存在较为严重的分配不公，劳动关系运行中的劳资对立紧张、劳工权益保障不足、劳动争议增多、集体劳动纠纷扩大等问题亟待消解。全球经济持续低迷使得国民经济下行压力加大，就业压力居高不下，劳资冲突更趋紧张，和谐劳动关系建构的挑战严峻，劳动关系治理体制亟须理论创新、制度创新和实践创新。

二 研究意义

（一）理论意义

第一，促进劳动者科学认识自身发展的权利源泉。人的全面发展是指人的素质和各种才能的进步与完善。人的全面发展需要一定的前提条件，那就是劳动解放。马克思主义理论宏大体系中，蕴含着难以计数的真理性认知，犹如19世纪密西西比河床里的金沙等待着勤奋而又细心的淘金者去淘拣，劳工权益思想在这些金沙中无疑是分量重、成色足的大颗粒。特定条件下，劳工权益思想发挥着原子核的作用，通过与马克思权利理论、马克思劳动关系理论、劳动与社会保障法理论等相互作用而不断地裂变与聚变，作为马克思主义理论的有机组成，维护人的权利、保障人的自由、促成人的解放。《资本论》是马克思主义最丰富的表达，无疑也包含劳工问题阐述，深入研究和准确阐述《资本论》劳工权益思想，分清哪些是必须一以贯之坚持的马克思主义法学基本原理？哪些是需要结合新型劳资关系的实际加以丰富发展的理论判断？哪些是必须予以破除的对马克思主义法学教条式理解，哪些是必须加以澄清的附着在马克思主义名下的错误观点？这是时代赋予的学术使命。

《资本论》劳工权益思想研究不仅凸显真理，而且也回应当代中国实践。社会主义中国的指导思想是马克思主义，中国几乎所有的社会问题都直接或间接地与马克思主义理论相关联，劳动者问题应属社会核心问题，而劳工权益又属劳动者问题的核心论域。各种政治、经济、文化问题的产生以及解决，从一定意义上来讲，实际就是社会发展所带来的权利要求和实现形式的历史变迁问题。理论是实践的反映，也是实践的先导，马克思主义法学理论产生、发展的源动力就是权利及其实现。在法律上对权利问题的解决就成为其他现实问题有效解决的一个现代性手段，全面推进依法治国的终极路向是以法律构建一个既属于公民个体，又属于社会共同体的权利时代，而人民则将依靠这种权利体系获得马克思主义的"神圣解放"。

第二，促进马克思主义法学理论大众化。许多人认为《资本论》博大精深，但也晦涩难懂，诚然，《资本论》中许多内容非常深奥，但所有的传世名著有着共同的特征——蕴含丰富，可谓仁者见仁，智者见智。[①] 而劳工权益思想尤其如此，内容接地气，容易为群众所掌握，能够促进马克思主义法学理论大众化。

长期以来，《资本论》首先是作为经济理论巨著被重视和进行研究的，但是其作为一个理论宝库，并不妨碍本书从法律、历史、社会学等学科交叉角度对其进行挖掘分析。[②]《资本论》的巨大理论价值仍没有完全发掘出来，在经济理论光环下，《资本论》科学方法及其研究内容的关系尚未被详尽解读，研究者大多还未想到或"不屑"研究《资本论》所蕴含的劳工权益思想。其实若想普及《资本论》，劳工权益思想研究是一个很好的契入点，尝试把学习马克思经典著作与推进马克思主义法学理论中国化、时代化、大众化结合起来，正确回答和解决治国理政实践中的问题，这也是不断焕发马克思主义法学生命力

---

① 如同鲁迅曾说到《红楼梦》："是中国许多人所知道，至少，是知道这明目的书。谁是作者和续者姑且勿论，单是命意，就因读者的眼光而有种种：经学家看见《易》，道学家看见淫，才子看见缠绵，革命家看见排满，流言家看见宫闱秘事……"参见《鲁迅全集》（第8卷），人民文学出版社1981年版，第145页。

② "《资本论》内容极其丰富……有关政治、法律、历史、教育、道德、科学技术、文学艺术的精辟论述，是马克思主义的理论宝库。"参见《马克思恩格斯文集》（第5卷），人民出版社2009年版，说明第1页。

之机理所在。把学习马克思经典著作同研究回答改革发展稳定中的重大理论和现实问题结合起来意义重大。

（二）实践意义

当前，我国发展已经进入一个关键阶段，劳动关系治理法治建构也处于关键历史时期，和谐劳动关系的建设尤显重要。因此，在以马克思主义法学理论为指导进行全面推进依法治国战略部署下，必须以经典文本《资本论》为材料来源，对劳工权益思想予以系统分析，提炼马克思权利理论的原子核，发掘马克思劳动关系理论的阿基米德点，探寻劳工权益的法律表达与救济机制，这在全面建成小康社会、全面深化改革、全面推进依法治国进程中有着重大实践意义。

第一，引导当代中国劳工权益充分合理保障。现代社会已经不再将劳动仅仅视作某种单一方式，劳动方式多样化的观念日益深入人心。劳动者是生产要素的独立所有者，自然对劳动方式、职业、收入来源充分享有自主选择权。因而从动态的视角探讨《资本论》劳工权益思想，深入文本和时代语境之中，才能对其潜藏的思想资源和理论价值进行深入的挖掘。诚然，有些思想资源不一定能够直接适用于当代中国劳工权益的保障，但其生成发展中所蕴藏的方法论意义和创新规律有助于我们对当代中国劳资关系治理实践进行正确的反思，以及合理解决的路径探索的实践意义不言而喻。劳动者经由市场方式进行广泛的劳动交换实践，劳动方能和其他"知识、技术、管理、资本的活力竞相迸发……让发展成果更多更公平惠及全体人民"[①]。"公平惠及"之要为权利平等、机会平等。劳工权益的充分保障，是一切个人自由获得财产的权利之前提，劳动自由以及由此衍生的社会自理机能会在创造价值的同时，不断丰富劳动的社会形式，不断发展劳动关系，不断推动劳动者自主实践，真正实现人民民主。

---

① 《中共中央关于全面深化改革若干重大问题的决定》，《人民日报》2013 年 11 月 16 日第 1 版。

第二，推进我国劳动与社会保障法律体系建设。《资本论》劳工权益思想研究必须观照当代，接受时代的检验，结合中国语境面向未来，才能焕发新春。我国的劳动与社会保障法律体系建设起步较晚，目前仍然处于逐步完善阶段，劳动与社会保障立法理念也需要进一步科学化，而《资本论》劳工权益思想研究有助于推进实践之中的劳动立法、执法、司法立体协同创新。比如马克思在《资本论》中曾指出，没有劳动监察等制度落实，制定得再好的劳动法都"只是一纸空文"。这对于中国当前的劳动与社会保障法制建设极具指导性，也是习近平同志所强调的："当前和今后一个时期，要着重抓好进一步完善劳动法律法规并保障其实施"①，才能逐步探索出具有中国特色的面向未来的能够有效均衡劳资利益的劳动与社会保障法律体系。

第三节　问题研究现状

综观国内外，《资本论》劳工权益思想研究尚未展开，以《资本论》为研究对象的各类成果，至今未见关涉劳工权益思想的直接研究成果。以劳工权益为主题的研究，学科角度视之，专门化研究往往立足于法学、经济学范围开展，如法学中的劳动与社会保障部门法研究、经济学中的劳动关系学研究等，述及《资本论》劳工权益思想亦仅片光零羽；另有一些政治学、社会学、历史学、管理学等学科的研究间或涉及。权利视角考察，现有马克思权利理论研究多流于自由、公平、正义等"大词"，尚未深入劳工权益层面进行系统研究。对于本书的研究而言，方法论意义上的《资本论》研究同样具有根本指导性。所以，下文着重从《资本论》方法论相关研究和劳工权益研究的相关成果进行综述。

---

① 习近平：《在全国构建和谐劳动关系先进表彰暨经验交流会上的讲话》，http：//news. xinhuanet. com/politics/2011 - 08/16/c_ 121868234. htm, 2015 年 3 月 18 日访问。

一　国外相关问题研究现状

（一）《资本论》方法论研究

任何经典都是时代的产物，《资本论》则是资本主义机器大工业的确立以及由此而带来的尖锐的劳资矛盾不断恶化的产物。美国学者保尔·马蒂克认为《资本论》的理论"具有极大的预见力量"。比利时的欧内斯特·曼德尔认为"马克思与其说是 19 世纪的经济学家，还不如说是 20 世纪的经济学家。今天的西方世界远比写作《资本论》时的世界更接近《资本论》中的'纯粹'模型"①。加拿大的迈克尔·A. 莱博维奇在《超越〈资本论〉——马克思的工人阶级政治经济学》中指出"自《资本论》诞生以来，世界发生了巨大的变化。……现代资本的崇尚者可以在马克思的理论中发现，马克思对于资本动态的、自我稳定的运动和资本主义生产目的理解是不可逾越的……《资本论》在揭示现代社会的经济运动规律上相当成功"②。他认为《资本论》在今天看来，书中若干观点不会再做相同表述，少数内容不一定再合当今时宜，但方法论意义上的《资本论》一直不过时。美国的R. L. 海尔布鲁诺则认为不只是《资本论》中的方法，就是其中的理论也未过时，《资本论》是具有非凡的先见之明的最具透视力的批判理论。法国经济学家托马斯·皮凯蒂运用大量历史数据分析，表明近几十年来资本的收益率远远大于劳动等要素的收益率，以翔实的数据证明了《资本论》的结论在当代依然正确。

（二）劳工权益研究

下文从劳工权益研究角度，对国外一些与本书研究有间接关联的成果做一简单梳理。

---

① ［比］欧内斯特·曼德尔：《〈资本论〉新英译本导言》，仇启华、杜章智译，中共中央党校出版社 1991 年版，第 1—2 页。

② ［加］迈克尔·A. 莱博维奇：《超越〈资本论〉——马克思的工人阶级政治经济学》，崔秀红译，经济科学出版社 2007 年版，第 35 页。

1. 劳资关系研究

国外研究劳工权益，视野比较开阔，一般先进入劳资关系考察。而将劳资关系纳入经济社会范畴加以研究，最早可追溯到以亚当·斯密（Adam Smith）为代表的古典经济学派。1776 年出版的《国民财富的性质和原因的研究》（简称《国富论》）一书对劳资关系对立且在法律上不平等有着充分认识，"雇主人数较少，团结较易。加之，他们的结合为法律所公认，至少不被法律禁止。但劳工的结合却为法律所禁止"①。他看到了劳工的权益保护不足，劳工明显处于劣势地位。但是斯密倡导自由放任政策，认为政府无须干预一般经济事务，因为自由的社会经济体制是市场经济顺利运行和经济增长的基本条件，在"一只看不见的手"的作用下，社会和谐与公正会实现。斯密的劳资关系理论产生了长远影响。劳工权益被雇主回避忽视，政府也放任自流，劳工地位一落千丈，社会两极分化前所未有的加大。正如西方学者尖锐地指出，工业革命引发的消极影响并不少，没有建立起一个令人更加幸福和充满自尊的社会，"反而使千百万民众的地位一落千丈，一切为了利润而牺牲的城市生活方式迅速生成"②。

马克思主义劳动关系理论其实就是劳资关系理论，其对资本主义劳资关系进行了深刻批判，并通过劳动价值论的阐释凸显了劳工权益思想。早在《1844 年哲学经济学手稿》中，马克思就提出了异化劳动理论，揭示出劳动与劳动力的分离。在后来的《资本论》中指出，前资本主义社会是自然经济社会，基本上没有资本存在的土壤，因而并不存在严格意义上的资本和劳动关系，而只有在资本主义生产方式下，以雇佣劳动关系为表现形式，资本与劳动资关系成为矛盾体。工业化所造就的资本主义社会中，资本与劳动彻底分立对抗，资本家确立起对劳工的统治地位，劳资关系由此成为最为重要的社会关系，劳工权

---

① ［英］亚当·斯密：《国民财富的性质和原因的研究》（上卷），郭大力、王亚南译，商务印书馆 1983 年版，第 60 页。

② J. L. and Barbara Hammond, *The Town Labourer*, Longman Press, 1978, p. xliii.

益也成为日益关注的社会问题。

从 19 世纪工业化进入高潮时期起，学者们就开始关注劳工权益，并涉足劳资关系研究。多布森的《雇主与工匠：劳资关系前史，1717—1800》① 认为，工业领域的劳资冲突具有历史延续性，雇主与工匠之间的矛盾到工业化时代后就演变成人们所熟知的劳资冲突，但冲突的根源没有改变，工资、工时等劳动基准问题成为冲突的焦点。多布森不仅以个案的方式对于 18 世纪的诸多劳资纠纷或冲突做了详述，同时也对冲突中的工人组织、雇主以及政府的角色加以细致考察。菲利普·巴格韦尔的《劳资关系》② 的重点是考察 19 世纪英国政府在劳资关系中的作用，辅以第一手的议会立法文件等资料进行实证研究，也从侧面佐证了马克思在《资本论》中的劳工权益相关论述。A. H. 亚米尔在《维多利亚时代中期英格兰的雇主组织》一文中关注 1850—1875 年英国雇主协会的组织规模、结构和行动模式等，并对工业化时期雇主协会的发展状况作了简要概括。③ A. R. 格里芬和 C. P. 格里芬的论文《19 世纪东梅德兰煤矿主协会的角色》讨论了煤矿主协会在协调煤炭生产销售、游说国家贸易税收政策，以及对劳资关系调整的作用等，对煤矿主协会的组织方式、历史沿革也作了简要介绍。④

19 世纪末期，"费边社"创始人韦伯夫妇（Sidney and Beatrice Webb）对劳工运动展开研究，并提出以产业民主为核心的劳工权益思想。⑤ 韦伯夫妇接受了马克思关于劳资对立与冲突的理论，但并不认为劳资冲突的解决必须通过一个阶级对另一个阶级的消灭而实现，可以通过雇主和雇员所拥有的交涉权力的均衡而得到解决。他们试图把

---

① C. R. Dobson, Masters and Journeymen, *A Prehistory of Industrial Relations 1717 – 1800*, Croom Helm Ltd, 1980.

② Philip Bagwell, *Industrial Relations*, Irish University Press, 1974.

③ A. H. Yarmie, "Employers'Organizations in Mid-Victorian England", International Review of Social History, 1980, pp. 209 – 235.

④ A. R. Griffen and C. P. Griffen, "The Role of Coal Owners' Associations in the East Midlands in the Nineteenth Century", *Renaissance and Modern Studies*, 1973（1）, pp. 95 – 119.

⑤ Sydney and Beatrice Webb, *Industrial Democracy*, Longmans, Green and Co, 1920.

劳工运动从政治范围内的代议制民主原则转换成产业民主，努力消除劳工所处的那种经济仆从状态，提高劳工的生活品质，增加教育与技术，以确保所有劳工更好地生活。① 韦伯夫妇的劳工权益思想在西方国家中发挥了巨大的效应，其关于集体谈判的理论以及私人和国有企业共存的理论，对于西方国家集体谈判和混合经济的形成有着不可磨灭的作用。如今，由产业民主思想而演进成的社会改良和社会整合思想已成为欧洲劳工运动的主流。

2. 劳工运动与立法研究

劳工运动本质上就是劳工的权益斗争史。科尔在韦伯夫妇研究的基础上，把劳工权益研究进一步拓展，在《英国工人运动简史》② 书中对 19 世纪后半叶劳工运动及劳工立法加以关注。哈蒙德夫妇的《城镇劳工》③、《乡村劳工》④、《技术劳工》⑤ 三本书则被称为"劳工三部曲"，以时间为序，运用马克思主义理论研究方法详尽考察了劳工不同群体的权益斗争之路。哈氏夫妇"悲观"地看待工业革命，满怀深情地描写了工业革命中劳工的苦难遭遇。政府在劳工权益保障方面发挥的作用是不可缺少的，这不仅体现在其促成劳资双方的集体谈判上，也体现在其制定并实施的劳工立法上。L. 哈特金森和 A. 哈里森的《工厂立法史》⑥ 是一部研究英国工厂立法的专著，书中认为 19 世纪的工厂立法并非完全基于权利平等或是劳工权益保障的考量，而是被动地通过了单边法案，试图消除不同行业早已存在并广为人知的丑恶。

而 J. T. 伍德的《工厂改革运动》是一部全面阐述工厂运动的著

---

① ［美］C. A. 摩尔根：《劳动经济学》，杨炳章译，中国工人出版社 1984 年版，第 337 页。

② G. D. H. Cole, *A Short History of the British Working Class Movement*, Macmillan, 1927.

③ J. L and Barbara Hammond, *The Town Labourer*, Longman, 1978.

④ J. L and Barbara Hammond, *The Village Labourer*, Longman, 1978.

⑤ J. L and Barbara Hammond, *The Skilled Labourer*, Longman, 1979.

⑥ B. L. Hutchins and A. Harrison, *A History of Factory Legislation*, P. S. King & Son, Ltd, 1926.

作，里面大量内容涉及劳工权益及劳工运动的状况描述。随着劳工运动研究的不断深入，爱德华·汤普森的《英国工人阶级的形成》① 更注重对劳工本身的研究，努力再现了英国工人阶级成长的历史图景，并着重就劳工的阶级意识形成进行文化溯源。还有以劳工权益为出发点而开展的雇主个案研究，如安东尼·豪的《1830—1860 年的棉纺织业雇主》② 研究了棉纺织业雇主的社会、教育、宗教等状况，阐述了雇主的利润和投资、同劳工权益的关系以及慈善活动等。

总体来说，国外学者关于劳工权益的研究较为全面与具体，这些研究大致涉及劳方、资方和政府，既有对劳资关系演进历史的考察，又有对单个主体的深入探讨。从研究的切入点来看，更多学者从劳工运动的视角来研究劳工权益；较少从宏观上考察劳方、资方、官方三者之间对于劳工权益的影响与作用，尤其缺少政府劳资政策对于劳工权益的作用研究。

二 国内相关问题研究综述

（一）《资本论》劳工权益研究

截至 2016 年 9 月，经相关文献检索，国内未发现以《资本论》劳工权益思想研究为题的专著、博硕士论文。经检索中国知网（CNKI），以"《资本论》＋劳工权益"为主题或关键词，或并列检索，或分层检索，皆未见一篇文章。以"《资本论》＋劳动"、"《资本论》＋劳动关系"为主题或关键词合计检索到 12 篇文章，现将内容涉及《资本论》劳工权益思想研究的部分整理如下。

洪银兴等认为就分析社会经济关系及其制度来说，至今没有一种方法比《资本论》的方法更科学更先进。卜祥记认为："只要资本逻辑依然在人类的生活中发挥着作用，《资本论》的批判性立场及其科

① ［英］E. P. 汤普森：《英国工人阶级的形成》，钱乘旦等译，译林出版社 2001 年版。
② Anthony Howe, *The Cotton Masters 1830–1860*, Oxford University Press, 1984.

学性，就绝不会因其个别理论判断的局限性而有丝毫动摇。"① 巫继学认为："劳动者对劳动力和资本家对财产具有同等的权利，要重视劳动者对劳动力的所有权。"② 朱春燕通过对《资本论》的产权思想研究揭示了资本主义社会劳动权的实际状况，认为《资本论》是一部反映劳动者利益的学说，"劳动力产权是《资本论》的重要研究对象，马克思在这部著作中对资本主义生产关系下劳动力的所有权、使用权和收益权以及这种产权制度的形成后果作了深刻而精辟的论述"③。薄爱敬认为："马克思通过对资本无偿占有工人的劳动的分析，揭示了人权就是劳动者的所有权与劳动的分离，就是资本自由地、平等地剥削劳动力的特权。"④ 韩伟指出马克思在《资本论》中以商品的分析作为出发点，阐明了劳动力作为商品既是剩余价值的来源，又是契约自由形式化的社会经济基础，同时也是现代劳动法产生的起点。认为劳动法的兴起既是对契约自由形式化的修正，又是对于商品社会中劳动者权利的维护和保障，是对社会正义的法理念的追求。⑤ 李宏也认为马克思在《资本论》中所阐述的商品经济理论使得权利观念建立在坚实的物质生活条件之上，从而科学地揭示了权利观念的本质，指出劳动是权利的尺度。⑥ 鲍宗豪区分了马克思的法律权利和现实权利，考察了马克思权利思想发展历程，从劳动权利分析入手，指出马克思的权利思想是以权利义务关系作为理论逻辑起点，商品经济作为现实基础，主要内容为生存权、劳动权、自由权、平等权、民主权。权利思想变革表现为理论前提上由个人到社会的转变，权利形态由个体到集体的

---

① 卜祥记：《〈资本论〉的理论空间与哲学性质》，《中国社会科学》2013 年第 10 期。

② 巫继学：《〈资本论〉的穷人经济学解读》，《当代经济研究》2005 年第 12 期。

③ 朱春燕：《〈资本论〉产权思想研究》，中国社会科学出版社 2008 年版，第 265—289 页。

④ 薄爱敬：《马克思〈资本论〉及其手稿中的人权思想》，《求实》2008 年第 7 期。

⑤ 韩伟：《〈资本论〉中的劳动法思想初探》，《福建论坛》2009 年第 4 期。《契约自由与劳动法的兴起——〈资本论〉的法哲学解读》，《理论导刊》2008 年第 7 期。

⑥ 李宏：《权利观念的经济视角探析》，《河南师范大学学报》（哲学社会科学版）2007 年第 3 期。

转变，权利实现上空想到现实的转变等。① 黄立君和魏峰在《从〈资本论〉对英国工厂法的分析看马克思的法经济学思想》一文中以马克思运用法经济学方法分析英国工厂法如何从"强制延长工作时间"演变到"强制缩短劳动时间"的过程为研究对象，揭示了工厂法演进背后的经济逻辑。

（二）《资本论》时代劳工权益研究

1. 劳资关系研究

工业化引致的经济与社会结构变迁，劳资冲突日趋激烈，工资待遇是劳资双方斗争的焦点。劳工采取各种方式同雇主斗争，雇主也毫不示弱地进行防御和反击。劳工结社的兴起、冲突的频繁性及暴力性是工业化时期劳资冲突的主要特征。刘金源阐述了英国当时禁止结社导致劳资冲突失控，由此分析了政府关于劳资冲突的政策变化，认为政府在处理劳资冲突时没有尽到保护劳工的职责，这是导致劳资冲突加剧的原因之一。② 柴彬认为劳工工资问题是英国工业化时期引发劳资冲突与劳工运动的首要因素。英国政府的工资政策经历了立法定额、自由放任和支持劳资双方集体谈判的发展轨迹，反映出英国政府的劳资政策指导理念从雇主至上到劳资平等的转化、从经济至上到关怀人道的转化。③ 尹建龙则从雇主结社组织角度分析集体闭厂等措施与工会领导的罢工相对抗，所形成的劳资集体对抗的局面及加剧劳资冲突，后来发展为劳资双方开始通过集体谈判化解冲突，从而形成了双赢的博弈模式。④ 徐聪颖等则认为集体谈判制的兴起是英国社会经济发展到一定阶段的产物，缓和了紧张的劳资关系，构建了较为稳定的社会秩序，从而有利于社会的长远发展。金燕依据史料分析，到了19世纪

---

① 鲍宗豪：《论马克思主义的权利理论》，《江汉论坛》1992年第11期。
② 刘金源：《〈反结社法〉与英国工业化时期的劳资关系》，《世界历史》2009年第4期。刘金源等：《英国近代劳资关系研究》，南京大学出版社2012年版。
③ 柴彬：《英国工业化时期的工资问题、劳资冲突与工资政策》，《兰州大学学报》（社会科学版）2013年第2期。
④ 尹建龙：《英国工业化时期的雇主结社行为与劳资冲突》，《世界历史》2014年第3期。

下半叶，英国工会取得完全合法地位，工会作为劳动关系的一级被立法接纳，不再被首先视作对统治秩序的威胁而压制。①

2. 劳动立法研究

张再平对工业革命时期的英国劳动立法进行了系统的研究，分别从个别劳工权益与集体劳工权益两个层面列举英国劳动法体系。② 陈日华对工业革命之后的英国劳动立法实践进行了梳理，认为英国不断推进劳动立法保护劳工权益的原因主要在于同时面临着经济危机与德国等新兴工业国家的竞争压力。③ 姚挺专门研究了世界第一部劳动法——1802 年英国的《学徒道德与健康法》，包括它的产生背景、社会影响及对中国的借鉴意义。④ 赵虹、鲁运庚也分别研究了英国早期工业革命的劳动立法。⑤ 随着《资本论》的问世，劳工运动蓬勃兴起，劳动立法也逐渐由个人保护转向社会保护，社会保障立法应运而生。黄家镇在《福利社会的第一次构想——以俾斯麦社会福利立法为中心》一文中阐释随着经济重心由英国转向德国，德国的社保立法在世界范围内率先建立。唐志明也阐明了俾斯麦社会保险立法的原因、内容、特征和影响。⑥ 郭义贵则较为系统地论述了德国的社会保障法律制度产生发展的四个阶段。⑦ 经过梳理，本书发现国内关于《资本论》时代的社会保障立法研究明显弱于劳动立法研究。

---

① 金燕：《19 世纪下半叶英国工会法律地位的改善》，《学术研究》2014 年第 8 期。柴彬：《从工会法律地位的演进看工业化时期英国政府劳资政策的嬗变（1799—1974）》，《史学理论研究》2012 年第 2 期。

② 张再平：《英国劳动法及其体系》，《中国劳动科学》1996 年第 1 期。

③ 陈日华：《19 世纪英国对工厂制度的规制：实践与立法》，《贵州社会科学》2014 年第 1 期。

④ 姚挺：《世界第一部劳动法——英国工厂法的借鉴作用》，《东南学术》1999 年第 6 期。

⑤ 赵虹：《英国工业革命期间的社会立法》，《云南师范大学学报》2002 年第 6 期。鲁运庚：《英国早期工厂立法背景初探》，《山东师范大学学报》（人文社会科学版）2006 年第 4 期。

⑥ 唐志明：《论俾斯麦的社会保险立法》，《贵州民族学院学报》（哲学社会科学版）2002 年第 6 期。

⑦ 郭义贵：《略论德国的社会保障法律制度》，《福建政法管理干部学院学报》2001 年第 2 期。

通过对国内外研究现状的梳理，可以得知目前学术界对关涉《资本论》劳工权益思想研究的空白，也暴露了《资本论》研究中存在的文本解读欠缺，以及缺乏系统、不够全面深入、历史性把握不足、权利研究显得凌乱等状况。不过综合看来，现有研究在方法和基础理论方面还是为本书打下了良好基础，也为本书的研究方向确立了重点。为了适应当前我国全面深化改革的需要，适应全面推进依法治国的要求，必须对《资本论》劳工权益思想进行全面整理、系统研究。

第四节　研究的主要思路和基本方法

一　研究的主要思路

跨学科研究具有思想解放的潜质，本书尝试从马克思主义法学理论、政治经济学、人力资源管理、社会史等多学科角度研究《资本论》的劳工权益思想。而众多学科的跨越交叉研究如果没有正确的方法论前提，容易陷入死胡同。譬如放在桌子上的半杯水，如果只看到空的半杯就会很悲观，如果看到满的半杯就会很乐观，这实际上是一个方法论的问题。同样一个问题，有的人看问题里面的道理，而有的人是看这个问题的具体解决，道理和功效的不同，类似于康德的"目的和工具"的区别。本质上不能将任何人视为工具，而只能是目的，这是方法论上的"道器之辨"，也是"本末之辨"。

本书的研究思路是确立"道"、"本"，初步建构《资本论》劳工权益思想的研究框架，校准《资本论》劳工权益思想的理论方位，梳理《资本论》劳工权益思想的逻辑脉络，诠释《资本论》劳工权益思想的理论蕴涵，映证《资本论》劳工权益思想的实践呈现，探寻《资本论》劳工权益思想的当代启示。

二 研究的基本方法

（一）《资本论》研究一以贯之的方法论

1. 研究性的"从具体到抽象"

马克思从唯物辩证法和唯物史观出发，批判继承前人成果，提出并坚持"从具体到抽象"的唯物主义认识论、方法论。《德意志意识形态》指出有两条对立的哲学路线，分别是自上而下的唯心主义路线与自下而上的唯物主义路线。[①] 人类关于法的观念、法学思想、法律意识的产生，是直接与人类物质交往及其活动交织在一起的，是人们生产关系与交往关系的直接产物。因此，各种不同的法的现象的具体产生条件和途径，应由相应时代的社会经济生活及其关系所构成的基础来解释。

2. 叙述性的"从抽象上升到具体"

这是马克思权利理论的方法论，也是《资本论》劳工权益思想研究的方法论。在借助于"从具体到抽象"的研究方法形成相应概念和范畴之后，劳工权益思想的理论体系化，是紧随其后的挑战，权利理论内部要有内在逻辑联系，权利思维抽象需要上升到权利理论具体。黑格尔率先提出并运用了"从抽象到具体"方法，马克思批判性继承了这一方法。马克思权利理论不是几个概念、范畴、原理的简单罗列，而是各个概念、范畴和原理之间有着必然的、有机联系的严密结构，只有遵循从抽象上升到具体的叙述方法，法学理论才是系统的、科学的。

《资本论》研究一以贯之的方法论呈现的两个方面有机统一，研究方法是叙述方法的前提，叙述方法也是研究方法的展现，二者构成《资本论》劳工权益思想研究完整的方法论，也是马克思权利理论的

---

① 具体而言，一条线路是从天上降到地上，"从意识出发，把意识看作是有生命的个人"，这是唯心主义认识逻辑；另一条路线是从地上升到天上，"是从现实的、有生命的个人本身出发，把意识仅看作是他们的意识"，这是唯物主义认识逻辑。参见《德意志意识形态》，载《马克思恩格斯文集》（第1卷），人民出版社2009年版，第525页。

方法论。

（二）本书研究的具体方法

1. 文本解读与现实问题相互诠释

《资本论》文本蕴含的深刻理论洞见是研究马克思劳工权益思想的理论依据，紧紧把握住《资本论》及其手稿的文本，通过深入解读再现文本逻辑，梳理《资本论》劳工权益思想的基本脉络，开启劳工权益保障所引发的理论视界转换与科学批判话语的生成与变革。同时，通过对《资本论》所引的多部工厂立法的检索解读，探析文本与现实的互动，以期实现思想的澄明。因为，经典文本的生命力在于其对现实问题的洞察和解释，时代价值得到彰显。

2. 理论思辨与经验实证相互参照

从本书借助的理论资源来看，对于劳工权益的研究主要涉及法学、哲学、经济学、社会学、历史学等诸多研究领域，因此，在研究过程中，力图做到理论思辨与经验实证相互参照、相互提升，以法学思维来提升哲学、经济学、社会学、历史学研究，同时，又以后者的理论资源来支撑、发展前者。如是，对于《资本论》劳工权益思想的研究既非纯粹抽象的理论思辨，也不是纯粹的实证、经验研究，而是二者的相互结合。

3. 历史与逻辑相统一

历史与逻辑相统一是本书总的指导原则。基于以上两点，无论是文本解读与现实问题的相互诠释，还是理论思辨与经验研究的相互参照，都离不开历史与逻辑相统一的原则。《资本论》本身充满着哲学意蕴，这一点在《资本论》第 1 卷中体现得十分明显。列宁曾说："虽说马克思没有遗留下大写的逻辑，但遗留下《资本论》的逻辑，应当充分地利用。"①

（三）本书研究的一点说明

本书论域集中于《资本论》劳工权益思想，但某些部分难以避免

---

① 《哲学笔记》，载《列宁全集》（第55卷），人民出版社1990年版，第290页。

地包含了恩格斯的劳工权益思想。马克思与恩格斯之间亲密的智力与政治合作跨越 39 年，从 1844 年到 1883 年马克思逝世。在这段时间内，他们彼此几乎每天都通过书信或单独会谈保持着直接接触。惊人的书信留存让后人得知，无论是理论、政治或个人问题，出现分歧时都有文献记录佐证，所有分歧皆未涉及本书劳工权益主旨。恩格斯1844 年的《国民经济学批判大纲》，已经开始研究和阐述了劳动、劳动工资等问题；1845 年出版的《英国工人阶级状况》一书，更是深刻揭示了劳工和资本家的阶级对立，揭露了剥削的残酷。恩格斯早于马克思从经济角度研究劳工权益问题，他的早期著作以深刻的思想和精辟的分析，不断为马克思的研究提供极为重要的材料和意见，大大帮助了马克思，促进了马克思劳工权益观点的形成与发展。恩格斯的有关思想是《资本论》劳工权益思想的重要组成部分和理论起点。恩格斯参与了《资本论》的整个创作过程，在马克思逝世后，恩格斯放下自己的工作，殚精竭虑，花费了十多年的时间，整理出版了《资本论》的第 2、3 卷，所做出的巨大贡献，无私地以马克思名义进行。历史证明，恩格斯在马克思死后的生涯是他一生中最灿烂的一页，他进一步提出许多争取劳工权益的创新观点。随着国际劳工运动发生新的变化，恩格斯作为马克思的代表，作为整个文明世界劳工阶级的维权顾问，在指导国际工运的实际斗争中进一步发展了马克思劳工权益思想。因此，本书除引用文献之外，不再注明区分。

第五节　研究的创新之处与难点

一　主要创新点

第一，研究视角与方法的创新。《资本论》研究视角纷繁复杂，研究成果汗牛充栋，但是从劳工权益视角的研究，迄今未见。以往《资本论》研究都没有对劳工权益思想重点关注，所涉的马克思劳动关系理论也往往是经济学视角的研究。劳工权益研究其实发轫于西方古典学派，成熟于《资本论》，展开《资本论》劳工权益思想研究实际是马克思主义理论大众化重要路径选择。劳工权益研究涉及法律、经济、政治、社会、历史、管理等跨学科领域，任何单一学科的研究都难免存在一些缺陷。本书充分运用各种跨学科理论与方法。如对劳资冲突进行理论分析时，本书主要借鉴了社会学的冲突理论；对劳资冲突的根源作分析时，本书并未从单一的经济领域出发，而是适当考察了当时的政治与社会环境；对国家干预作评价时，本书结合工厂法等劳动立法文本进行法学分析；对劳工运动考察时，则运用史学分析方法对工运史进行梳理。跨学科方法的运用，为研究的深化与论点的升华提供了条件。

第二，研究内容方面的创新。本书初步建构《资本论》劳工权益思想的研究框架，指出劳动关系作为基本的社会关系，决定于特定时期的经济社会状况，本质上是对抗与合作并存的辩证关系，因为劳资双方利益既有对立性又有一致性，当然一致并不等于妥协。劳工权益是劳动关系的核心论域，以劳动力权凝聚劳工权益，劳动力权应该是人权基础之上的产权化，劳工权益的确权与侵权状况同样由特定时期的经济社会状况所决定。本书在研究《资本论》劳工权益思想时，不仅从劳工个体权益、集体权益以及劳工权益救济角度进行理论诠释，还结合制度深入进行实践映证，同时将劳工权益纳入更为宏观的时代背景中去考察，发掘劳工权益演进的内在规律，指出"重新建立劳动者的个人所有制"是劳工权益保障的未来指向，蕴含着劳工权益的最高目标——天然就业权，探寻《资本论》劳工权益思想的当代价值。本书认为，《资本论》劳工权益思想是马克思权利理论的核心支点、马克思劳动关系理论的阿基米德点、促进劳动与社会保障法发展的理论动力，是马克思主义法学理论的重要组成部分和新的理论生长点。

二　论题的难点

第一，本书在研究过程中遇到的最大难题是如何完整准确地构建

《资本论》劳工权益思想的基本框架，包括逻辑起点的确定、逻辑思路的把握、基本概念内涵的确定、基本观点的确立和论证等。

第二，《资本论》的文本再解读及材料的取舍。《资本论》涉及大量劳工权益思想的材料，对这些材料进行分辨、整理和扩展阅读，厘清其中劳工权益的逻辑脉络、思想蕴涵、实践映证的前提是充分占有材料，分析劳工权益各种表现形式之间的内在联系，劳工权益思想才能适当地叙述出来。这无疑要付出艰巨的劳动。

第三，《资本论》劳工权益思想的当代启示研究。党和国家的发展始终离不开马克思主义，马克思主义的生命力在于解决现实问题，《资本论》劳工权益思想研究依然不能脱离中国问题，劳动者权益是全面建成小康社会、全面深化改革、全面推进依法治国中的重大现实问题，如何结合中国国情汲取《资本论》的理论营养，需要持续不断地研究下去。

第二章 《资本论》劳工权益
思想的理论方位

研究《资本论》劳工权益思想，不能绕过也不能回避这样一个问题，即劳工权益思想究竟在马克思的整个理论体系中处于什么样的地位？而认真分析和正面回答这个问题之前，必须首先考察与劳工权益相关的"劳动"、"劳动权"、"劳动力"、"劳动力权"等一系列概念的蕴涵。因为马克思从来都不是单论劳工权益，而总是将劳工权益置于一个更大的范围内或一个更广阔的问题领域中展开讨论的。因此，如果我们一时还难以明确劳工权益思想的理论方位的话，不妨将劳工权益与这些更大的问题如唯物史观、社会文明、人的全面发展等联系起来进行考察，先发散思考，然后再凝练、概括、审视并勘定《资本论》劳工权益思想的理论方位。

第一节 "劳工权益"的概念定位

一 "劳动" 的概念分析及其权利蕴涵

"劳动"，是许多学科都在使用的一个概念，由于不同学科对劳动分析的角度不同，所得出的结论也就不尽相同。① 但在本质上，"劳动"是

---

① 比如生理学意义上的劳动是指贮藏在人体内的体力与脑力的付出；社会学意义上的劳动特指人类的创造性活动；哲学意义上的劳动是指人类特有的社会基本实践活动；而经济学意义上的劳动则是人以自身的活动来中介、调整和控制人和自然之间的物质变换的过程。

来自实践的概念，有着丰富蕴涵，正如德国学者克尔克加德（Kierkeg-aard）指出："任何概念都拥有自身的历史，它们不能抵抗时代的变化。"① 欲厘清"劳动"的概念，必先追溯到"劳动"概念的源头，了解劳动的历史。

（一）"劳动"的概念分析

何谓劳动？这是一个本源追问。原始人用石块击毙野兽是不是劳动？农民收割庄稼是不是劳动？工厂劳工挥舞铁锤是不是劳动？企业经营管理直至信息时代的编程等是不是劳动？因此，对劳动的理解离不开历史溯源。

1. 历史溯源

劳动与人类相伴生，"劳动创造了人本身"②。人类的发展史也是一部劳动发展史，"整个所谓世界历史不外是人通过人的劳动而诞生的过程"③。

当然，人类对劳动的认识并不是一步到位。在群居时代、原始社会，人们开始具有社会意义的劳动。在原始生产过程中，产品的生产和取得以及分配是低级的公共协作模式，人与人互为依靠，是生存意义上的共同体延续和生理意义上的个人生命维持。这种劳动方式存在的目标和意义，既不在于获取象征身份和地位的财富积累，也不在于实现对他人剩余产品或价值的剥削，更多意义上乃是一种本能性的生命活动需求。劳动分工现象并不突出且没有成为人们认知的对象，那时尚无脑力劳动和体力劳动的区分。

进而随着生产力的发展，劳动有了剩余，群体逐渐分化，占据社会领导地位的群体开始区分脑力劳动与体力劳动，并对体力劳动普遍

---

① ［德］伯恩·魏德仕：《法理学》，丁小春、吴越译，法律出版社2003年版，第84页。

② ［德］恩格斯：《自然辩证法》，载《马克思恩格斯文集》（第9卷），人民出版社2009年版，第550页。

③ 《1844年经济学哲学手稿》，载《马克思恩格斯文集》（第1卷），人民出版社2009年版，第196页。

持有一种轻视态度，"劳心者治人，劳力者治于人"①，从而导致生产劳动与财富的多寡、权利的享有相脱节。古希腊时代，劳动被认为仅是指体力劳动、生产劳动，视同为制造罐子或椅子这些有形的、可触知的物体的技艺活动。由于在当时这些纯粹是奴隶的事情，而奴隶的劳动被视为非人格的活动往往无视。脑力劳动即语言信息交流或者思想精神活动却被提高置于至高无上的地位，不从事生产劳动者被视为智者与高贵的人。古罗马时代，承认劳动的普遍意义，认为劳动是人类生存的基础，但是也认为劳动有高低贵贱之分，不承认奴隶劳动是罗马经济存在和繁荣的基础。西塞罗在比较了各种劳动之后，认为高贵的罗马人最适宜从事的劳动是农业劳动。这一时期的劳动不具有权利性质，自由且自给自足的农民的剩余时间属于城邦战争。

进入漫长的中世纪，基督教有关劳动的观念和世俗封建领主制下的劳动观念并存，伴随社会的总体性发展，基于物质产品需求的增长，这两种观念也越来越倾向于将劳动对人的延展性作为一个重要的方向进行自我调适。基督教一开始就赋予了劳动以尊严或者至少并不否定和贬低劳动的意义，因为在基督教典籍的记述中，救世主耶稣是在一个木匠的家里成长的，而先知圣保罗则依靠制作帐篷的手艺进行生活。《圣经》中写道："若有人不肯做工，他就不可吃饭。"中世纪修道院的集体生活中，教士们对劳动依然持一种生活和修行必要的看法。他们需要劳动，如挤牛奶、耕地，当时修道院中甚至还产生"劳动即是祷告"这样的口号。即通过劳动来实现与上帝的某种交流。

但是，基督教原初对劳动的看法也是复杂的，劳动也被视作上帝对人类的一种惩罚，伊甸园的亚当是因为原罪而被上帝惩罚从事终日的劳作，以此进行赎罪。直至 11 世纪宗教改革之后，这种观念有所改变，劳动不仅仅被当作取悦上帝、赢得上帝恩典的重要行为方式，且劳动者所从事劳动的具体工作也被当成伺奉上帝的一种神

---

① 《滕文公章句上》，载《孟子》，中华书局 2010 年版，第 76 页。

职。劳动意识变成基督教徒的生存本性和内在的心灵信仰，信仰上帝的基督只要从事了具体的劳动，就必使上帝荣耀，至于劳动者具体从事何种劳动不具有任何意义，劳动不区分具体的不同，神学意义上一以贯之。马丁·路德认为，一个从事家务或挤羊奶的妇女的工作也是给上帝献祭，上帝就在信徒所从事的劳动中，因此劳动没有贵贱之分。马克斯·韦伯通过分析新教伦理的内容和基本精神，阐述了新教伦理对于资本主义精神的内在的一种构建意义，发现和确定一个真正基督徒的途径，就是使一个人所有生活的全面圣洁化，即每一项具体工作或劳动皆是为荣耀神而活着；努力工作，赚钱以后不可以随意消费，而是要进行新的投资，继续为社会经济发展创造更大的财富价值。通过劳动创造财富这一行为本身就是为上帝服务，是神圣的选择和个人的宗教责任，这便是新教伦理。

综观基督教对劳动的认知，可以发现，"劳动"概念与宗教的信仰要素即上帝认同、团体认同等宗教归属观念相关联，从事劳动以及如何从事劳动集中体现于个体获得上帝拯救的自我救赎，成为在尘世正确活动、认真劳动的结果和目标。而在世俗社会当中，这种关系以相似的方式而存在。最初的财产是这样一种关系，即劳动主体把自己劳动所拥有的生产条件和劳动产品看作自己所有。而在奴隶制和农奴制下，由于君权神授、由于土地都属于那高高在上的君主所有，劳动者对土地的占有只是君主或领主的赐予，因此，财产成为依附关系的体现。在当时的多数情况下，劳动被理解为处于被迫、被强制的状态。英文的"labor"本义是"费力地前进"、"分娩"、"阵痛"，后来才发展出"辛勤地工作"、"劳动"、"工作"等含义。无论是在奴隶社会还是在封建社会，被迫的强制劳动广泛存在，同时劳动被视为辛苦的体力付出，是下贱的差事。在很长的历史时期内，各国不约而同地将强制劳动作为惩罚犯罪的手段之一，就说明了这一点。

在17、18世纪，社会依然保留着简单化处理和轻视劳动的传统观念，但是已不再适应历史的潮流，取而代之的是近代以来逐渐居于主导性的重视劳动和重视生产的、符合资本主义自由经济发展的理念。到了 19 世纪，"劳工神圣和劳动光荣"等口号成为工业生产中的重要标签，人们都希望通过劳动实现生活和社会地位的改变。但事实上劳动受到高度重视观念的最大受益者是不直接从事劳动但却收获劳动产品的资本家。劳动者的社会政治地位与经济地位并没有等量提高，依然属于社会的底层。

2. 资本主义场域中劳动考察

资本主义场域中的劳动到底是一种什么样的劳动？威廉·配第较早谈论白银和谷物的价格及其等量交换问题时，提出了劳动和价值的关系问题，指出劳动在经济生活中的重要意义，只是其还没有区分出"价值"的一般含义。布阿吉贝尔和本杰明·富兰克林在思考货币和交换问题时，指出货币只是为了技术上方便而介入交换的一种工具，因此，必须从贵金属之外寻找价值尺度即劳动，这样在事实上，他就把劳动看作交换价值。詹姆斯·斯图亚特则区分了两种价值形式中的劳动：一种是蕴藏在交换价值中的劳动，另一种是包含于使用价值中的劳动，但是他对劳动的理解局限于资产阶级性质的认识，从而不具有理解的普遍性和深刻性。《资本论》做出了明晰回答，是劳动对资本的从属，或者说是资本对劳动的统治。所谓从属，包含了形式上的从属和实质意义上的从属两个层次。这两个层次，都以关于生产劳动的理解为前提。那么，什么是生产劳动？尤其要问，什么是资本主义的生产劳动？

劳动生产的条件、劳动生产的过程和结果，以及劳动生产之后的消费，一直存在两个方面的内容，就是生产资料和生活资料，一种是可以在再生产中转化为资本的，另一种则是纯消耗的。在这两种产品的生产当中，价值和剩余价值同时也被生产出来了，剩余价值同样有表现为资本的部分，也有被消耗的部分。但是，对于资本主义生产而言，资本的本性所要求的生产，主要就是为生产作为资本而存在的剩余价值的劳动。

这种资本主义生产劳动的规定性，决定了劳动必然的在形式上从属于资本。劳动的过程必然是以人的参与而进行的过程，而人必然是有意识的主体。古代的身份社会所组织的物质生产过程，由于生产力水平的限制，多表现为简单型的生产。例如，中世纪农奴的生产除了对领主或君主的人身依附之外，必然存在个体意识的自我控制的生产。这种意识的自我，这种向外表达的理性自由，在资本主义早期的简单生产中依然存在。而且在一定意义上，因为完全的一无所有而具有更加的充分性。个体在选择劳动之外，就是属于自我的。

但是，随着生产力的发展，随着分工的扩大和逐渐精细化和专业化，垄断和竞争的危机以资本主义的方式在现实生活中产生了劳工对劳工的战争。无产者的私生活便将不存在了，个体劳动的某种资本可以自我支配的理性和劳动之外的那种自由丧失了。"工人对资本的实际上的从属，不仅存在于生产的现场过程。当工人结束劳动力商品的让渡，走到工场的外部，确实，他已免除了被编入生产机构的部件状态。这时，可以进行自由的私生活。不过，这种私生活，是他用工资买来的生活资料的消费过程，一旦天亮，他为了再次获得生计之资，就又进入不得不出卖劳动力的贫寒状态。只要这一事态反复地恒态化，从资本的观点来看，工人的私生活本身，不过是劳动力的再生产过程，是可变资本的物质内容的再生产过程。"① 结果，劳动对资本形式的从属只能服从于劳动对资本实质上的从属，劳动实际就只有一个劳动，那就是资本统治的劳动。那么，与劳动相对立的资本是什么呢？资本是积累的劳动，因此，考察劳动必须进入资本主义场域才能更为真切。

3. "劳动" 概念本质分析

确立科学的 "劳动" 概念是揭示 "劳动是唯一的价值源泉" 的关键和决定性步骤。古典政治经济学的一个根本缺陷就是没有提出科学的 "劳动" 概念，从而导致体系的内在逻辑矛盾和理论破产。马克思

---

① ［日］广松涉：《资本论的哲学》，邓习议译，张一兵审订，南京大学出版社 2013 年版，第 417 页。

在前人的研究基础上，对"劳动"的概念、本质、内涵进行了深刻的分析，创造了科学的劳动理论。《资本论》一直遵循着逻辑和历史相统一的方法阐释劳动，叙述上采取从抽象到具体的方法，从一般的劳动出发，分析资本主义特定的劳动方式，揭示其内在的结构和矛盾，找出其历史发展的规律，然后用这种规律分析整个人类活动，从而揭示人类劳动发展的规律与逻辑。

早在《1844 年经济学哲学手稿》中，马克思就对劳动的本质以及劳动的两个方面——生产力和生产关系的内涵、关系及其历史地位进行了初步探讨。但真正严格科学意义上的生产力和生产关系理论并没有形成。以后，马克思进一步对生产力和生产关系进行深入系统的分析，取得了重大的突破。他把劳动产生的关系概括为生产力和交往形式，并揭示了每种关系的内涵。更重要的是，他系统论述了生产力和生产关系、经济基础与上层建筑之间的有机联系，并把它们之间的矛盾运动作为社会发展的动力，这对于揭示劳动的本质和运动规律具有重大的历史意义。马克思对所有制与上层建筑之间关系的着重分析，突破了过去关于劳动与私有财产的论述，也为进一步探讨劳动与剩余价值的关系奠定了基础。

劳动作为一个抽象的范畴，但也同样是历史条件的产物。"而且只有对于这些条件并在这些条件之内才具有充分的适用性。"① 《资本论》及其手稿指出劳动的抽象化并未脱离实际，而是商品生产的客观过程。抽象劳动与价值并不完全等同，抽象劳动作为历史范畴，在社会分工发展到一定阶段之后，产生私人劳动和社会劳动的矛盾，抽象劳动才有形成价值的可能。具体劳动归结为抽象劳动，私人劳动归结为社会劳动，这是商品价值的实现过程，而劳动的二重性也统一于这一过程②，

---

① 《〈政治经济学批判〉导言》，载《马克思恩格斯文集》（第 8 卷），人民出版社 2009 年版，第 29 页。

② 详见《资本论》关于抽象劳动和具体劳动的论述。《资本论》（第 1 卷），载《马克思恩格斯文集》（第 5 卷）人民出版社 2009 年版，第 60 页。

劳动是使用价值的生产和价值的生产的有机统一。

(二) 劳动的权利蕴涵

经过对劳动的历史溯源，得知特定的社会历史条件决定劳动的本质蕴涵，劳动反映人与人的社会关系与交往方式，人的社会关系与交往方式达到一定程度，才能考察劳动的权利属性。[①] 劳动权利并不是在所有社会制度形态下都能生成，法权意义的行为或活动需要成熟条件。

1. 劳动的权利蕴涵发生

古代社会的劳动主体先后有奴隶和农民，奴隶不是"人"，因而无法产生法律意义上的劳动权利。农民作为"人"的主体资格地位得到承认，农民可以订立租契，农民可以拥有自己的剩余劳动成果。由此，劳动对于农民而言，具有了权利与义务的法律内涵，劳动的权利蕴涵发生了。但是，农民并没有以出让自己的劳动力使用权的形式获取报酬，其与地主订立的是土地租赁契约而不是劳动契约。地主与农民围绕土地形成不平等人身依附关系，劳动法律关系并不平等，农民的劳动，更多呈现为一种完成徭役、贡赋和地租的强制性义务，而不是权利。到了资本主义早期，劳动权利也不是资产阶级一开始就主动承认的，当时的立法为封建贵族和新兴资产阶级共同把持，皆没有将劳动设定为法律权利。[②] 后来，劳工不能忍受资本家的残酷压迫而奋起抗争，马克思劳工斗争学说兴起，"劳动权就是支配资本的权力"[③]，劳工运动风起云涌，使得劳动权利走上历史舞台。

历史证明，只有在劳动关系实践基础和法权框架下进行研究，才

---

① 有学者考察这种程度为：其一，社会生产力的发展；其二，日益强化和普遍化的权利意识；其三，自由主义精神的重大转变。参见汪火良《从劳动权的历史维度看人的发展》，《湖北社会科学》2005 年第 12 期。

② 马克思在研究了这一段特殊历史之后指出："现在的工人阶级的祖先……由于这些古怪的恐怖的法律，通过鞭打、烙印、酷刑，被迫习惯于雇佣劳动制度所必需的纪律。"参见《资本论》（第 1 卷），载《马克思恩格斯文集》（第 5 卷），人民出版社 2009 年版，第 843—846 页。

③ 《1848 年至 1850 年法兰西的阶级斗争》，载《马克思恩格斯文集》（第 2 卷），人民出版社 2009 年版，第 113 页。

能真正地揭示劳动权利内涵。对此，恩格斯曾说："劳动权是傅里叶发明的"①，但空想社会主义权利观是抽象的，缺乏实践基础。而资产阶级当政者被迫承认的劳动权也是非常虚伪和不彻底的②，"要求资本主义社会实现劳动权，它就只能在自己的生存条件以内来实现"③。作为单独的要求而提出来的劳动权，用另外的办法根本不能实现。

2. 劳动权的含义

那么，劳动权利与劳动权内涵是否一致？究竟什么是劳动权？很显然，劳动权利与劳动权含义应有较大重复。但是否完全一致也不尽然。有学者认为，劳动权利与劳动权应当在理论上加以区分，劳动权利外延大于劳动权。④ 也有学者认为，劳动权是宪法上的公民权，劳动权利是劳动法上的劳工权益，保障的范围和程序方面，劳动权宽于劳动权利。⑤ 本书认为，依据对劳动的分析，劳动自由应该是人类的天生自由（Natural Freedom），由劳动而衍生的权利有许多，皆可称为劳动权利，其中属劳动权最为核心，是人类赖以生存的基本权利。现代以来，劳动权也接近为所有文明国家立法确认而成为法定权利。

依据权利属性划分，权利有主观与客观两个维度，主观上表现为意志自由，客观上表现为社会利益。所以，劳动权分别具有自由权属性与社会权属性。对于劳动者而言，有选择劳动的自由，有排除强力干预的自由，有不被强迫劳动的自由，从事任何劳动不受歧视。社会

① ［德］恩格斯：《致爱德华·伯恩施坦（1884年5月23日信）》，载《马克思恩格斯文集》（第10卷），人民出版社2009年版，第518页。

② 1884年5月9日，在德意志帝国国会讨论关于延长反社会党人非常法有效期的法案时，俾斯麦宣称，他承认劳动权。参见《马克思恩格斯文集》（第10卷），人民出版社2009年版，第802页。

③ ［德］恩格斯：《致爱德华·伯恩施坦（1884年5月23日信）》，载《马克思恩格斯文集》（第10卷），人民出版社2009年版，第518页。

④ 劳动权是指劳动的权利；劳动权利不仅指劳动的权利，且更注重与劳动有关的其他因劳动权本身所产生的结果权利。参见范进学《市场经济条件下的劳动权论》，《山东法学》1996年第2期。

⑤ 李炳安：《劳动权性质论》，《湘潭大学学报》（哲学社会版）2011年第5期。

权是防止传统的自由权保障流于形式化，谋求国家介入干预，帮扶劳工与社会弱者。针对伴随资本主义发展而产生的失业、贫困、劳动条件恶化等劳资对立与贫富悬殊方面的各种社会矛盾与弊害，劳动权的社会权属性主要表现是政府想办法扩大就业、进行失业救助、确定劳动基准、规范劳资关系，适度平衡劳资力量等。随着社会发展，劳动权蕴涵可以多重理解，既可以理解为有劳动愿望和能力的人，有要求劳动的权利，未获得机会时，进而有要求获得最低生活补助的权利；也可以理解为缔结劳动关系期间，如果劳动者权益受损，如难以达到保护身体健康之劳动条件或劳动报酬过低难以维持生活等，有权要求国家积极介入劳动关系，强制规定最低劳动基准或化解争议纠纷；还可以理解为劳动者团结的权利及进行团体交涉等集体行动的权利。

综合而言，劳动权可以分为两个层面的权利，即个体层面劳动权和集体层面劳动权。由于集体层面劳动权的行使可以形成劳动者集体的力量矫正劳动关系的不平衡，因而在劳动权的保障上更有现实意义。至于劳动权利，本书认为是一切与劳动相关的权利皆可称之，所以未必皆为立法所认可，更准确的说法应为劳动权益。基于本书的研究论域分析，"劳动权" 概念比 "劳动权利" 概念更适合学理探讨。

3. 劳动权的逻辑演进

权利不是预设的，也不是天然的，而是从社会交往事实中衍生而来。权利是观念逻辑的存在，也是制度逻辑的存在。对权利逻辑界定和解释展示了权利内涵的多样性和矛盾性，权利凝聚着社会生活变迁以及内涵的与权利相关的经济、文化、政治、伦理等多种因素。

英国学者洛克认为劳动与产品经济价值之间的内在联系是劳动权的逻辑。其一，人类要享有自然的创造，就必须加入劳动这一要素。个人因为劳动而获得了支配物品的权利。宛如河流里的水人人有份，用水桶取出，付出了劳动，桶里的水便成为自己的财产。其二，一般东西在自然状态中是没有什么价值的，使它成为有价值的是人的劳动。

洛克由此得出结论："劳动是享有财产的必要条件。"①

也就是说，劳动是劳动者享有财产权和人身权的基础，进一步理解，劳动除了作为谋生的手段，亦是实现自身价值手段。劳动应当是自由的，劳动者有权选择劳动或不劳动，有权选择从事劳动。但是，个人通过将自己的劳动渗入原本共有的物品上，从而获得对该物的财产权并不是绝对的。事实上，劳动者不一定完全具有对劳动产品的财产权。

劳动作为经济价值衡量的基本工具，在社会对财富的认识，进而在权利发展的内容上，获得独立性的地位。以工场手工业向机器大工业转变作为历史背景的巨著——《国富论》，在揭示工业生产对国民财富创造和积累基础之上，认为金银货币不是财富的唯一存在形式，从而科学地确立了劳动价值论的核心命题——劳动是价值的唯一源泉。劳动构成了而且本身就是一切商品交换价值具有的客观必然性描述尺度，劳动是产品价值所在，国民财富之真正源泉。一个人是贫是富，或者说一个人所有权范围的大小，直接相关的或者决定性的因素是对劳动的掌握程度，也就是对劳动主体的掌握程度和控制劳动力的多少。这样，权利大小及其实现程度取决于社会中个体的劳动。但是，这种个体的劳动是如何发挥作用，进而影响权利的分配的呢？在亚当·斯密看来，这里包含着复杂的过程，并受制约于多重的影响。

首先，在现实的经济世界里，个体权利的获得并非单个个体劳动的结果，不是如单一主体占有或改造一物而获得对该物的所有权那么简单。因为，现实商品经济的存在不仅包括生产和消费，而且还有其中间环节，即分配和交换，所有权和契约的自由权利具体体现在一个个孤立的劳动以及这些孤立劳动间的交换之中。这样，劳动权的取得和发展，关键在于对各种劳动支配权的最大化取得。其次，由于劳动

---

① ［英］洛克：《政府论》（下），叶启芳、瞿菊农译，商务印书馆1997年版，第18—32页。

这一真实尺度并不像劳动产品那样是直接可见的和具体可计算的，要确定两个劳动量之间的具体比例，事实是极为困难的。

在这种权利决定于劳动的逻辑支配下，斯密对这种情况的分析，开始从蒙昧社会转到了现实的商品世界之中。在过去，劳动和权利是一种直接的对等，劳动者直接拥有自己的劳动产品；而在现实的商品世界当中，交换和生产方式的扩大化产生了新的社会关系——资本，资本改变了劳动和权利之间的简单对等关系，利润或地租等现象混淆了工资现象的本质。所以，资本对劳动的占有和支配开始影响和决定着国民财富权力的取得和增长变化。为了从中找到内在机理，斯密修正了劳动价值论，以此对总体性生产、交换和分配的实际进行详细阐释。劳动对资本进行了实质性的妥协，劳动权必须服从于资本参与的分配。

大卫·李嘉图批判了斯密用收入理论（即工资、利润和地租三种收入决定价值）修正劳动价值论的错误，认为劳动价值论中"劳动"是唯一价值要素，而"劳动"作为价值评价的确定性和稳定性的关键，就在于劳动时间的确定性和稳定性以及可测量的特性。但同时他又错误地把商品在市场上的稀缺性和价值问题相关联，从而用供求和价格的关系削弱了劳动和权利的直接关系。

但是，斯密和李嘉图为代表的古典经济学始终在现象上绕着圈子，而无法把握事物内在本质。"斯密的不可原谅的错误就在于他试图把具有不同本质的对象归结为同一的起源，把真正的本质（已经归纳出来的）和尚未归纳出本质的纯粹现象看作是具有同一本源的"[①]；李嘉图亦如此，尽管两位都发现和看到了劳动决定价值，但在分析劳动报酬时，却不能很好地区分劳动和劳工以及劳动力，古典经济学最终无法在劳动权理论上实现质的飞跃。

---

① ［法］阿尔都塞、巴里巴尔：《读〈资本论〉》，李庆其、冯文光译，中央编译出版社2008年版，第72页。

黑格尔把握住了劳动最为核心的东西，就是人和物之间的本质关系——人的内在的东西必须通过外在东西获得实现——"人的本质是劳动"。把劳动这一制约着人的生成和自然界变化的改造力量变成人类历史的基本要素，这是黑格尔在理论上的一个伟大贡献。从精神现象学出发，黑格尔提出一种朴素的劳动辩证法，主人因为长久的脱离劳动而逐渐失去自我，而奴隶因为天生地和劳动建立关系，从而具有了主人所无法拥有的优势，最终奴隶将战胜主人，实现权利意志的平等。但黑格尔的理解是基于抽象的唯心理解，并未很好完成客观与主观相结合的具体理解。他把劳动看作人在对象化过程中对自由的实现，从而把劳动看作人的自我确证的本质。尽管黑格尔以劳动的积极要素提升了人的主体性，但是他却看不到劳动所带来的对人的否定一面。黑格尔从绝对精神和国家伦理的演化来分析劳动，视劳动为抽象的、精神的劳动，结果却不能揭示劳动特别是异化劳动的物质内容。

马克思的劳动价值理论与以往的价值理论存在本质的区别，他从对"价值由谁创造和归谁所有"这一问题的不同回答出发，通过对价值源泉问题的不同分析，超越以往价值分析上的经验主义局限性，指出价值的内在本质和其背后体现的生产关系，进而厘清了由价值创造和决定的价值分配问题，并尝试寻找解决分配的科学方案。马克思对古典政治经济学经由现象到本质的深入批判，坚定对资本剥削性的根本原因——私有制进行消灭的决心，以系统化的劳动价值理论开辟了自觉劳动批判，超越了资本统治劳动的现实困境。马克思借助于历史唯物主义循序渐进地展开劳动权的逻辑演进，经由劳动分析把私有财产导致的无产和有产的对立提升到生产关系层面，还把劳动推进到更广阔和深刻的社会领域，发现历史的真正动力，揭开人被束缚的秘密，寻找权利的解放之路。

4. 劳动权不完整之理析

马克思认为劳动就其本质而言，是"人的正常的生命活动"或"生命的表现和证实"。人区别于动物的关键就在于人的生命活动的社会性，在于其是一种自由自觉的活动。但是，为什么劳动在现实当中却不能表现生命，相反，却成了对生命的限制，使得劳动不能表现为完整的权利，而成为义务。劳工只能出卖劳动去维持生存，从而劳动对他来说只是活命的手段和被动、消极的无奈行为，劳动本来是证明人的价值的，是以权利的形式呈现出来的，结果却成了奴役人的形式。造成了这种结果的原因是什么？为了寻求这个答案，马克思进入了商品问题分析。最为成熟地分析体现在《资本论》之中。

马克思深刻认识到古典经济学家对劳动揭示商品价值的巨大进步，但也指出其局限性在于不能透过现象真正把握本质，认为劳动的价值等于维持和再生产劳动者的价值。马克思更为科学地指出，是劳动力的价值等于维持和再生产劳动力所必需的生活资料的价值。《资本论》选择了资本主义社会的财富元素形式——商品，作为分析的基点。商品之所以成为商品，关键在于使用价值。但是，使用价值只是为商品提供了物质的材料，商品得以流通是基于交换价值。那么，交换价值是什么？是两个物的使用价值的相等吗？在具体的物的三角交换关系之中，马克思区分了商品所有的两种价值，即使用价值和交换价值在逻辑上的不同和市场规定性的区别。① 以此区分作为基础，若除去使用价值，商品就只余下一个共同性的存在，那就是无差别的、抽象的人类劳动。

于是，马克思基本完成了他的第一个环节，他发现了商品的一般的规定性、蕴藏于交换价值和使用价值中的商品的价值，而商品的价值又由抽象的人类劳动来规定。而抽象的人类劳动不是不能把握的，而是可以用劳动时间进行计量，这种可计量的时间就是社会必要劳动时间。② 当获得一系列概念关系的界定和厘清之后，马克思直接把问

① 《资本论》（第1卷），载《马克思恩格斯文集》（第5卷），人民出版社2009年版，第50页。

② 在社会现有正常的生产条件下，在社会平均的劳动熟练程度和劳动强度下制造某种使用价值所需要的劳动时间就是社会必要劳动时间。参见《资本论》（第1卷），载《马克思恩格斯文集》（第5卷），人民出版社2009年版，第52页。

题推进到关于价值量、劳动、生产力三个要素之间的运动关系上来。首先，价值量不同于使用价值，价值量不关心生产商品的是什么劳动？怎么劳动？价值量关心的是劳动多少？劳动时间长短？劳动的二重性使得劳动，同一个劳动，在同一个时间和同一个空间内，以相同的形式，一方面生产出了不同的使用价值，另一方面也生产出了凝结在商品中的、可以作为交换评价依据的一般的价值。这样，《资本论》在对劳动二重性理解基础上，完成了劳动价值论的理论阐释。

随后，马克思又分析了商品的相对价值形式和等价形式，并逐步进入交换领域，透析交换领域中的价值运动规律，最终揭露了商品的神秘性质及商品拜物教。商品的交换运动，内在地关联着物与物的社会关系。① 然而经过精细地分析，马克思发现商品拜物教固然让人们臣服于财富和货币等价值实体，但作为交换过程的商品本身却并不产生和创造价值。那么价值和财富增长的真正动力或源泉在哪儿？马克思重新回到劳动过程当中，来发现价值的增值过程，并从中找到了剩余价值。劳动的过程必然是包含劳动者、劳动资料和劳动对象三个要素融合一体的过程，劳动消费则是劳动资料和劳动对象，也包括劳动力自身的消费。有了这两个消费，再加上社会必要劳动时间创造价值的前提，马克思的价值增值和剩余价值的生产就得以呈现了，问题的关键在于劳动力的价值是一个具体的量，而生产劳动过程中的劳动力价值增值是另一个不同的具体的量，即劳动力提供的劳动量减去劳动力价值量的差额。"资本家在购买劳动力时，正是看中了这个价值差额。"② 这个差额使得商品拜物教的秘密赤裸裸暴露、大白于天下。《资本论》在简单生产和扩大生产的进一步分析中，第一次区分了不变资本与可变资本，指出可变资本创造和产出剩余价值的秘密；揭示了资本积累过程预付资本是资本家财产的假象。在劳资对立关系中，

① 《资本论》（第1卷），载《马克思恩格斯文集》（第5卷），人民出版社2009年版，第89页。

② 同上书，第225页。

资本通过暴力掠夺完成了原始积累。这样，劳动二重性终于把古典经济学中关于劳动主体的权利打翻在地，劳工没有获得商品的权利，劳工唯一的拥有劳动力的权利，也被商品拜物教给彻底制服。

马克思劳动权利理论之进一步发展，实际上逐步描述了权利解放的具体条件，提出"劳动"在未来社会是人们权利的尺度，利益关系的协调要依靠等量劳动的交换。当然，这一"劳动"已不同于历史上曾经存在过的任何其他"劳动"形式或形态，而是《资本论》中论述的"无差别的、抽象的、普遍的人类劳动"。为了达到这个无差别的劳动，马克思分析了资本主义社会中产生的劳动权之蕴涵，即通行的商品交换原则，是一定量的劳动同另外一种形式的同量劳动相交换。于是，马克思进一步深挖，权利究竟是平等的还是不平等的？只有以同样的尺度有区分地对待才是权利平等的体现，可用的尺度就是劳动。

马克思于 1843 年把恩格斯的《国民经济学批判大纲》编入《德法年鉴》时，对其中提到的"资本和劳动是同一个东西，经济学家自己就承认资本'是积蓄的劳动'"① 这句话非常感兴趣，摘录并探源出这是亚当·斯密的话。马克思同时追问，资本等于劳动，那么资本是谁的劳动？提出了劳动权属问题。劳动权属问题也是解决剥削关键所在。答案写在《资本论》之中，劳工通过"重建劳动者的个人所有制"从而在经济上获得解放，也就获得全面解放。所谓"重建"，即把生产资料完全变成自由的和联合的劳动的工具。② 劳动权完全属于劳动者，生产资料归劳动者所有，翻转过来，劳动者不再是工具，生产资料才是工具，劳动者最终获得自由全面的解放。

5. 劳动产权辨析

劳动的权利蕴涵除了前述核心的劳动权之外，是否因劳动与财富的紧密关系而具有产权属性？劳动产权是否存在？美国经济学家约瑟

---

① ［德］恩格斯：《国民经济学批判大纲》，载《马克思恩格斯文集》（第 1 卷），人民出版社 2009 年版，第 67 页。

② 《法兰西内战》，载《马克思恩格斯文集》（第 3 卷），人民出版社 2009 年版，第 158 页。

夫·斯蒂格利茨曾说："在经济学中，还没有一种迷信像产权迷信那样影响人们的思想和行动。……这种迷信非常危险，因为它已经误导许多处于过渡中的国家把注意力集中在产权问题上，即集中在私有化问题上。"① 此语发人深省。产权是由归属权、占有权、使用权、支配权、处分权和收益权所组成的排他性权利束；产权的实质是人通过对物的所有权而形成的人与人之间的关系。在研究产权问题时，许多理论家都把焦点对准"物"——财产，那什么是劳动产权呢？本书认为，虽然我国劳动产权论的代表性观点是，"劳动产权指的是以劳动作为价值尺度和价值实体的社会财产的所有权、使用权、支配权和收益权"②。但其实劳动是劳动力的使用，依据"产权"定义，产权是人通过对物的所有权而形成的人与人之间的关系，而非指活动或行为，市场经济生产过程中的劳动力是生产要素，具有物化形式，所以劳动产权应该就是指劳动力产权。中国理论界对此曾长期争议不休，其实是讨论的视角有所不同，核心论域是一致的，都是关注劳动的价值创造功能。而劳动力产权将放在下文劳动力权的产权属性部分讨论，此处不再赘述。

二 "劳动力"的概念分析及其权利蕴涵

（一）"劳动力"的概念分析

什么是劳动力？《资本论》给出权威定义："劳动力，也称劳动能力，是指一个人的身体即活的人体中存在的、每当他生产某种使用价值时就运用的体力和智力的总和。"③

1. 劳动力与劳动辨析

劳动力不同于劳动，劳动力的使用才是劳动，二者是不同的范畴。

---

① J. E. Stiglitz, *Whither Socialism*, The MIT Press, 1994, p.238.

② 李惠斌：《劳动产权概念：历史追溯及其现实意义》，《马克思主义与现实》2004年第5期。

③ 《资本论》（第1卷），载《马克思恩格斯文集》（第5卷），人民出版社2009年版，第195页。

马克思曾形象地打比方："谈劳动能力并不就是谈劳动，正像谈消化能力并不就是谈消化一样。"① 《资本论》给出的"劳动力"定义需要深入理解。其一，劳动力专指人的劳动能力。人具有劳动能力，那么人就是劳动力的载体，劳动能力是人所特有的。其他风力、电力、水力、核动力乃至计算机强大的计算能力等人工智能，统统不能称为是劳动力。不管有多么强大、多么精确，不论在何种程度上代替劳动力，或者模仿劳动力，充其量是工具、手段，而不是劳动力。只有人类与自然界的物质变换过程属于劳动，植物吸收水分、阳光或动物以植物和其他动物为食等其他一切形式的生命的活动皆不是劳动。同时，劳动力作为人的劳动能力也是指人在劳动中所运用的能力，不是人的一切能力都是劳动力，劳动力只是人的能力的一部分，是人在劳动中运用和体现的能力，而不是人在其他活动和交往中运用和体现的能力。其二，劳动力是人在劳动中运用的体力和智力的总和。从生理角度分析人的活动，"躯体活动受到大脑活动的指挥和控制，而大脑活动要通过对躯体活动的支配来反映和实现"②；劳动往往是躯体活动与人脑活动的统一，躯体活动表现为体力耗费，人脑活动表现为智力耗费，所以劳动往往是体力和智力的同时耗费。在社会分工条件下，某项具体劳动往往是以耗费体力（或脑力）为主，而被称为体力劳动或脑力劳动。事实上，一切劳动活动都是体力劳动与脑力劳动的统一，劳动力一定是体力和智力的总和。其三，劳动力是指具有劳动能力的人。劳动力的载体是人，劳动力与其载体不可分，劳动力以人的生命和生理健康、心理健康为基础，无法离开人体而单独存在。劳动力所有权人——劳动者，始终与劳动力使用的各方面有利益关联。但并非所有人都是劳动者，马克思在《资本论》中对劳动力与劳动者有时并

---

① 《资本论》（第 1 卷），载《马克思恩格斯文集》（第 5 卷），人民出版社 2009 年版，第 201 页。

② 姜国权：《市场社会主义劳动产权理论研究》，博士学位论文，吉林大学，2007 年，第 24 页。

未作区分，其实所指的劳动力，就是劳动适龄人口中有劳动能力并且从事社会劳动的人。一个人也只有在身心成熟的时候才能是劳动力的承担者，这种成熟的标准以年龄衡量。

马克思之前的学者一直将劳动力和劳动混在一起未有区分，所以引致理论上的混乱。① 资本家拥有生产资料，劳动者拥有劳动力，生产过程是生产资料和劳动力的结合，形式上的呈现是资本与劳动相交换，生产之后表现为资本家获得利润，劳动者付出劳动，得到工资。根据契约自由、意思自治之法理，资本与劳动作为等价交换，不存在所谓剩余价值问题，价值的来源就不是劳动；如果承认劳动是价值的来源，那么就与等价交换这个价值规律相矛盾。马克思突破了这个理论困境，把劳动力从劳动中抽象出来，并在此基础上划分不变资本和可变资本，从而分析推演得出剩余价值的源泉在于劳动者所创造的价值，也就是劳动力的使用价值。这也是区分劳动与劳动力对于揭示剩余价值的意义所在。

劳动，是人的本质存在，同时自身具有一种创造性，《资本论》中也说"劳动创造价值"，但是，因为劳动力的权属被撕裂导致"凡是社会上一部分人享有生产资料垄断权的地方，劳动者，无论是自由的或不自由的，都必须在维持自身生活所必需的劳动时间以外，追加超额的劳动时间来为生产资料的所有者生产生活资料"②。劳动力的困境亦在于此。

2. 劳动力商品理论之形成

劳动力作为活的个体的能力自从有了人类历史就已经存在了。但

---

① 斯密认为收入可以分解为工资、利润和地租三种，因此就从劳动决定价值转到三种收入决定价值。李嘉图发现了斯密的矛盾，并对他的观点进行批评，但是他也没有区分劳动与劳动力。他认为，劳动的价值是由在一定社会中为维持劳工生活并延续后代通常所必需的生活资料决定的。显然，李嘉图把购得劳动和耗费掉的劳动混为一谈，走上了斯密的老路。因此带来古典政治经济学的固有理论困境。

② 《资本论》（第1卷），载《马克思恩格斯文集》（第5卷），人民出版社2009年版，第272页。

是，劳动力是否历来都是特殊商品呢？答案是否定的。只有在特定条件下，劳动力才能够成为商品。

原始社会的生产力极不发达，群居生活才能保证生存下去，生产活动往往通过集体协作劳动才能完成，生产资料属于共同所有，个体的劳动力也属于共同体。奴隶社会是奴隶主占有生产资料和奴隶的劳动力。奴隶在法律上不是"人"①。劳动力的所有权为奴隶主所有，"劳动者在这里只是作为会说话的工具……但劳动者本人却要让牲畜和劳动工具感觉到，他和它们不一样，他是人。他虐待它们，以狂喜的心情毁坏它们，以表示自己与它们有所不同"②。奴隶制劳动关系无疑增加交易成本，引发奴隶的不断抗争，随着生产力的进步，奴隶社会逐渐走向衰落而被封建社会取代。封建主占有生产资料和不完全占有劳动者。农民对于封建主仍然存在着人身的依附关系，是封建主的土地的附属物，但封建主已不能任意杀害和买卖农民，农民作为人享有了生命权。在封建时代的法律中，一个基本的内容既是保护封建主的土地所有权和确认农民对于封建主的人身依附关系，又在法律上明确了农民的人格权，农民作为劳动力载体，拥有部分劳动力所有权。农民还没有完全的人身自由，封建的劳动关系也仅仅被当作财产关系来看待。③ 农民的生产积极性和劳动兴趣，范围仅限于自身的经营生产。但封建制度把农民的必要劳动和剩余劳动分成界限分明的两个部分，使得农民非常清楚自己被剥削了多少，而残酷的剥削所造成的贫困，使农民失去了扩大生产规模的一切力量，严重阻碍了扩大再生产。

随着科技进步、生产力的发展，走上历史舞台的资产阶级通过"圈地运动"等各种方式剥夺了农民的小土地私有制，迫使绝大多数失地破产农民出卖自身劳动力，劳动力使用权让渡给生产资料占有者，

①　古罗马法将关涉奴隶的条款放在"物法"中，而不是放在"人法"。参见汪火良《从劳动权的历史维度看人的发展》，《湖北社会科学》2005年。

②　《资本论》（第1卷），载《马克思恩格斯文集》（第5卷），人民出版社2009年版，第229页。

③　常凯：《劳权论》，中国劳动社会保障出版社2004年版，第14页。

成为向资方提供劳动从而谋取工资报酬收入的劳工。在"不再束缚于土地，不再隶属或从属于他人的时候"①，劳工支配自身劳动力，以劳动力所有者身份与占有生产资料的资方订立契约。但是，劳动力权具有可分解性，"劳动力，在工人手中，是商品，不是资本，并且在工人能反复出卖它的时候，它构成工人的收入；在它卖掉以后，在资本家手中，在生产过程本身中，它执行资本的职能"②。马克思在此指出，劳动力并不是在劳工手中成为资本的，而是卖到资本家手中才成为资本，在生产过程中，资本家拥有劳动力所有权，因为劳动力的使用价值给了资本家，资本家将生产要素结合在一起，获得了剩余价值。《资本论》区分出劳动力与劳动的差异，明确劳动力是有价值的。劳动力商品理论是马克思劳动理论的重要组成部分，也是价值理论向剩余价值理论过渡的中介。劳动力作为商品的基本条件有二：第一，劳动力只有被劳动力的所有者作为商品售卖，才能在市场出现。劳工在让渡自身劳动力时并未放弃所有权，否则劳工自己就是商品了。③ 第二，劳动力所有者拿不出有自己的劳动对象化在其中的商品售卖，只能出卖劳动力。

（二）劳动力的权利蕴涵

马克思从物质基础与法权关系的对立统一视角来阐释劳动力的权利蕴涵，本书基于前文所引约瑟夫·斯蒂格利茨的论断，认为劳动力的权利蕴涵不应简单概称为劳动力产权，而应更准确地表达为劳动力权。劳动力权是劳动力的呈现，劳动力是劳动力权的基础。正如马克思权利理论所论述的生产资料所有权是生产资料所有制关系的法律表

---

① 《资本论》（第1卷），《马克思恩格斯文集》（第5卷），人民出版社2009年版，第822页。

② 《资本论》（第2卷），《马克思恩格斯文集》（第6卷），人民出版社2009年版，第422页。

③ "劳动力占有者和货币占有者在市场上相遇……双方是在法律上平等的人。这种关系要保持下去，劳动力所有者就必须始终把劳动力只出卖一定时间，因为他要把劳动力一下子全部出卖光，他就出卖了自己，就从自由人转化为奴隶，从商品占有者转化为商品。"参见《资本论》（第1卷），载《马克思恩格斯文集》（第5卷），人民出版社2009年版，第195页。

现一样，所有权先于法律存在，但任何权利只有得到法律确认之后才能发挥出最大效用，这是本书阐述劳动力权的必要性所在。

1. 劳动力权的本质辨析

劳动力是一种生产要素、一种资源，具有生产要素和资源的权能属性。一般来说，财产是劳动的积累，劳动力是潜在的劳动，是劳动能力，它存在于人体之中，没有独立的载体形式，虽然可以转让，权能可以分离，但是不能继承，因此不同于一般财产。劳动者作为劳动力的承载者拥有天然的基本生存权，同时劳动者在使用自身劳动力时拥有免受掠夺性侵害的权利，这些权利都应该纳入劳动力权内涵之中。由此可知，劳动力权，就是指人在劳动中所应获得的兼具人身保护和财产保障的资格与利益。劳动力权具有二元属性，表现在既有产权化的一面，也有人权化的一面。劳动力权应该是人权基础上的产权化，也是对劳动者劳动能力的排他性权利。

（1）劳动力权的人权属性

《资本论》始终强调人是本质和目的，而非手段和工具。劳动是人的本质，劳动权是基本人权，劳动力以人为载体，亦具有人权属性，劳动力权自然属于劳动者的一项基础性权利，也构成了马克思权利理论的内在本质。

从人权角度分析，劳动力权的人权属性还在于其独特的意志性，表现为强排他性，有限转让性和使用弹性等。因为劳动力只能与其载体结合在一起，这是劳动力存在的自然生理特征，体力、健康、经验、技能和知识等。当劳动力权分解为劳动力产权和劳动力人权后，劳动者的意志和行为等因素对劳动力随时随地都产生影响，当劳动者按照他人意志支配自己的劳动力时，如果自己的意志被压抑，便会下意识地自我限制劳动力的使用，意志不同会使劳动力的实际使用效益降低大打折扣，因此雇佣劳动力的人在支配和使用劳动力始终受到劳动者的主观因素影响。

《资本论》对劳动者主体性的阐述，对劳动异化的批判，表明生产关系生产着劳动关系，并反映着劳动者主体性的相应变化。虽然劳动力之所以成为一种权利，原初缘由是其价值创造性，能生成财产。而随着社会发展，财产权作为一项普遍性人权，已不在存疑。《世界人权宣言》等文献①对财产权加以人权保护，是对劳动力权的人权属性的最好印证。国家与社会为了持续发展，也有义务为劳动力的生产与再生产创造尽可能的便利。

（2）劳动力权的产权属性

劳动力由于其商品属性而具有产权属性，简称劳动力产权，如前文所述，是由所有权、占有权、支配权等多项权利构成的权利束。劳动力由于依附于活的劳动者，因而劳动力权具有可分离性、部分让渡性、历史性等特点。从产权角度分析，劳动力权具有与物质财产产权相同的收益性、排他性、流动性、可分解性和可交易性等；产权属性的劳动力权，是劳工将其天然个人所有的劳动力，通过商品化方式投入企业而形成的权利，分享企业治理权与剩余权，其权利化形态为民主参与权与利润分配权。劳动力产权具有三个特征：第一，劳动力使用权商品化方式的劳动力投入是劳动力权形成的前提；第二，分享资本经营的剩余是劳动力权的核心；第三，与资方合作，民主参与企业治理是劳动力权的行使手段。由前述分析可知，资本主义生产方式中劳动力权是残缺的：第一，劳工对自己的劳动力没有完全和独立的支配权；② 第二，劳工被剥夺剩余价值分享权；第三，劳工未充分享有劳动力再生产的权利。

资方对劳动力权完整性的剥夺，且将这种剥夺制度化、法律化，

---

① 如《世界人权宣言》（第17条）、《欧洲人权公约》（第一议定书第1条）、《美洲人权公约》（第21条）、《非洲人权和民族权宪章》（第14条和第21条）等，都规定"任何人的财产不得任意剥夺"，将财产权作为一项人权加以保护。

② 劳动力市场的交易完成后，劳资双方的地位发生了变化，资方获得了生产过程中对劳动力的支配权，"即对发挥作用的劳动力或工人本身的指挥权。人格化的资本即资本家，监督工人有规则地并以应有的强度工作"。参见《资本论》（第1卷），载《马克思恩格斯文集》（第5卷），人民出版社2009年版，第359页。

造成剩余价值分享权丧失。劳工遭受奴役,权利丧失,但不清楚究竟是何种权利丧失?如何被侵犯?直到《共产党宣言》中明确指出:"共产主义并不剥夺任何人占有社会产品的权力,它只剥夺利用这种占有去奴役他人劳动的权力。"① 才厘清劳动力权的运行机理。现在看来,由马克思在《资本论》等经典著作中阐发的劳动力及其权利思想,有利于我国经济体制改革乃至"四个全面",促进企业治理现代化,构建和谐劳动关系。②

2. 劳动力权与劳动权辨析

劳动力权与劳动权的本质区别在于劳动力权是人身不可分离的权利,因为人体内的劳动力与生俱来无法剥夺;而劳动权是一种行为权,劳动是劳动力的运用,表现为人的物质交换与社会交往。

劳动力权与劳动权产生过程既有联系又有区别。劳动力权与劳动权都是随着资本主义生产方式而产生。劳动力权的认知早在社会化大生产的初期就已存在,但其是在市场经济条件完全成熟的条件下才得以法律上完全确认。而劳动权的出现更多地体现为一种法律化的伴随过程,与资本主义工厂立法相伴而生。相较之下,劳动权的产生略早于劳动力权。

劳动力权与劳动权的权利范围和利益保护有所不同。劳动力权保护的目标是劳动力所有权与劳动力使用权合一,劳动力权的人权属性与产权属性有机统一。而劳动权如前文所述,兼具自由权与社会权两种属性。劳动权主观上确认和保护的是意志自由、劳动自由,客观上确认和保护的是一种社会协作利益、社会整体利益。法律规定的劳动权实质上是由劳动力使用权派生出的一种权利,劳动法中劳动权享有多少,决定于各种法律规范中对人的劳动力使用权所作的规定。

---

① 《共产党宣言》,载《马克思恩格斯文集》(第2卷),人民出版社2009年版,第47页。

② 西方马克思主义经济学家将劳动力权作为合作制经济的理论基础,对劳工合作制经济的具体模式展开讨论,或将劳动力权与"经济民主"理论相沟通,对职工持股计划、利润分享、共同决定及参与式管理等具体实践模式发挥了重要影响,在实践中推动着西方资本主义社会劳资关系的变革,对我国劳动关系治理具有启发意义。

3. 劳动力权的现代走向

资本主义社会初期生产方式的一个显著特征，就是企业的所有权和经营权没有分离，然而现代企业的经营权与所有权分离，马克思已有所预见。[①] 同时，科技作为第一生产力，具有专门知识、技能、经验和创新能力的专业人士与企业的关系不再是劳动力买卖关系那么简单，所拥有的知识、技能、经验等就可以使价值增值，而"企业的各种劳动要素应该各按其劳动贡献获得企业公共积累或企业增量资产中的排他的个人权利份额"[②]，这是资本的一种必然的历史逻辑。

"对人的投资而形成、体现在人身上的知识、技能、经验、经历和熟练程度等"[③] 在现代被称为人力资本。人力资本理论是现代世界各国调整发展战略、促进经济增长的重要理论支持，也是《资本论》所述劳动力及其权利的现代走向。有研究认为劳动力及其权利理论与现代人力资本理论有着天然的联系。人力资本的自然根源在于劳动力，人力资本和劳动力的自然基础都是人的有机体，它们的使用效果都受其所有者主观因素影响，它们都具有再生性和时效性特征。当然，劳动力与人力资本并非完全混同，只有当劳动力这一特殊商品带来剩余价值时，劳动力才具有资本属性。劳动力与人力资本有着发展程度上的阶段性差距。

人力资本所说的知识、技能和体力，可以理解为马克思所概括的劳动者的"体力和智力"，那么能否纳入马克思所说的"可变资本"范畴呢？依据马克思的劳动价值理论，物质投入不能为商品带来价值增值，仅仅是价值形态有所改变，劳动力投入才会带来价值增值和剩余价值。马克思把"物质投入"定义为不变资本，而"人力投入"定

---

① 资本积累到一定程度后，生产社会化程度越来越高，投资者会先后直至全部被甩出企业之外，从而所有权和经营权分离，职业经理人产生，投资者成了单纯的食利者。参见李惠斌《劳动产权理论及其意义》，《马克思主义与现实》2013 年第 3 期。

② 《资本论》（第 3 卷），载《马克思恩格斯文集》（第 7 卷），人民出版社 2009 年版，第 494—495 页。

③ 李建民：《人力资本通论》，上海三联书店 1999 年版，第 51 页。

义为可变资本，"转变为劳动力的那部分资本，在生产过程中改变自己的价值。它再生产自身的等价物和一个超过这个等价物而形成的余额，剩余价值。……我把它称为可变资本部分，或简称为可变资本"①，这一经典论述实际上成为现代人力资本理论的逻辑基点。人力资本是劳动力随着生产力的发展、生产关系的变更和科学技术水平提高的逻辑演进。

三 "劳工" 及 "劳工权益" 的概念蕴涵

（一）"劳工" 的概念分析

1. 劳动者的类型分析

从事劳动的人皆可称为劳动者。人为了生活，离不开吃、穿、住以及其他东西，可以统称为生活资料，生产这些生活资料所需要使用的资源或工具则称为生产资料。劳动力依靠生活资料进行劳动力再生产，劳动力与生产资料的关系是："二者在彼此分离的情况下只在可能性上是生产要素。凡要进行生产，它们就必须结合起来。"② 随着时代的不同，劳动中生产要素的组合方式也会有所不同，劳动主体概念在外延上也在不断发生变化。由此，可以将人类生产劳动类型分为两大类：第一类是生产劳动中自己拥有生产资料；第二类是生产劳动中自己不拥有生产资料。第一类又可分为两种：一是自己就是劳动力，劳动成果自给自足，或通过交换获得生产与生活资料；二是将他人提供的劳动力与自己拥有的生产资料相结合，劳动成果或者满足自己的需求或者通过交换获得生产与生活资料。而本书所论述的劳工，则专指自己不拥有生产资料的劳动主体，属于前述人类生产劳动类型的第二类。

在现代社会化大生产中，将自己拥有的生产资料与他人提供的劳

---

① 《资本论》（第 1 卷），载《马克思恩格斯文集》（第 5 卷），人民出版社 2009 年版，第 243 页。

② 《资本论》（第 2 卷），载《马克思恩格斯文集》（第 6 卷），人民出版社 2009 年版，第 44 页。

动力相结合的主体与不拥有生产资料的劳动主体相对立统一，分别对应于资产所有者与劳动力所有者，两者结合就是现代资本主义生产方式。因为《资本论》研究的是资本主义生产方式及其相应的生产关系和交换关系，最终目的是揭示现代社会的经济运行规律，具体来说是揭示资本积累的本质、一般规律和历史趋势，在生产的不断循环中，资本主义生产与再生产同时是资本主义生产关系的生产与再生产，一方面生产出物质财富，被资本家无偿占有；另一方面生产出除了自身的劳动力之外一无所有的劳动主体——劳工，专指现代劳动法适用意义上的产业劳动者，也就是马克思所说的生产劳动者。

2. 劳动主体身份变迁

古代社会主要从事劳动的主要是奴隶与农奴，在漫长的古代史中，他们被排除在公共领域之外，没有"人"的法律地位。对奴隶身份的法律定义可以追溯到古罗马法。罗马法区别"自由人"与"奴隶"，所谓"自由人"是具有自由身份的人。所谓"奴隶"，是指为他人所有的人。奴隶主要来自战争俘虏，没有罗马"人"的资格。奴隶主对奴隶有生杀大权，而由奴隶取得的一切，都属于奴隶主。"在人类社会初期，唯一有权判断是非的是根据事实做出的司法判决，其判决的依据并不是违反了预先设定的法律，而是由更高的权力灌输给法官的。"[①] 值得注意的是，罗马法也有奴隶主对奴隶逞凶的禁止规定："在朕的帝国内的任何人，若无法律和其他规则规定的理由，不许对自己的奴隶逞凶。……任何人不恶用自己的财产是国家利益之所在。"[②] 由此可以看出，罗马法禁止主人对奴隶逞凶，并非是为了维护奴隶的生命安全，而是禁止奴隶主滥用罗马帝国的财产。中世纪农奴的地位也基本相同，农奴提供的劳动之性质与奴隶并无二异，历史因素使得农奴的阶级身份脱离了民族群体而被排斥。质言之，农奴是被

---

① ［英］亨利·萨姆奈·梅因：《古代法》，高敏、翟慧虹译，中国社会科学出版社2009年版，第6—7页。

② 徐国栋：《优士丁尼〈法学阶梯〉评注》，北京大学出版社2011年版，第73页。

排斥在社会公共领域之外的。而以中国为例，古代东方社会奴隶的权利境况与西方并无二致。①

西方学者阿伦特认为，东西方的史实不约而同地显示古代直至近代的奴隶劳动制度，并非完全出于经济利益目的，利用奴隶和农奴的廉价劳动以追求利润最大化；而更多的可能是追求一种政治与社会效果，意图把从事劳动的活动排除出人类政治生活。因为劳动生产出的大量产品皆是满足人类生活需求的，消费之后便无价值，劳动被认为只是满足了人的生理本能，对美德与社会秩序的构建毫无意义。即使科技不断进步，能够生产出大量恒久持续的物质，也只是更加刺激人类物欲横流，无益于劳动者个性与美德的展示。所谓公共领域，理应为个性保留，这是人们真正能够显示自身是谁的立身所在，才有了表现卓越的机会，也有了让所有人都有机会显示自己政治热情的机会，有了人人可以承担公共事务的责任。而当劳动者被排斥在公共领域之外时，原因竟然在于劳动使得劳动载体缺失主体性、迷失了个性、丧失了权利。一个没有自由、没有权利的人，在古代法中不具备一个完整的人的能力。

劳工权益状况的现代生成深受上述历史观念影响，劳动主体由奴隶、农奴、自耕农、手工业者转化为雇佣劳工，一脉相承都是为他人劳动，但是雇佣劳工在法律性质上是自由人，而且与雇主具有平等的人格，这是一个生产实践的突破，也是一个法律观念史的突破。当然，雇佣劳工在生产劳动中是否真正被当作权利主体来看待？这只需从马克思的《资本论》、恩格斯的《英国工人阶级状况》以及20世纪学者哈蒙德夫妇的"劳工三部曲"、汤普森的《英国工人阶级的形成》等书中对19世纪雇佣劳动史实的分析便知分晓。② 劳工在纸糊的平等外

---

① 《唐律疏议》记载"奴婢等同于资财"，"奴婢贱人律比畜产"。奴隶仅供劳役，或者被赎买。可见东方与西方一样，对于当时的劳动主体——奴隶和农奴并不承认其权利身份。参见瞿同祖《中国法律与中国社会》，中华书局2003年版，第242—244页。

② 详见本文第一章"绪论"的研究综述部分。

衣之下，依然是奴隶般的"工具"身份地位，只是工具的场景转换了，由农田进入工厂。英国作为产业劳动诞生较早的国家，最早显现出雇佣劳动的实质。

3. 劳工主体权利特征

在"法律面前人人平等"的资本主义社会，劳工的权利境况鲜明地反讽了这一口号，劳工依然生活在资本的权力之下，"资本是资产阶级社会的支配一切的经济权力"①，雇佣劳动决定了劳工主体权利从属的实质特征。

（1）劳工之人格从属

劳工所从事之雇佣劳动的前提是生产资料的所有权与劳动力的所有权相分离。这决定了雇佣劳动的结果必然是劳动主体——劳工的劳动目的与劳动行为相分离。同时，工业规模生产所要求的协作分工，本质要求劳工必须归属生产中形成的劳动组织体系，"这在历史上和逻辑上都是资本主义生产的起点"②。劳工个体意志不能超越组织体意志，更不能超越决定组织体的资本意志。劳工必须进入资方制定的工作场所，接受资方指挥管理，完成生产；必须无条件服从命令、承担职能、遵守劳动组织的规章制度。劳工的这种组织归属使得资本主义社会化大生产成为可能，资本主义生产力前所未有地爆发出来。但在劳动过程中，劳工意志必须服从资方的意志。劳工也就缺乏了劳动自主性。同时，劳动力与劳工的人身不可分离，劳动力的服从，也就预示了劳动力载体的服从，劳工人格上对资方的从属。

（2）劳工之经济附属

劳工之劳动对资方而言，是价值增值必要条件，是攫取巨额利润、不断扩大经济利益的关键。正如马克思所分析，劳动的价值必定总是

① 《政治经济学批判》（1857—1858 年手稿），载《马克思恩格斯文集》（第 8 卷），人民出版社 2009 年版，第 31—32 页。
② 《资本论》（第 1 卷），载《马克思恩格斯文集》（第 5 卷），人民出版社 2009 年版，第 374 页。

小于劳动的价值产品。劳工劳动并非为自己创造使用价值，其劳动成果归资方所有，劳工获得工资报酬。但是，劳工所获工资仅是劳动力的价格而不是劳工劳动的对价。劳工所获得的经济利益仅仅是其创造的而归资方所有的经济利益的一部分。因为劳工在劳动过程中并不是为自己创造使用价值，劳工不可能直接享有劳动成果而获得生活资料。因此，劳动力价格的实现也就依赖于资方的履约行为，即资方支付劳动条件的行为。所以，工资报酬的获得、劳工生活质量与其所享有的休息时间以及相应的物质保障以及在遭遇劳动灾害或劳动能力减损、丧失时的物质帮助或经济支持等皆有赖于资方。

（二）"劳工权益"的概念内涵分析

劳工权益，简称劳权，如本书绪论所言，是指现代产业关系中劳动者的全部权利。现代产业关系集中表现为，"资本和劳动的关系，是我们全部现代社会体系所围绕旋转的轴心"[①]。由此可知，劳工权益包括本书前述的劳动权与劳动力权。

1. "劳工权益"的概念性质

首先，劳工权益（以下简称劳权）具有社会权属性。社会权是社会公平正义的体现，劳权作为社会权具有两个方面的特点：其一，劳权是既有公权又含私权的社会权。劳权的主要法律渊源或法律构成是作为社会法的劳动法。而社会法作为私法公法化的第三法域，是一种从公共和社会立场出发的维护社会利益之法，私权与公权交集和法律社会化，是社会权与社会法的主要特点。劳权关系本质上是一种公法关系限制下的私法关系。劳权作为社会权，是以私权作为基础，并以公权作为保障。其二，劳权呈现为现代产业关系中以劳工为主体的社会弱势群体的权利与利益。社会权的基本价值取向是追求社会力量的均衡。而劳工及其群体的弱势地位是由其在社会生产过程中的地位决

---

① ［德］恩格斯：《卡尔·马克思〈资本论〉第一卷书评——为〈民主周报〉作》，载《马克思恩格斯文集》（第3卷），人民出版社2009年版，第79页。

定的，社会权的本质是匡扶社会弱势群体。劳权对劳工及其群体的扶助是一种特殊保护的权利。

其次，劳权是体现生产要素权利的经济权。社会经济权利是社会经济关系的法权要求，产权、经营权和劳权均为社会生产要素的法律化表现，即资本、管理、劳动等生产要素外化为一种具体的权利。在直接和微观层面上，劳权是指劳动关系中的劳工权益；而放宽至宏观和一般意义上，劳权是指作为生产要素之一的劳动要素的权利，是与产权、经营权相对应的同一层位的权利。社会化生产需要劳动力与生产资料相结合，而结合的过程则是通过生产要素人格化而实现的，即通过作为劳动力的承载者的劳工和生产资料代表者的劳动力使用者的结合，构成社会劳动关系来具体实现。生产要素的权利由要素的所有者享有和行使，劳工作为劳动力所有者享有劳动力权，而劳权作为劳动要素的权利，来源于劳动力权，应全部由劳工享有和行使。

最后，劳工权益不是一种单一的权利，而是一个权利体系。劳权的社会权属性决定，随着社会发展，劳权的内容所涉不再仅限于劳动领域，而扩充为所有与劳动相关的社会领域。因此，劳权是以劳动权为核心的权利体系，如前文所述，劳动权可以分为个体层面的劳动权与集体层面的劳动权，劳权亦是如此，依据核心权利划分为个体与集体两个层面，在经济权益的基础上涵盖政治权益、文化权益等多项社会权益。

2. 劳工权益的类型化分析

依上文所述，从个体与集体层面，劳权可以分为个体劳权和集体劳权。所谓个体劳权，又称为劳工个体权益，是指劳工个体享有并由个人自主行使的权利。所谓集体劳权，又称劳工集体权益，是指由劳工集体享有的权利。依据现代劳动与社会保障法律体系分类，劳动就业、劳动报酬、休息休假、职业培训、安全卫生、劳动争议处理、社会保险等多从个体层面的劳工权益来理解，切切实实地保障每位劳动者的利益；而劳工结社、集体谈判（协商）、集体行动（罢工）、民主参与管理等多从集体层面的劳工权益进行分析。劳工权益的具体类型分析，特别是《资本论》劳工权益思想之内容诠释，详见本书第四、五章。

第二节　劳工权益思想的理论坐标

《资本论》劳工权益思想作为理论的原生点，核心在于研究《资本论》中劳动者权利与利益的确定与保障，理论涵摄三个方面：一是马克思权利理论；二是马克思劳动关系理论；三是劳动与社会保障法理论。因为所有的劳动问题都是由劳动者、劳动关系、劳工权益三个依次递进和互相关联的基本内容构成，其中劳动者为主体、劳动关系为基础、劳工权益为核心。劳动者作为权利主体，在现代产业劳动关系的结构变化与权益保障皆离不开马克思权利理论、马克思劳动关系理论还有劳动与社会保障法理论的综合考察。

一　马克思权利理论的核心支点

《资本论》劳工权益思想无疑应纳入马克思权利理论整体论域中进行考察。《资本论》及其手稿完整揭示了马克思权利理论的理论脉络与历史命运，马克思权利理论是马克思主义法学理论的核心。《资本论》有言，"对人类生活形式的思索，从而对这些形式的科学分析，总是采取同实际发展相反的道路。这种思索是从事后开始的，就是说，是从发展过程的完成的结果开始的"①。这启发着本书运用《资本论》中的倒叙追溯方法进入马克思权利理论的深处来考察劳工权益思想。

马克思的权利理论主要是从主观与客观两个方面来阐述，权利的主观性呈现为主体意志自由，权利的客观性反映为社会整体利益。马

---

① 《资本论》（第1卷），载《马克思恩格斯文集》（第5卷），人民出版社 2009 年版，第109 页。

克思认为，人以劳动为本，人的本质是自由，劳动也应自由自觉，是受人意志自由支配的自觉活动，而"自由的有意识的活动恰恰就是人的类特性"①。"人的类特性"其实就是人之所以为人的价值所在，劳动体现了人的价值，实现了人的价值，人得以发挥出自己的力量，在劳动中实现自身的价值。进而意味着劳动是人的意志自由，劳动自由是权利，劳动是自由权利。劳动的形态首先是人与自然之间的相互联系与相互作用，同时，劳动也生产出人与人之间的社会关系，"而生产本身又是以个人彼此之间的交往（Verkehr）为前提的"②，二者相互交织。从社会层面考察劳动，劳动作为社会活动，其本质是劳动主体也是社会主体花费时间并以抽象形式凝结在产品与服务中，经过社会的消费而得到社会之承认，由此而形成的联系。社会就这样形成，劳动生成社会，劳动创造着社会之最大利益，意味着劳动是社会利益，也是社会权利。

马克思权利理论之进路是主体和客体的统一。主体的权利与价值相统一，社会的权利与利益的统一。人作为社会主体在实践中生成权利，劳动是人的最大实践，由劳动实践而生成的权利是人的最基本、最富活力的权利。在一定程度上可以说劳动是权利的源泉。在劳动实践中，社会主体得以实现价值，如前章所述，也就喻示着社会主体对权利的享有。劳动使得人实现自己的尊严和价值，而权利本质上标示的是一种以现实利益为导向的人与人之间的关系。

循此进路，既然主体把权利作为意志自由与现实利益导向相结合的价值目标，那么，对于社会主体来说，权利活动是自由活动、正义活动，也是给社会增进利益的活动。而活动的手段和方式是劳动实践，实践是人的创造性社会活动的手段，终极目标是要通过劳

---

① 《1844年经济学哲学手稿》，载《马克思恩格斯文集》（第1卷），人民出版社2009年版，第162页。

② 《德意志意识形态》，载《马克思恩格斯文集》（第1卷），人民出版社2009年版，第520页。

动实现人的解放。所以，《资本论》通篇宗旨是人的权利及劳动解放，而马克思权利理论的最为核心之处是社会轴心关系（劳资关系）所呈现之权利——劳工权益（劳权）。劳权作为人权的核心内容，支撑着权利体系的建构，其所蕴含的劳动力权也必须是自由人权基础之上的产权化、社会利益化。以马克思对劳工权益的确立入手，深入展开对资本主义社会运行机理的考察，从而揭示权利的历史本质，这是本书研究的理论逻辑，也是马克思权利理论的内在逻辑。《资本论》劳工权益思想可以视作马克思权利理论的核心支点，也是能量最大的原子核，通过与马克思劳动关系理论、劳动与社会保障法理论的裂变与聚变，不断发展完善马克思权利理论，自身也不断系统化，发挥自己的实践功能。

二 马克思劳动关系理论的阿基米德点

《资本论》劳工权益思想同样立基于马克思劳动关系理论，而马克思劳动关系理论是马克思主义政治经济学的理论核心。马克思历史唯物主义的出发点——现实的个人，是处于一定生产关系中的个人。因此，其所在的世界是一个生产关系的世界，人类的解放寄望于生产关系的改变，生产关系的核心是劳动关系。劳动关系也可以说是人类最重要的社会关系，反映着劳动力与生产资料相互结合的劳动过程。如果劳动力和生产资料属于相同权利主体，劳动力与生产资料有机结合实现劳动过程，此种情形下劳动与资本利益吻合，不存在主体权益受损。如果劳动力和生产资料分别属于不同权利主体，双方主体结合是为了实现劳动过程，此种情形下形成的劳动关系表现为劳动力所有者与资本所有者利益分化，劳资关系对立冲突必然导致劳动力所有者权益受损。因此，劳动力和生产资料分别属于不同主体，是劳工权益的讨论前提。《资本论》实质上阐述的就是资本主义的劳动关系，也就是劳资关系。劳资关系也称劳动关系，不同时空阶段、不同情形场合、不同学科领域以及不同国家地区在称谓上有所不同。劳资关系是现代产业关系的核心，是社会发展到资本主义阶段的典型劳动关系，劳动与资本尖锐对立。"劳工关系"则主要被台湾及海外华人学者使用，这一称谓在于突出劳工权益这一主旨。基于当前世界经济的特点，国际学界更多地使用"劳资关系"这一称谓，而国内因多种所有制经济并存，多用"劳动关系"来涵盖各类经济形态中的生产劳动关系。本书一般不作明确区分，仅在描述《资本论》劳工权益思想的原初语境及文本时，尊重时代，使用"劳资关系"用语，而在论述当代中国劳动关系时，一般使用"劳动关系"措辞表达。

《资本论》作为一部剖析劳资关系的划时代巨著，是马克思倾毕生心血而作。恩格斯在书评中指出："资本和劳动的关系，是我们现代全部社会体系所依以旋转的轴心，这种关系在这里第一次作了科学的说明，而这种说明之透彻和精辟，只有一个德国人才能做得到。"[①]因为马克思在资本主义生产劳动关系中揭示出了剩余价值，这是石破天惊的发现，找到了雇佣劳工的权益受损的秘密所在。马克思的《资本论》喻示了劳资关系的两大特征：强制性和剥削性。强制性表现在劳工的人格、经济、组织皆服从于资本家，本质在于劳动力服从资本增值的需要。剥削性表现资本家为了最大限度地实现资本增殖，最大限度地使用劳动力，通过各种手段迫使劳工付出尽可能多的剩余劳动，本质在于资本家榨取劳工的剩余劳动以实现资本的价值增值。强制性与剥削性两大特征正是马克思劳动关系理论所揭示的劳工权益被侵犯的实质。

而本书研究认为，《资本论》所阐释的劳资关系本质主要有以下四个方面特点：第一，劳资关系当事人一方确定为劳方，即劳动力所有者和支出者，称为劳工；另一方确定为资方，即生产资料所有者和

---

① ［德］恩格斯：《卡尔·马克思〈资本论〉第一卷书评——为〈民主周报〉作》，载《马克思恩格斯文集》（第3卷），人民出版社2009年版，第79页。

劳动力使用者，称为资本家（或雇主）。劳工始终是劳动力的所有权人。第二，劳资关系的问题根源是劳工权益受损引发劳资对抗。劳资关系中的劳工虽然出让了劳动力使用权，但始终享有劳动力所有权，而劳动力所有权以依法能够自由支配劳动力并且获得劳动力再生产保障为基本标志。那么，劳工权益的起码要求是雇主在使用劳动力过程当中应当为劳工提供保障劳动力再生产所需要的时间、物质、技术、学习等方面的条件。如果雇主做不到或者出于成本核算而不愿意，从而损害劳动力本身及其再生产机能，则必然引发劳资对抗。而劳动力使用权则只限于依法或依约定将劳动力同生产资料相结合的情形。第三，劳资关系是人身关系实质不平等和财产关系形式平等兼具的社会关系。劳资之间通过相互选择和平等协商，以契约形式确立劳资关系，劳工以让渡劳动力使用权来换取生活资料，资方要向劳工支付工资等物质报酬，双方遵循商品等价物交换原则，并可以通过协商来延续、变更、暂停、终止劳动关系，这表明劳资双方财产关系在形式上是平等的。由于劳动力与其载体须臾不分，劳工向资方提供劳动力，实际上就是劳工人身一定程度上交由资方指挥管理，劳动过程中双方处于实质不平等状态，劳工处于弱势地位，与资方具有隶属性质，在此意义上的劳资关系就是一种实质不平等的人身关系。第四，劳资关系是对立统一关系。劳工与资方在利益目标上存在冲突，这在《资本论》已经得到比较彻底的解析，冲突带来社会风险，过于激烈则会产生社会动荡。但是，劳资双方之间一定条件下也存在利益合作关系，如生产过程中的劳资有机结合，彼此利益处于相互依存的共生状态，甚至有的利益目标，如劳工就业保障目标与雇主的发展目标之间，具有相对一致性。劳资关系中的冲突与合作往往处于此起彼伏的胶着变动状态。

由此表明，《资本论》劳资关系必然阐释出劳工的法权要求，劳资关系发展呈现双重属性（如人身性与财产性、平等性与不平等性、冲突性与统一性）相融合的现象，各种属性都有各自不同的法律需求。劳工权益是劳资关系的阿基米德点①，劳资关系和谐的关键点就在于劳工权益的保障。劳权保障是否到位，决定能否撬动资强劳弱的劳动关系由失衡走向平衡。劳权保障的落实在于制度保障，因而，应当研究不同法律需求之间的对立统一关系，进而研究劳动法满足各种法律需求的结构性问题，特别是劳动法满足劳资关系的结构性法律需求的对策。

三 劳动与社会保障法的发展动力

劳动与社会保障法源于对工业革命的回应，凝聚着人类法律智慧，蕴含着劳工对于劳资和谐、劳动解放的追求。马克思劳动关系理论是推动劳动与社会保障法发展的主要理论力量，形象地说，劳工权益是促进劳动与社会保障法不断完善的理论生长点。正如日本劳动法学者恒藤武二教授所言："以劳动基本权作为劳动法的中心，是以马克思主义关于资本家与劳工的阶级对立为基点提出的。支撑劳动法展开的劳动基本权的理念，表现了资本主义社会的根本矛盾。"② 而从法律社会理论角度看，劳工本质上是弱者，弱者就是那些各种应有的基本权益缺失的个人或群体。马克思没有把对他那个时代的弱者权益的思考停留在哲学与伦理学层面，而是通过历史与现实的考察将眼光聚焦法律社会理论层面。

（一）劳动与社会保障立法破茧而出

劳工权益最终的落脚点是权利保障，这首先需要法理证成。劳动问题虽然自古有之，但随着工业革命的展开与市场经济的形成，使得劳动作为社会经济法律问题凸显出来。劳动与社会保障法是工业革命的产物，工业革命不仅促进了生产技术的革新，而且改变了社会关系。

---

① 古希腊科学家阿基米德发现了杠杆原理后曾说："给我一个支点，我就能撬动地球。""阿基米德支点（Archimedean point）"在后世往往被用来指一个能够把事实与理论统筹起来的关键点，一个理论阐明之后能够发挥出巨大功效的关键所在。

② ［日］恒藤武二：《论争劳动法》，世界思想社1978年版，第5—6页。转引自常凯《劳动关系学》，中国劳动社会保障出版社2005年版，第59页。

自 17 世纪中叶开始，欧洲资本主义列强在古典自然法学派的启蒙之下制定出来的法律制度明显体现出了个人主义色彩，法律奉自由和个人权利为圭臬，国家充当"守夜人"的角色，劳资双方签订的合同对于当事人来说就是法律，排除一切干涉。然而随着生产力的发展，资方经济力量越发雄厚，劳工经济状况日益贫困，双方立契之经济地位悬殊，法律形式平等对于劳工是否还有实质意义？在市场雇佣关系中，劳工是独立的主体，从形式上看，劳动者完全可以自由支配自己的劳动力。但事实上，"在劳动过程中他们已经不再属于自己了。……他们本身只不过是资本的一种特殊存在方式"[1]。劳动力与资本的关系只能是"从属关系"，劳工并无权益可言，严重影响社会生产与再生产，成为触发劳动立法的原初出发点。法律对于劳动关系调整，特别是将劳工权益的确立与保障作为劳动与社会保障法的基本主旨，正是由这一出发点而确定的。到 19 世纪初，随着资本占有劳动的状况越来越严重，劳工阶级的处境日益恶化。这不仅激起劳工的不断反抗，而且也引起了社会各界的关注。限制资方剥削、保护劳工权益，形成社会思潮，以英国 1802 年《学徒健康与道德法》为标志的"劳工立法"，成为劳动与社会保障法的开端。劳动与社会保障法重新调整了政府与市场对资源的"二元配置"，改变了国家原先对于劳资关系自由放任的不干预政策，不再完全以契约自由原则来调整劳动关系，尽管承认劳工具有人格上的独立性，但根据经济上仍然依附于资本的现状，将劳工作为一种特殊的社会群体加以法律保护。也就是说，对于劳动关系的法律调整，已不限于通过私法实施劳资自治，而且，又加入了公法，如对于工资、工时和劳动条件的限制等。

劳工权益是促使劳动与社会保障法应运而生的推手，劳动与社会保障法功能在于协调劳资关系，保障劳工权益，应对产业劳动所引发

---

[1] 《资本论》（第 1 卷），载《马克思恩格斯文集》（第 5 卷），人民出版社 2009 年版，第 386—387 页。

的社会风险，建立社会安全网络，预防劳工因工伤、疾病、失业、年老等情况暂时或长期丧失工作岗位或劳动能力而陷入生存困境，为其提供基本的生存保障。

（二）劳动与社会保障法之理论定位

在资本主义早期，雇佣关系被称为"劳动力租赁"，是当时劳动关系构成的基本法律形式，以"全然自由的对等的人格者之间契约关系为法律主导思想……劳动关系成为纯债权关系"①。劳动关系的契约形式否定了身份因素，经济因素主导意思自治，经济基础决定上层建筑，劳工在经济上的从属地位，使得作为劳动力所有者的劳工丧失劳动力权的产权利益。劳工法律人格如何实质确立，这是确定劳工权益的前提条件。

劳工运动是推动劳动与社会保障法的制度实践与理论发展的主要社会力量。劳工运动是劳资斗争逐渐升级为集体形式的表现，目的在于维护争取劳工权益。以集体组织——工会为代表的劳工运动实践的存在，自然与传统自由主义权利理论形成张力，传统自由主义权利理论以财产自由和契约自由为原则，在本质上不能合理解释劳动法。劳工必须找到自己的权利理论依据，那就是劳工的生存权，生存权是首先应该赋予的人权，皮之不存，毛将焉附。劳工运动作为社会运动，促使劳动与社会保障法甫一开始就是以劳权保障为基本内容，各国劳动法都将劳工权益特别是劳动基本权的规定作为劳动法的基础，这是由市场经济运行特点所决定的。当然，劳权立法还受各国的法律传统、劳资关系构造以及具体的社会政治、经济和文化的现状和历史传统等影响。

劳动与社会保障法属于社会法，而社会法一般是指为解决社会问题而制定的、具有普遍社会意义的、以社会利益为本位的法律，其目的是维护社会弱势阶层的生存及增进社会整体之福利。劳动与

---

① 黄越钦：《劳动法论》，三民书局1994年版，第6—7页。

社会保障法之理论定位是社会利益本位法。劳动与社会保障法中既有劳资双方意思自治的地方，又有国家对于劳动关系底线规范成分。国家立法虽然有维护统治阶级利益的本质，但是"统治阶级的意志和社会物质生活条件都是法的本质反映，只不过对于法律来说是不同层次的本质……后者是法的更深层次的本质"[1]。公权力为劳动关系设置了种种法定要求，根本目的是社会物质生活条件的需要，是社会整体而长远的利益要求。考察实际的劳动关系，大多数情况下都是劳弱资强地位，立法向劳动者倾斜，阻止或消解资方利用自己的优势地位损害劳工权益。保障劳工生存，是劳动立法的基本立场。现代劳动与社会保障法的基本社会功能仍然是在确立和保障劳工权益的基础上，保护社会公共利益，实现市场经济的有序健康发展。

可以说，劳工权益一直是劳动与社会保障法的发展动力。劳工权益确保劳动力市场资源配置有序进行，劳动基准和社会保险制度使劳动力再生产质量得到保证，有助于人权保障理论与实践的发展，有利于社会安定和社会整体利益推进。

第三节　本章小结

本章主要研究了《资本论》劳工权益思想的理论方位，也就是分析《资本论》劳工权益思想在马克思的整个理论体系中处于何种地位。本章通过概念定位与理论坐标两个层面进行考察。

首先，必须确定《资本论》所涉劳工权益的系列概念，如"劳动"、"劳动权"、"劳动力"、"劳动力权"、"劳工"、"劳工权益"等，在比较中厘清"劳工权益"的概念蕴涵，劳工权益就是指现代产业关系中的劳动者所有权利与利益的总称。"劳工权益"，简称劳权，是统

---

[1] 江雪松：《法理学教材的本土化探索》，《河南教育学院学报》（社会科学版）2014年第5期。

领概念，包含劳动权与劳动力权。而劳动力权是指人进行劳动所应获得的兼具人身保护和财产保障的资格与利益。劳动力权兼具人权属性与产权属性，劳动力权应该是人权基础上的产权化。本章对"劳工权益"概念的考察成为全文理论研究的基础。

其次，厘清《资本论》劳工权益思想的理论坐标。因为所有的劳动问题都是由劳动者、劳动关系、劳工权益三个依次递进和互相关联的基本内容构成，所以《资本论》劳工权益思想作为理论的原生点，理论涵摄三个方面：一是马克思权利理论；二是马克思劳动关系理论；三是劳动与社会保障法理论。马克思最为关注人的权利及劳动解放，而马克思权利理论的最为核心之处是劳工权益。以《资本论》劳工权益思想是建构马克思权利理论的核心支点，也是撬动马克思劳动关系理论前进的阿基米德点，还是促进劳动与社会保障法发展的理论动力。

经过《资本论》劳工权益思想的理论方位研究，本书明确了劳工权益问题是《资本论》有待系统整理的核心问题与理论富矿。《资本论》劳工权益思想在马克思主义法学理论体系中宛如物理学中的原子核①，经与马克思权利理论、马克思劳动关系理论及劳动与社会保障法理论的聚变与裂变，不断发展完善，构成马克思主义法学理论的重要组成部分，发挥积极作用，促进人自由而全面地发展。

---

① "原子核"（atomic nucleus），属于物理学科名词，广泛应用于物理、化学、生物学等学科。原子核的密度极大、能量极大。当原子核发生裂变（原子核分裂为两个或更多的核）或聚变（轻原子核相遇时结合成为重核）时，会释放出巨大的原子核能。利用好原子核，极大方便人类生活。此处以"原子核"比喻劳工权益思想在马克思主义中的理论地位，原子核极其重要，但并非唯一，本书试图论证作为马克思权利理论核心内容的《资本论》劳工权益思想经过理论核变，成为促进马克思主义法学理论创新发展的生长点。研究《资本论》劳工权益思想，与劳动实践有机结合，能够真正促进人自由全面发展。当然，这仅是本书一家之言，将《资本论》劳工权益思想比喻为马克思主义法学理论的原子核是否贴切妥当，还请方家指正。

第三章 《资本论》劳工权益
思想的逻辑脉络

　　厘清马克思在《资本论》及其手稿中表达的劳工权益思想之逻辑脉络是本书立论并展开的关键。基于历史唯物主义立场，从劳工权益视角对《资本论》中劳工生存状况的考察而理解马克思对资本主义的批判进路是本书的研究思路。马克思在《资本论》及其手稿中分析了商品交换、资本流通运行背后的人与人的关系，分析了劳资双方主体的法权对抗，这种对抗是社会结构性矛盾。《资本论》阐述劳动与资本关系的形成史，也是马克思权利理论的形成史，马克思权利理论是一个逐步完善的发展过程。马克思最初使用"异化"这个包含有对立统一意义的哲学分析工具来分析资产阶级社会的私有财产和劳动，阐明劳工权益缺损状态，形成"异化劳动"的范畴，在确立了历史唯物主义的批判基础之后，进一步系统、科学、深入资本主义生产内部论证，完成由现象到本质的深入过程。《资本论》及其手稿通过劳工权益思想的阐发，最终使马克思权利理论得以完善。具体而言，经典文本所阐发的劳工权益思想经由工厂立法、劳动关系理论的理论聚合，形成系统的马克思劳工权益观。

　　经初步梳理，马克思在《资本论》中的劳工权益思想逻辑脉络呈现如下：以资本主义社会的劳动主体为出发点，在对资本主义经济关系深入分析基础上，批判和扬弃了"异化劳动"，经由价值理论分析，研究资本运动中的劳动关系及劳工权益演进，对资产阶级的劳工立法思想与实践进行分析批判，经由劳动和资本之间螺旋上升式分析推演，劳工权益思想发挥原子核效应般理论核变，推动马克思权利理论、马克思劳动关系理论和劳动与社会保障法理论的发展完善，提出重建劳动者的个人所有制以实现人的自由全面发展。

第一节　劳工权益的初始论域

一　异化劳动及其根源

"异化劳动"概念，理论起源于黑格尔《法哲学原理》中绝对精神环节与古典政治经济学关于劳动是财富源泉的倡导。黑格尔在对绝对精神的理解中，把人理解为自身劳动的可能性和现实结果。真理以自身为出发点并且通过自身的否定之否定才能实现新的超越，主体朝向对象物客体的发展过程中，劳动是一个中介性环节，具有中介过程中否定和超越的意义。基于伦理精神的思辨，黑格尔把精神当作决定一切的因素，劳动是从属于精神的被决定环节。而斯密、李嘉图等古典政治经济学的劳动价值论，一方面把劳动当作财富的来源，另一方面把工资、地租和利润等收入当作和劳动等同的东西，共同说明价值，劳动、抽象的劳动只是成为公民财富的正当说明。缺陷在于没有看到劳动的社会条件，不能发现劳动的复杂性和内在的本质。

劳动的内在本质需要通过劳动的现实化来完成，劳动本应是劳动主体本质力量的表现和确证，即是劳动主体外化的过程，主体的本质力量外化于劳动对象，在对象中创造出劳动产品，展现主体生命现实，这也是人的自我实现必由路径。资本主义生产方式下，"劳动的现实化就是劳动的对象化"[1]。劳动的对象化表现为劳动主体对劳动产品所

---

[1] 《1844年经济学哲学手稿》，载《马克思恩格斯文集》（第1卷），人民出版社2009年版，第156—157页。

有权的丧失，或者占有劳动产品的主体异化。

因为社会生产力的迅速提高、社会财富的快速增进、社会秩序日益合理和谐，劳动分工自然形成。然而，也在另一个层面上喻示着劳动对象越加局限于某特定范围，劳工的劳动方式与劳动能力也愈见单一。劳工劳动发生彻底的异化，劳动产品所呈现出的本质力量的对象化，必然作为一种异己的力量同劳工相对立。劳动异化关系又必然对象化、现实化为人与人之间的关系，劳动主体之外的人享受劳工劳动，享有劳动产品的所有权。① 这是在资本主义生产条件下，劳动发生异化。劳工透支生命以作谋生的手段，令人吊诡的事情发生了，维持生命是通过摧残生命的方式来完成，形式悖谬、处境悲惨。异化劳动在资本主义阶段就是对劳工权益的戕害。② 事实上，劳动可以分解为两个互相制约的组成部分：外化和异化。而且，二者实际上"只是同一种关系的不同表现，占有表现为异化、外化，而外化表现为占有，异化表现为真正得到公民权"③。因而可以说，私有制是人类发展进程中的必然产物，异化也是一定阶段形式的人与人交往的必然性关系。

异化呈现劳动主体活动的异化、劳动产品同劳动的异化、劳动者本质的异化以及人的本质消解。同时，劳动异化关系对象化、现实化于人与人的交往关系时，人与人在本质意义上的相互联系也将随之消失殆尽。基于此，马克思在承认并分析在什么条件下劳动是财富的来源的前提下，提出了"异化劳动"的科学解读，指出人在异化劳动中不仅没有实现自我，反而在这个过程中迷失了自我，本来想获得扩张和体现的权利却在现实当中把自己束缚了。具体来说，马克思对"劳

---

① "占有表现为异化，自主活动则表现为替他人活动或表现为他人的活动，生命的活跃表现为生命的牺牲，对象的生产表现为对象的丧失，转归异己力量、异己的人所有。"《1844 年经济学哲学手稿》，载《马克思恩格斯文集》（第 1 卷），人民出版社 2009 年版，第 168 页。

② "工人越是感到自己是人，他就越痛恨自己的工作，因为他感觉到这种工作是被迫的，对他自己来说是没有目的的。"参见恩格斯《英国工人阶级状况》，载《马克思恩格斯文集》（第 1 卷），人民出版社 2009 年版，第 432 页。

③《1844 年经济学哲学手稿》，载《马克思恩格斯文集》（第 1 卷），人民出版社 2009 年版，第 168 页。

动"问题的分析，是以生产的具体形式为逻辑框架，进而揭示通过
"劳动"进行权利配置的、藏匿在背后的所有制问题。同时，马克思
并未完全否定异化，承认异化是劳动随社会发展的必然环节。

二 异化劳动逻辑与劳工权益缺失

异化劳动对于劳工来说，呈现资本的固有逻辑——"价值增值"，
异化劳动本质就是最大限度地剥削劳动，超过劳工的生理心理忍耐极
限，促使劳工权利意识觉醒，用马克思的理论之剑撩开契约自由的面
纱，看清劳工权益的被侵机理。在此意义上，异化劳动是劳工权益的
生成动力。

（一）异化劳动引致劳工失权

资本主义现实中的劳工权益为什么会被侵犯？这源于异化劳动的
逻辑，也就是资本主义生产过程中劳动关系的异化。其一，资本不断
发展成为对劳动的控制和指挥权力。"资本是资产阶级社会的支配一
切的经济权力"①，资本的意志作为人格化的资本支配劳动，不再是劳
工支配使用生产资料，生产资料成为榨取劳工的手段，劳工作为生产
剩余价值的工具而失去人的本质与人的价值存在。到资本主义大工业
机器生产出现阶段，劳动异化的形态发展前所未有，劳工意志被资本
家及其掌握的机器所压制，不能正常地发挥出来，劳资关系完全失去
平衡与平等，资方享尽权利却无义务，劳方只履行义务而与权利无缘。
其二，资本家依靠资本的权力，监督指挥管理劳工超强度、超极限劳
动。劳工在生产中受自身创造的产物的支配，被迫从事超出自身生
活与发展需要程度的繁重劳动，劳动成为异己的、被强制的生命力
活动，劳工的负担沉重而痛苦。不仅如此，在生产劳动中，资本家
通过私人立法和监工制度，确立起对劳工的专制统治，只不过形式

————————

① 《政治经济学批判》（1857—1858 年手稿），载《马克思恩格斯文集》（第 8 卷），人民
出版社 2009 年版，第 31—32 页。

上由扣工资和罚款代替了鞭子。罚款和克扣工资的处罚使劳工犯法比劳工守法对资本家更有利。资本家是事实上的立法者，所委派的监工是执法严厉的行政官员，劳工由于自愿订立了劳动契约就不得不严格遵守资本家的立法，服从指挥监督管理，所谓的国家法律及事实上的自由无处可觅。

（二）异化劳动导致劳工失权的表现

异化劳动逻辑显示"资本是对劳动及其产品的支配权力"[①]。资本对价值增值的追求是无止境的，因为若不如此，资本将失去活力而不可遏制地走向枯竭与衰亡。为了保持活力，资本势必"使社会的一切要素从属于自己，或者把自己还缺乏的器官从社会中创造出来"[②]，并竭尽所能驱使一切能为其所用的要素，像水银泻地一样随意铺漫，逐利的触角像章鱼一样四处伸展，渗透社会深层，使一切都成为资本的阶下囚，劳工首当其冲。

1. 异化劳动促生劳工失业

资本总是根据自身发展周期与盈利需要随时随地"心无旁骛"地增加或裁减劳动力，这是异化劳动逻辑的表现之一。当然，也不排除一些资本在竞争中失利而遁失，不得不停止使用劳动力。无论何种情形都沉重地削弱了劳工契约力量，严重损害了前提性劳工权益——劳动就业权，使得劳动更加异化。"过剩的工人人口是积累或资本主义基础上的财富发展的必然产物，但是这种过剩人口反过来又成为资本主义积累的杠杆，甚至成为资本主义生产方式存在的一个条件。"[③]"相对过剩人口"是资本主义生产方式运行的产物，又进一步强化了资本主义生产，劳工权益愈加萎缩，这一论断正是立基于异化劳动逻

---

① 《1844年经济学哲学手稿》，载《马克思恩格斯文集》（第1卷），人民出版社2009年版，第130页。

② 《政治经济学批判》（1857—1858年手稿），载《马克思恩格斯全集》（第30卷），人民出版社1995年版，第237页。

③ 《资本论》（第1卷），载《马克思恩格斯文集》（第5卷），人民出版社2009年版，第728页。

辑的推衍。

2. 异化劳动造成劳工片面发展

劳工在法律上是自由的，但失去生产资料的劳工因受雇于资本家而异化。劳工作为社会属性的人，在维持自身生存的第一需要得到满足之外，也需要适度满足社会性需要，如有尊严的生活、体面劳动等。但是，资本主义生产"把工人变成畸形物，它压抑工人的多种多样的生产志趣和生产才能，人为地培植工人片面的技巧"[①]。在异化劳动逻辑未有改变的情况下，对于劳工个体而言，资本主导下的"机器劳动极度地损害了神经系统，同时它又压抑肌肉的多方面运动，夺取身体上和精神上的一切自由活动"[②]。劳动自由全面发展无处可觅，异化劳动涸泽而渔焚林而猎的本质使得劳工的基本权益尽被掠夺，可以明显看到，没有形成对资本支配权的普通劳工，难抑其地位向下变动的趋势，很快会坠入社会底层、生活难以稳定、权益缺乏保障，成为社会的"最短木桶条"。异化劳动在本质上是反自由全面发展。

三 《资本论》 价值理论的逻辑诠释

商品，是"一个靠自己的属性来满足人的某种需要的物"[③]。使用价值与价值奏响了商品二重性的交响曲。商品的使用价值在使用或消费中得到实现，以商品的自然属性满足着人的需要，商品的价值则以无差别的劳动力的耗费——劳动，而使得商品具有了社会属性。透过商品交换看商品，实质上是人与人之间彼此为对方劳动，商品的社会属性存在的背后是社会中各种复杂的权利义务关系，商品交换折射出人与人之间的交往，商品价值也可以体察出人的社会性。商品价值理论视角所蕴藏的劳工与资本家之间的法权关系，被马克思在《资本

---

① 《资本论》（第1卷），载《马克思恩格斯文集》（第5卷），人民出版社2009年版，第417页。

② 同上书，第486页。

③ 同上书，第47页。

论》中彻底地揭露，劳动及其主体的权利要求分别经由商品价值形式与商品价值计量表现出来。

（一）透过价值形式揭示劳动平等权

凝结在商品中的劳动是一种抽象的人类劳动，如果暂不考虑商品的有用性，即把使用价值剔出之后，商品所凝结的劳动，还是可以通过一定形式加以量化的。量化之后就可以比较，那么如何量化？马克思通过对劳动的社会性特征的深刻揭示，挖掘出商品的固有本质——价值。挖掘发现过程非常不容易，因为其并不是显而易见地呈现在众人面前，而是被各类纷繁复杂、变化多端的经济社会现象所遮蔽。只有在马克思运用价值理论鞭辟入里地分析了商品与劳动的内在关系之后，商品的价值及其巨大意义才被人们清楚认识，在商品世界中由"物的外观"序列掩盖着的，不是别的，正是劳动和劳动的客体化。

商品的价值承载于商品之中，在很长时间内没有被正确认识的原因在于缺乏平等劳动的社会条件。虽然早在古希腊时代，亚里士多德已经仔细分析价值形式，《资本论》业已述及。在早期商品交换过程中，假设由五张床等于一间屋，后来转化为五张床等于若干货币，商品的价值形式就由物物交换的简单形式发展为货币形式了。亚里士多德认识到，在可量化的价值关系中，一间房是五张床的等价形式，两者之间一定具有某种本质的等同，才构成了可通约而相互发生关系的条件。但是，亚里士多德没有办法找到这种本质的等同，即可以对两种不同质的商品交换进行直接通约比较的东西。

为什么不同商品在本质上具有可通约性？商品价值形式中这种质的等同性是什么？亚里士多德无奈地停住了脚步，无法做出进一步分析。亚里士多德的时代局限性直到马克思在《资本论》中运用唯物史观才得以明确指出："没有能从价值形式本身看出，在商品价值形式中，一切劳动都表现为等同的人类劳动，因而是同等意义的劳动，这是因为希腊社会是建立在奴隶劳动的基础上的，因而是以人们之间以及他们的劳动力之间的不平等为自然基础的。"① 正如前文所述，奴隶是"会说话的工具"，在法律上不是"人"，而是属于奴隶主所有的"物"，奴隶、自由民、奴隶主之间的劳动力不平等被法律确认，由此，隐藏在商品背后的价值秘密就被制度遮蔽。只有商品贸易发达，主体对商品享有所有权，社会的所有权观念达到成熟程度，法权平等思想得到充分发展，才能够破译出商品的价值密码。只有在这样的社会条件下，人们才可能透过商品交换的表象，发掘商品与商品之间的价值关系。而无论是奴隶社会还是封建社会，皆没有形成成熟的所有权观念与法权平等思想，因而缺乏正确揭示价值关系的社会基础。到了古典政治经济学派的亚当·斯密和大卫·李嘉图，发现了劳动对商品交换的价值意义，提出劳动价值论，但也是未能进一步深入研究出"劳动二重性"。正确理解形成商品价值的劳动，需要了解与掌握"劳动二重性"这一理解商品经济乃至整个市场经济体制的枢纽点。劳动包含具体劳动与抽象劳动，商品价值是一种抽象劳动的表现，与人的具体劳动无关，人的具体劳动只能揭示商品的有用性，而无法阐明商品中的本质等同性。商品的本质等同性，只能从具体劳动中抽象出来，也就是剥离使用价值、剥离劳动产品得以成为有用物的各类组成与形式，共性才得以从个性之中抽象出来，所余的是无差别的一般人类劳动。《资本论》中清楚地写道："如果把生产活动的特定性质撇开，从而把劳动的有用性撇开，劳动就只剩下一点：它是人类劳动力的耗费。"② 劳动是人类劳动力的表现形式或者说是使用过程，虽然人类生产商品时所运用的体力和智力的形式和多少各异，但本质上都是劳动力的耗费。因此，商品的价值由抽象劳动形成，"形成这个价值的劳动现在十分清楚地表现为这样一种劳动，其他任何一种人类劳动都与之等同，而不管其他任何一种

---

① 《资本论》（第1卷），载《马克思恩格斯文集》（第5卷），人民出版社2009年版，第75页。

② 同上书，第57页。

劳动具有什么样的自然形式"①。"这样一种人类劳动"既有抽象性又有普遍性，是任何一个正常的劳动者都可以做到的，体现了人类劳动的一般性与平等性，在商品交换背后的社会关系上则呈现平等的法权要求。

"商品是天生的平等派"②，本质上，平等理念与商品价值形式是紧密相连的，二者内在机理互通。一方面，依据上文分析，如果没有彻底的平等理念，就难以揭示出正确的价值形式；另一方面，"平等观念产生于商品生产中的一般人类劳动的等同性"③，不通过价值形式的科学分析，则难以显现劳动力的平等要求，也就无法揭示出现实中人与人之间的实质不平等。由此得知，商品内在的价值形式是最抽象的，也是最一般的形式，这表明了人类劳动的等同性，也体现出人类劳动权利的平等性。平等是自由的基础，自由是平等的体现。如果商品中未凝结平等的劳动，就不会出现等价形式，商品交换就不可能实现平等自愿，公平贸易、市场自由等也就无法正常运行。《资本论》所揭示的商品价值奥秘，有助于人们正确理解劳动的等同性与劳动权利的平等性，也明确了建立平等的劳动权利义务关系是社会基本要求，是人的基本权利和起码尊严。

对《资本论》的解读得知，经济学的价值理论经过逐步推衍而确立了法学上的劳动平等权。劳动平等权在价值理论中的具体表现在于，劳动力的耗费与商品的价值规定相联系，劳动力的主体——劳工的平等地位和历史命运也与商品的价值规定相联系。倘若劳工没有获得主体平等的社会地位和公平的劳动机会，劳动就会呈现等级划分，一些劳动形态沦为所谓的低级活动，劳动失去平等性。平等的劳动才会实现劳动自由，劳动自由才会真正保障人身自由，所以劳动平等权是基

---

① 《资本论》（第 1 卷），载《马克思恩格斯文集》（第 5 卷），人民出版社 2009 年版，第79 页。

② 同上书，第 104 页。

③ 张文喜：《马克思对"伦理的正义"概念的批判》，《中国社会科学》2014 年第 3 期。

本权利。缺失劳动平等权会直接导致人与人之间的权利义务关系失衡，进而致使整个社会关系紊乱，社会和谐与人权保障则难以实现。

（二）透过价值计量揭示劳动报酬权

商品价值所体现的人类劳动的同质性，是商品交换的基础，此外，商品得以交换也离不开量的规定。但在价值等式中，价值表现并不是量的规定，这时常被人误会。那么，究竟什么才是价值量的规定？还是《资本论》给出了答案："人类劳动的等同性，取得了劳动产品的等同的价值对象性这种物的形式；用劳动的持续时间来计量的人类劳动力的耗费，取得了劳动产品的价值量的形式。"① 劳动产品在价值对象性活动中所耗费的劳动量依赖于人类劳动所耗费持续的时间来计量。货币是衡量商品价值量的外在尺度，而社会必要劳动时间实质上成为商品内在的价值尺度，在商品交换中，商品通过社会性劳动的规定，或者是通过货币，以商品所有权的交换来获得商品的价值及计量的社会形式。商品的价值计量在生产、交换、分配乃至消费等环节便呈现为法权交易关系，在本质上表达着劳工与货币占有者之间权利交换关系。商品的价值计量在一定程度上映射出劳工劳动权的实现状况。

商品价值计量取决于商品内的劳动量，"既然商品的价值量只是表示商品中包含的劳动量，那么，在一定的比例上，各种商品应该总是等量的价值"②。商品价值，经过一定比例的折算或计算，可以确定每个劳动者的实际付出。商品的价值计量与社会必要劳动时间的内在联系表明，"按一定的比例来计算，相同比例的商品其价值应该是等量的。这个等量就是建立在其价值可以用劳动量即付出的社会必要劳动时间来计量的基础之上"③。凝结在商品内的抽象劳动，无论是何种商品，也不管凝结的形式是何种具体劳动，也无须过问凝结在何种商

---

① 《资本论》（第1卷），载《马克思恩格斯文集》（第5卷），人民出版社2009年版，第89页。

② 同上书，第59页。

③ 李谧：《论马克思劳动价值论中的民生伦理思想》，《中国特色社会主义研究》2014年第2期。

品之内，只要这一劳动是在同一单位时间内提供的，价值量应该相同。而对于劳工来说，获得价值量相等的劳动报酬便具有了正当性。

但是，自古希腊的哲学家至资产阶级经济学家们，对劳动报酬究竟如何准确计算？一千多年间，始终没能给出正确答案。只有马克思敏锐地指出了问题的症结点——劳动力。劳动力在生产关系中的作用在《资本论》中被空前完整地揭示出来，劳动报酬计算经由商品价值计量分析迎刃而解。从形式上分析，资本家雇佣劳工，劳工在一段时间内付出了劳动，资本家根据这个劳动时间，相应地支付同等劳动量的劳动报酬（工资），资本家对劳工是公平的。然而，事实并非如此简单明朗，资本家以等量资本获取等量利润的谎言被价值理论所揭穿。资本家支付给劳工报酬后，一定还有剩余，资本家将剩余收入囊中，据为己有。这个剩余是劳工报酬与他的劳动产出贡献之间的差额，也等于是生产劳动力所需的劳动时间与劳动力所付出的劳动时间之间的差额。这个差额就是古典经济学家亚当·斯密、大卫·李嘉图等人没有真正讨论清楚的部分——剩余价值。《资本论》通过剩余价值理论分析，深入劳工的生存与生活中去，进一步揭露了劳工权益受损状况。

那么，劳动力这一特殊商品是如何被发现的，这要进入《资本论》的第四章"货币转化为资本"之中进行详细解读。因为商品的价值形式需要在社会上表现出来，而货币承担了这一职能，商品的价值计量离不开对货币这一外在价值尺度的科学分析。货币并非如劳动一般从来就有的，正如前文所述亚里士多德的理解一致，是以商品交换发展到一定高度为前提的。货币是作为价值尺度并且以自身或通过代表来执行流通与支付职能的商品。但是，"有了商品流通和货币流通，绝不是就具备了资本存在的历史条件"①。资本的出现，意味着剩余价

---

① 《资本论》（第1卷），载《马克思恩格斯文集》（第5卷），人民出版社2009年版，第198页。

值的产生，资本的本质是实现价值增值。《资本论》详尽阐释了商品交换或流通不会带来价值增值，货币本身也不会带来价值增值。货币占有者购买商品，如果是消费便罢了，如果是为了卖出赚钱，货币就具有了资本的性质。

依据《资本论》中对 G（货币）—W（商品）—G（更多的货币）的流通分析，价值没有实现增值，但又要求增值，这是货币成为资本的必要条件。商品价值量变中所隐藏的劳工报酬与劳动支出的实质不对等，被《资本论》所阐释的价值理论深刻揭示出来。进一步剖析这一不对等关系的根源，发现价值量的变化只能从商品的使用价值本身即商品的消费中进行再考察，对劳动力的消费本身就是劳动的对象化，从而实现价值创造，劳动力的使用价值是价值源泉！于是资本家趋之若鹜，从市场上寻找劳动力这样一个宛如聚宝盆一般的特殊商品，经过劳动力市场的买卖，货币才会转化为资本，才能实现价值增值。

劳动力作为商品的特殊性在于，劳动力占有者与货币占有者在法律关系上是平等的，而在经济社会形态中是不平等的，而不平等的原因就在于资本的自我增值本质。那么，劳动力自身价值又如何呢？"与任何其他商品的价值一样，劳动力的价值也是由生产从而再生产这种独特物品所必要的劳动时间决定的。"[①] 因为劳动力是人的劳动能力，劳动能力的生成、维持与发展需要生活资料，同时人具有社会性，人为开展劳动而进行的各种必要耗费，劳动力繁衍也属于劳动力的再生产或者是发展，从事这些活动所需的必要劳动时间都应该计入劳动力价值量中。而代表资本所有者利益的古典经济学家们在考察劳动力时，往往声称劳动力如果卖不出去，就等于零。资本家雇佣劳工是养活了劳工，对劳工支付报酬工资，是对劳工的一种恩赐。因为劳工自由的一无所有，没有任何实现自己的劳动力所必需的东西，只能依靠

---

① 《资本论》（第 1 卷），载《马克思恩格斯文集》（第 5 卷），人民出版社 2009 年版，第 198 页。

资本家活命。这种言论完全颠倒了劳工养活资本家的事实。正如马克思在评价奈克尔的《论立法和谷物贸易》等著作时所说："劳动生产力的发展只不过使工人用较少的时间再生产自己的工资,从而用较多的时间无代价地为自己的雇主劳动。"① 劳动力的使用价值养活了资本家。

劳工付出一定量的劳动,要求获得与之相应的报酬,这是正当权利。但是,因为劳动力是商品,所以劳工出卖劳动力所获的报酬,按照商品价值规律只能是劳动力自身的价值,而不是劳动力的使用价值。生产与再生产劳动力所需要的耗费如果低于一定的量,则劳动力就只能在萎缩的状态下维持和发挥。这个量的规定,影响因素较为复杂,甚至也受制于社会与文化因素,即包括劳工所处的历史状况、经济条件、社会环境与文化发展程度等。由此,特定的历史与地理范围内,耗费劳动的凝结形式可能有所不同,但相同计量的劳动所应当获得的报酬不会有过分差别。如果差别太大,就说明"天赋人权的真正伊甸园"里"占统治地位的自由、平等、所有权、边沁",并没有贯穿于商品生产、交换、分配、消费的全过程。② 究其原因,"由于资产阶级所宣扬的平等与自由是表面上的,也由于自由与平等要与正义保持一致,因而资产阶级所说的权利与正义也只呈现为表面现象"③。资本家支付工资,以货币化的劳动力价值量掩盖了劳动力所创造出来的价值量,以表面看得见的正义掩盖罪恶的贪欲,以看似自由平等的劳动力价格给予的劳工权利与正义只是表面的,进而克扣了劳工真实的劳动报酬才是本质的。而且,因为劳动契约都规定是先干活后给

---

① 《剩余价值理论》,载《马克思恩格斯全集》(第 26 卷),人民出版社 1973 年版,第 319 页。

② 《资本论》(第 1 卷),载《马克思恩格斯文集》(第 5 卷),人民出版社 2009 年版,第 204 页。

③ Kain, Philip J. Marx, "Justice, and The Dialectic Method", *Journal of the History of Philosophy*, *Volume* 24, *Number* 4, *October* 1986, *Published by The Johns Hopkins University Press DOI*: 10. 1353/ *hph*. 1986: 85.

钱，使得"到处都是工人把劳动力的使用价值预付给资本家；工人在得到买者支付他的劳动力价格以前，就让买者消费他的劳动力，因此，到处都是工人给资本家以信贷"①。凡此种种，都使得劳工权益受到严重损害。

马克思在《资本论》仔细阐释了劳动力的劳动价值量与劳动力的交换价值量的区别，二者的计量不等同，而不等同的根源就在于资本家要从中榨取剩余价值。劳动力价值计量的秘密被揭开，赋予了劳工主张劳动报酬权的正当性与彻底性，《资本论》的理论情怀正在于对劳工权益的关切，劳工不能通过自己的创造来肯定自己、发展自己，反而因劳动缺失了权利和价值，这正是《资本论》所批判之要旨。

第二节　劳工权益的历史逻辑

当马克思在《资本论》中论述劳工权益相关问题之时，实际上为开辟一条通往历史唯物主义的现实道路铺垫了坚实基础，《资本论》所阐释的劳工权益思想之实现与否成为衡量社会文明程度的标杆，劳工权益的保障也是未来社会人类自由全面发展的必由路径。

一　劳工权益是唯物史观确立的重要基石

（一）唯物史观的法权机理

人类通过劳动获得物质生活资料，而人类获得物质生活资料的方式称为生产方式。依据马克思的理解，"生产方式"有两层含义：一是人与自然之间的交换关系，表现为人类征服和改造自然获取物质生活资料的能力——生产力，是生产方式物质内容；二是人与人之间的交往关系——生产关系，是生产方式的社会形式。那么，生产力与生

---

① 《资本论》（第1卷），载《马克思恩格斯文集》（第5卷），人民出版社2009年版，第202页。

产关系二者关系如何？各自法权表现又如何？

生产方式中最核心的因素是人，更准确地说是劳动者。具有一定生产经验与劳动技能的劳动者是生产力中的首要因素，生产力中的劳动资料和劳动对象若要发挥作用皆离不开劳动者。法的本质和任务是保护、解放和发展生产力。因为生产力的首要因素是劳动者，所以法的本质和任务也可以理解为通过保护劳工权益来保护人权、促进人的解放与人类自由全面发展。

生产关系是人们在生产劳动中的相互交往以及交往的规范化和制度化。从生产内容、要素考察生产关系，通常表现为三个方面的内容：生产资料的所有制形式，也就是归谁所有的问题；劳动者在生产过程中所处的地位和相互关系，也就是劳动关系问题；人与人之间分配产品的形式，也就是分配关系问题。同时，从过程角度考察生产关系，也可以概括为四个环节：生产、交换、分配和消费。生产关系是人与人之间的关系，更需要法律来调整，法律的功能是通常保障促进生产关系。

马克思认为，生产力决定生产关系，并通过生产关系（经济基础）决定上层建筑，"社会的物质生产力发展到一定阶段，便同它们一直在其中运动的现存生产关系或财产关系（这只是生产关系的法律用语）发生矛盾……随着经济基础的变更，全部庞大的上层建筑也或慢或快地发生变革"①。理解这一论述离不开对"所有制"与"财产"两个概念的分析，"所有制"是关系概念，"财产"是实体概念。"所有制"所指称的是非实体性事物，是事物与事物之间的普遍关系，体现的是一种普遍性关系；"财产"指称的是实体性事物。权利作为法律的权利应当主要表达的是事实的占有情况，法律是事实的表述，权利是事实的体现。财产的自然属性表现为所有制的物质内容，财产的

---

① 《〈政治经济学批判〉序言》，载《马克思恩格斯文集》（第2卷），人民出版社2009年版，第591—592页。

社会属性表现为所有制的社会形式，财产的经济属性是占有，财产的法律属性表现为所有权。在马克思看来，占有主要是对生产条件等要素的支配和利用，所有权则是法律关系内容的规定和揭示，所有权在法律意义上是占有的外壳，占有则是所有权的内核。占有作为一种社会事实或社会需要，在应然层面体现一种法权关系，若成为法律意义上的权利，需由占有过渡到所有权，结合一定的社会条件并以法律形式固定下来，从而成为合法的占有。对合法占有的唯物史观考察结论是法律仅为形式，私有财产才是内容。

在人类的早期，占有与所有并无区分，因为当时并不存在现代的"权利"概念，法权缺乏明确的界分。进行占有和所有的主体也往往是共同体的行为而非个体行为。但劳动权的提出，则为属于个体的、或者说作为主体的人（含个体和共同体）的提供了划定边界的策略。马克思认为，古典经济学把私有财产当作劳动，这是一个进步，通过农业地产、通过工业制度，"财富的主体性质已经移入劳动"，而且这一劳动还应当是一般劳动。按照这一逻辑，劳动确立了权利的存在。

（二）生产劳动是唯物史观的出发点

"一当人开始生产自己的生活资料……人本身就开始把自己和动物区别开来。人们生产自己的生活资料，同时间接地生产着自己的物质生活本身。"[1] 诚然，人的生理机能决定离不开吃、喝、生殖等本能需要，但本能需要成为真正的人的物质生活之时，本身已经蕴含着深层的文化和社会机理。因为人所从事的物质生产本身是一种社会性生产，而从事物质生产的是劳动者。因此，说劳动者是生产的出发点，也就是说生产劳动是历史的出发点。马克思明确指出："在社会中进行生产的个人——因而，这些个人的一定社会性质的生产，当然是出发点。"[2] 资本主义生产方式

---

[1] 《德意志意识形态》，载《马克思恩格斯文集》（第 1 卷），人民出版社 2009 年版，第519 页。

[2] 《政治经济学批判》（1857—1858 年手稿），载《马克思恩格斯全集》（第 30 卷），人民出版社 1995 年版，第 22 页。

下的劳工即是在社会化生产中的劳动者个人的典型代表，只不过在
"用摧残生命的方式来维持他们的生命"①。劳工权益几近阙如。劳工
是唯物史观在资本主义阶段征途的出发点，是历史与逻辑相统一的阶
段性起点，劳工权益作为重要基石铺垫在唯物史观发展道路上，成为
社会发展必须踏行、必须解决之重点。

生产力决定生产关系，生产关系反作用于生产力，是众所周知的
唯物史观基本原理。从一定意义上说，生产的决定性也是劳动必然性
的另一种表达形式，正如恩格斯所强调的："我们视为社会历史的决
定性基础的经济关系，是指一定社会的人们用以生产生活资料和彼此
交换产品（在有分工的条件下）的方式。"② 恩格斯在信中一如既往地
表达唯物史观，经济必然性在劳动领域的体现，就是劳工的生产归根
到底制约着社会历史的发展。③ 偶然性只是必然性的表现形式，历史
避免不了偶然性的形式，也脱离不了必然性的基础。

综合而言，马克思基于劳工权益而进行的法律批判、经济批判、
社会批判与历史批判，使得《资本论》在唯物史观阐释方面迈出跨越
性步伐。以劳工权益视角观之，生产劳动的经济性构造及其历史性剥
离，为开辟并发展通向唯物史观的道路奠定了重要基石。

二 劳工权益是社会文明的标杆

"文明"是一个象征着进步、开化的词汇，社会文明是专属于人

---

① 《德意志意识形态》，载《马克思恩格斯文集》（第1卷），人民出版社2009年版，第
580页。

② ［德］恩格斯：《致瓦·博尔吉乌斯（1894年1月25日信）》，载《马克思恩格斯文集》
（第10卷），人民出版社2009年版，第667页。

③ 但冷静睿智的恩格斯也特别提醒我们注意：其一，法律、政治以及更形而上的意识形态
领域发展皆以经济发展为基础，但作为上层建筑内部之间也会相互影响并对经济基础发生反作
用。并非唯经济条件才为原因，才是积极的，这最终是经济必然性基础上的相互作用、各自发
展。其二，人是历史的创造者，但历史的发展并非是按照人共同计划的意志前进。人与人之间的
意向相互交错，任何社会占主导地位的不以人的意志为转移的必然性，往往都是以偶然性为补充
和形式表现出来的。参见恩格斯《致瓦·博尔吉乌斯（1894年1月25日信）》，载《马克思恩格
斯文集》（第10卷），人民出版社2009年版，第668—669页。

类的历史范畴，与自然文明含义不同。从社会文明发展的角度分析，产品和劳动的"剩余"既是劳动生产力增长的产物，又是人类从野蛮走向文明的初始条件。

马克思注意到社会文明进入资本主义社会发展阶段不可避免地暴露出来资本垄断、社会分配不均、劳工权益缺损等弱点。这些问题无法得到彻底解决，从而使得马克思相信资本主义注定要堕入危机，走向崩溃。把握了资本运行过程中存在的矛盾之后，马克思把希望寄托在劳动力的提供者——劳工身上，把目光聚焦在劳工权益保障方面，并进而推动整个劳工阶级意识的发展。劳工权益之保护，对于社会文明来说是本质要求，劳工权益的保障程度，是社会文明发展程度的标杆。

（一）劳工权益保障是生产力发展的必然要求

劳动力生产及再生产是生产力赖以发展的必要条件，保护劳动力、保护劳工权益就是保护生产力。在资本主义原始积累阶段和自由竞争阶段初期，资本家为最大限度谋取剩余价值——剩余劳动时间，便将工作日无限制延长，甚至到了每天工作 18 小时违反人类身体极限的程度，这种对劳动力不可恢复性的破坏使用，必然损害劳工寿命，最终缩短了劳动力有效发挥作用的合计时间。这种盲目掠夺也造成了职业病和伤亡事故大量发生，所有这些使得劳动力资源面临枯竭，最终导致生产力萎缩以及国民生命力衰竭。"英国的周期复发的流行病和德法两国士兵身高的降低，都同样明白地说明了这个问题。"[1] 于是，仅用以"契约自由"为原则的民法来调整劳动关系，已不足以阻止、更无法扭转劳动力资源萎缩与枯竭的危险趋势。而亟待从立法上限制资本家对劳动者的剥削，对劳动者给予足以维持劳动力再生产的保护。"资本为了自身的利益，看来也需要规定一种正常工作日。"[2] 在当时的资产阶级中，许多的有识之士对此已有所认识，"1863 年初，斯泰

---

① 《资本论》（第 1 卷），载《马克思恩格斯文集》（第 5 卷），人民出版社 2009 年版，第 278 页。

② 同上书，第 307 页。

梅郡拥有大规模陶器厂的 26 家公司联名向政府提出呈文……请求国家进行强制干涉……我们确信，制定一种强制的法律是必要的"①。劳工权益的保护也符合资产阶级的整体利益和长远利益。生产力的发展必然要求保护劳工的生产积极性。

（二）劳工权益保障是劳资长期斗争的结果

产业革命在创造了一个大工业资本家阶级的同时，也创造了一个为数众多的劳工阶级。劳工阶级为了争取自身生存权利，在 18 世纪中叶以后，就对资产阶级的残酷剥削进行着强烈的反抗和斗争。随着劳资矛盾不断加剧，劳工运动日趋激烈，劳资斗争逐渐由个体行为升级为集体形式。劳工罢工、破坏机器；资本家则封锁店厂，不准劳工入内。当时的社会进步力量在启蒙运动和大革命的影响下也积极支持劳工阶级的斗争，声势浩大的斗争力量迅速汇聚，有力地冲击着资产家主导的国家安全与有效统治。劳资斗争的结果，为政府采取立法干预劳资关系、缓和日趋严重的劳资矛盾等提供了社会政治前提，许多保护劳工权益的工厂法正是在劳工阶级的强大压力下制定的。马克思把现代工厂法视为几个世纪以来劳工为工作日正常化而向资产阶级作斗争的结果是准确的。

（三）劳工权益保障是自由竞争条件维持的需要

"自由竞争使资本主义生产的内在规律作为外在的强制规律对每个资本家起作用。"② 自由竞争必然要求平等的竞争条件，要求对资本家的剥削实行平等的限制。当资本主义刚进入自由竞争阶段，这种要求显得特别突出。但是这种限制不可能由资本家自我实现。马克思曾形象地描绘："每个人都知道暴风雨总有一天会到来，但是每个人都希望暴风雨在自己发了大财并把钱藏好以后，落到邻人的头上。我死后哪怕洪水滔天！"③ 因此，资本家是根本不会主动去关心劳工健康等

---

① 《资本论》（第 1 卷），载《马克思恩格斯文集》（第 5 卷），人民出版社 2009 年版，第312 页。

② 同上。

③ 同上书，第 311 页。

权益，除非意识到自食恶果，或者已经发生社会风险，或者风险迫在眉睫。资本主义社会自由竞争的特性，需要工厂法来平等地限制资本家剥削或者说保障资本家平等的剥削。

三　劳工权益保障是人自由全面发展的路径选择

（一）劳工权益与人自由全面发展的内在机理

戴维·麦克莱伦说："马克思为劳动者设计的模式是《巴黎手稿》中的'全面发展的人'和《政治经济学批判》（1857—1858 年手稿）中的'社会个人'。"① 这揭示了劳工的发展目标就是自由全面发展的人，两者之间的内在机理在于劳工权益之完全实现。在《资本论》中，人的自由全面发展问题具有本体论的意蕴，在谈及劳工权益时，马克思总是将其与人的自由全面发展问题紧密联系在一起。"一切提高社会劳动生产力的方法都是靠牺牲工人个人来实现的；一切发展生产的手段都变成统治和剥削生产者的手段，都使工人畸形发展，成为局部的人。"② 马克思正是基于对资本主义生产方式的严正批判和辩证分析，从而明确提出了人自由全面发展这一理想目标并将其视为未来的"自由人联合体"的本质规定性。③ 未来社会彻底消灭了劳动异化，劳工权益充分保障。

工业革命实质也是科技革命，客观上促进着人的全面发展，同时，马克思将教育提到"造就全面发展的人的唯一方法"④ 的高度。"要改变一般人的本性，使他获得一定劳动部门的技能和技巧，成为发达的

---

① ［英］戴维·麦克莱伦：《马克思思想导论》，郑一明、陈喜贵译，中国人民大学出版社2009 年版，第 172 页。

② 《资本论》（第 1 卷），载《马克思恩格斯文集》（第 5 卷），人民出版社 2009 年版，第743 页。

③ "马克思并非把共产主义仅仅视作繁荣富足，而是将其理解为人享有充分尊严的社会，尤其是劳动者能够获得尊严。" Eugene Kamenka, *The Ethical Foundation of Marxism*, Boston: Routledge & Kegan Paul, 1972, pp. 156 – 157.

④ 《资本论》（第 1 卷），载《马克思恩格斯文集》（第 5 卷），人民出版社 2009 年版，第557 页。

和专门的劳动力，就要有一定的教育或训练。"① 在生产力不断发展的基础上，不断推动生产关系更高层次的变革，国家、社会、个人才有可能经由民主法治的不断完善来充分保护劳工权益，能通过社会的进步为人提供全面发展所需的政治、经济、文化和社会条件。而资本逻辑也内在地要求经济发展与社会发展同步，人的发展作为社会发展的条件，同时也是经济发展的动力，"培养社会人的一切属性，并且把他作为具有尽可能丰富的属性和联系的人……这同样是以资本为基础的生产的一个条件"②。而资本的文明作用就在于此。

（二）经由劳工权益实现人自由全面发展

人的自由全面发展的前提是能够自由支配时间。那么，劳动时间、自由时间与劳工权益之间的关系究竟如何？

"劳动时间的节约"是人自由全面发展的必要条件，"自由时间的运用"是人自由全面发展的现实前提。人类除去休息时间之外的活动时间大致可分为劳动时间与自由时间，两者是此消彼长的关系。马克思通过《资本论》阐述了自由时间对于人自由全面发展的重要性。只有消除不同社会成员自由时间的对抗性质，才能为每个人的自由发展创造条件。因此，不断改善劳动条件，缩短劳动者的劳动时间，真正落实劳动平等权与劳动报酬权，保障每个人都有充分的自由时间来全面发展自己，全面提升自身能力（也包括个体劳动力的提升），从而促进更好的物质生产，创造更多的社会财富。因为"直接表现为生产和财富的宏大基石的，既不是人本身完成的直接劳动，也不是人从事劳动的时间，而是对人本身的一般生产力的占有……总之，是社会个人的发展"③。社会财富的创造将会愈来愈取决于建立在劳动者不断全

---

① 《资本论》（第 1 卷），载《马克思恩格斯文集》（第 5 卷），人民出版社 2009 年版，第 200 页。

② 《政治经济学批判》（1857—1858 年手稿），载《马克思恩格斯全集》（第 30 卷），人民出版社 1995 年版，第 389 页。

③ 《政治经济学批判》（1857—1858 年手稿），载《马克思恩格斯全集》（第 31 卷），人民出版社 1998 年版，第 100—101 页。

面发展基础上的复杂劳动、科学劳动、管理劳动等综合劳动，财富的尺度不再是"劳动时间"，而将是用于人自由全面发展的"自由时间"。所以，实现社会劳动的普遍化、均衡化，是劳工权益的价值旨归，也是劳动解放与人的解放的必由路径。

第三节　劳工权益超越资本权力的逻辑走向

在《资本论》及其手稿中，马克思通过对劳动的分析来揭示隐藏在资本主义经济关系镜像中的劳资法权关系，展开对资本权力的批判。马克思的逻辑进路是：分析研究凝结在商品中的无差别的人类劳动，由商品二重性进而揭示出个体劳动的二重性，从而揭示劳动平等权与劳动报酬权的应然性。通过考察资本增值源于劳工的剩余劳动时间，资本所有者得以无偿占有支配劳工的剩余劳动的原因在于其掌握生产资料的所有权，剩余价值学说才以科学的方式揭示了劳工被剥削、劳工权益受损的根源所在。

一　劳动与资本螺旋上升式对立统一

1857 年秋，马克思在以往研究的基础上开始撰写《资本论》，并在此后终其一生不断修改完善。1867 年，《资本论》第 1 卷在德国汉堡出版，宛如原子弹般在资产者的脑袋上爆炸，整个资产阶级完全无力在理论上反击，只能以沉默和看似无意地忽略来应对。对如何消除异化劳动、确立劳工权益的探求在《资本论》及其手稿中成为马克思解剖资本主义生产方式的理论底色。马克思从现实的人的生产劳动展开历史唯物主义考察，生产劳动创造价值，资本家占有剩余价值，在资本追求增值的欲望中价值转化为资本，资本驱动着更多的劳动，在资本关系中社会日益分裂，劳资尖锐对立，但是随着生产资料为社会所有，在劳动创造的生产力基础上资本关系的体系终将被炸毁，劳工的解放和人类自由全面发展的社会必将来临。

（一）劳动实践是客观物质力量

毋庸置疑，《资本论》主要阐释资本主义生产方式及与之相应的生产与交换关系。从研究核心概念入手，马克思发现劳动是考察商品的重要范畴，《资本论》以价值理论为基础，系统揭示了资本主义生产方式运行规律，也对劳动问题做了全面分析。对于什么是劳动，前章已有较为系统的梳理。我们也知道，马克思从自然和社会有机联系的角度来理解劳动，劳动不仅是人类在一定生产方式条件下的人与自然之间的物质变换过程，也是人的社会生存方式。当然，劳动作为一种社会联系并不意味着人类的劳动实践是主观性的东西，而是劳动的社会性质与自然性质共同构成了人类社会的活动方式——生产力的客观物质力量。若无劳动的结构性力量，也不会有人类社会在与自然之间的物质变换基础上的历史发展。劳动的这种结构性力量的有机性，涵盖了劳动的异化（异化劳动）的可能性。劳动异化的资本主义形式呈现为劳动与资本的对抗，劳动的结构性力量如何向未来劳动与资本对立统一发展之关键在于劳动的社会化。人类劳动实践的发展，就是要使这种从人的主观能动性开始的自然变换过程中生发出来的客观社会联系的力量，不再是一种控制人的劳动过程的力量；相反，是人类要控制这种力量，先是劳工真正控制自己的劳动，达到劳动的自主自由，然后由劳工控制资本，达至劳动与资本的对立统一，也就是从必然走向自由，从"必然王国走向自由王国"①。

（二）劳工劳动实践的异化过程

劳动异化的具体形式就体现在商品关系、货币关系尤其是资本与雇佣劳动的关系之中的人与人之间的社会关系。马克思认为，劳动异化作为一种社会关系，本身是历史发展的产物。首先，劳工受到劳动创造出来的物，也就是商品和商品价值的货币表现的精神统治。在

---

① 《资本论》（第3卷），载《马克思恩格斯文集》（第7卷），人民出版社2009年版，第928—929页。

《资本论》的最初手稿即《政治经济学批判》（1857—1858 年手稿）
中，马克思的劳动异化理论和价值、货币及资本理论是结合在一起的，
而这些又共同构成了马克思的人的异化社会生存方式的详细批判。马
克思认为"人的活动的社会性、劳动的社会关系表现为物"①，即交换
价值表现于货币。其次，劳工受到劳动实践生成的，本质是生产关系
的资本的物质统治。雇佣劳动在资本主义生产关系中呈现异化，劳工
则作为物的形式出现了，而且是可以用货币来购买的物。资本家以劳
动的价值购买形式和假象掩盖了劳工的劳动力价值这个购买内容。劳
工在资本主义条件下的劳动结果最后都表现为与劳工丝毫无关的独立
的交换价值，而资本则表现为对劳工劳动的全面占有。

（三）异化劳动和人的价值实现

劳动是人的基本生存方式，劳动过程是人的本质力量的实现和展
开，人类通过劳动创造物质生活和精神生活的幸福，也应该通过劳动
的过程享受到劳动创造的幸福。但是，劳动的异化导致人的生存方式
异化。在劳动与资本的对抗关系中，劳工作为劳动主体的价值和尊严
被严重贬低。人的价值问题在本质上是人对社会的关系问题。人的价
值和商品价值一样，不是独立存在的东西，也受到社会关系的制约，
只有通过人与人之间的关系才能体现出来。而在资本主义异化劳动中，
人与人之间的关系则是通过物与物之间的关系表现出来的。

那么，衡量人的价值的尺度究竟是什么？马克思在运用劳动价值论
分析资本主义生产时，始终关注的是资本主义社会的巨大财富（价值）
被创造出来之时，劳工个人价值及其社会价值的体现和衡量。在资本主
义生产条件下，劳动力商品的价值是维持和再生产劳动力的生活资料的
价值，这些需要劳工用一定时间的劳动来换取货币，然后再进行购买，
资本家付给劳工的只是劳工的必要劳动时间创造的价值，甚至有时连此

---

① 《政治经济学批判》（1857—1858 年手稿），载《马克思恩格斯全集》（第 31 卷），人民
出版社 1998 年版，第 351 页。

也达不到。在资本主义社会，劳工的价值即劳工获得的报酬与劳工的劳动能力所创造的价值即社会财富极为不相称。劳动的异化使劳动者的价值尺度也异化了。马克思从人自由全面发展的角度指出一定生产关系前提下劳动的自由时间构成了人即劳动者的社会价值衡量标准。①

通过历史与逻辑相结合，《资本论》分析资本的历史命运就在于自我肯定基础上的自我否定，其实质表现为资本在扬弃异化劳动基础上的生产力发展和劳动者自由全面发展的历史趋势。在资本主义生产条件下，劳资对立使社会生产力的一切增长"都不会使工人致富，而只会使资本致富，也就是只会使支配劳动的权力增大"②。在资本与雇佣劳动这种"扭曲和颠倒"的关系中，一方面是劳动的外化过程，另一方面是对他人劳动的占有过程。"要求保存雇佣劳动，同时又要扬弃资本，是自相矛盾和自相取消的要求。"③ 劳动生产力的增长使劳动创造的"社会财富的越来越巨大的部分作为异己的和统治的权力同劳动相对立"④。马克思同时也指出劳动与资本的对立统一关系发展的肯定性意义在于劳动生产力的发展创造了突破资本关系，以及资本主义这种人类社会特殊历史形式界限的物质力量，这种自我肯定同时也是自我否定。资本关系是在自身的矛盾运动中运动和发展的，劳动作为资本的矛盾对立面，也在促使资本自我转化，追求普遍性的内在驱动在资本本身的性质上遇到了限制，使人们认识到劳动与资本相互制约就是资本发展趋势的限制，劳动促成资本灭亡，从而启发人们利用劳动消灭资本。届时，劳动主体将是获得自由全面充分发展的人，也将

---

① 马克思指出，在异化劳动条件下社会存在的不劳动的自由时间"是以劳动的那部分人的剩余劳动时间为基础的……迄今为止的一切文明和社会发展都是以这种对抗为基础的"。参见《政治经济学批判》（1861—1863 年手稿），载《马克思恩格斯全集》（第 32 卷），人民出版社1998 年版，第 214 页。

② 《政治经济学批判》（1857—1858 年手稿），载《马克思恩格斯全集》（第 30 卷），人民出版社 1995 年版，第 267 页。

③ 同上书，第 268 页。

④ 《政治经济学批判》（1857—1858 年手稿），载《马克思恩格斯全集》（第 31 卷），人民出版社 1998 年版，第 243—244 页。

是劳动与资本的有机统一体。

二 资本权力的祛魅

资本权力在资本主义社会起着决定性作用，马克思在《资本论》及其手稿中对资本的分析清晰地表明了资本的发展趋势。在资本与劳动的对立中，异化劳动发展成为极端异化形式，劳工的尊严与价值都遭到严重贬低，资本的权力无限扩充。

（一）资本的权力本质

马克思对资本范畴的分析是循着实体——关系——过程的辩证思维过程进行的。首先，资本是价值实体，即以货币这种物的形式表现出异己的社会权力。资本的实体本身就是使用价值，是对象化劳动。其次，资本是社会关系，准确地说是生产关系。当然，这种生产关系绝不是简单的关系，而是一种生产过程，是资本在流通中通过劳动保存自己，使自己有增值的价值。通过对资本主义生产以前的各种生产形式的分析，马克思考察了货币转化为资本的历史条件形成过程，这个过程同时也是资本作为劳动的客观条件与劳动对立的历史发展过程。马克思指出"资本"的概念包含着劳动的客观条件——资本家，资本只能是生产关系。① 资本在生产和流通中不断地采取或抛弃某种特定的物质形式，经历价值丧失和复归的过程，在不断的物质转换过程中实现价值增值。最后，资本的历史命运就是在自我肯定的同时自我否定。其实质内容就是资本在扬弃异化劳动基础上的劳工权益切实保障和人自由全面发展的历史趋势。

《资本论》的研究对象首先是资本主义生产关系即雇佣劳动关系。资本与雇佣劳动的关系被扭曲颠倒，"因为资本是工人的对立面，所以文明的进步只会增大支配劳动的客体的权力"②。但是，劳工权益这

---

① 《政治经济学批判》（1857—1858 年手稿），载《马克思恩格斯全集》（第 30 卷），人民出版社 1995 年版，第 508—510 页。

② 同上书，第 267 页。

把钥匙，可在刺激消费、促进经济发展的效率与公平等方面推动经济高效发展。因为依据马克思的理解，资本虽然是决定性权力，但只要劳工能够占有生产资料，"劳动权就是支配资本的权力"①，也就是说虽然在资本主义生产环节，资本起到主导性支配作用，但劳工权益潜在对抗资本权力，一定程度上对资本起到制约平衡作用，二者存在权利与权力的内在逻辑关系——权利制约权力。具体而言，就是在迈向未来社会发展进程中，利用劳工权益的保障筑起关住资本权力的制度牢笼。

（二）劳工权益制约资本权力

依循权利与权力关系的法理脉络，权力源自权利，并回归于权利。权力保障权利是应然要求，是一项需要权力执行者义无反顾加以履行的义务。然而，正是由于权力具有支配稀缺资源的巨大能量，"其最显著特征是强制排他性并由此造成的垄断性和稀缺性，从而又使权力更值钱"②，并使之本身成为一种稀缺资源，容易出现权力异化现象。在此，国家如何调控权力与权利之间的分配与实现彼此间的相互制约，成为实践难题。权利贫困多是权力异化的结果，而权利贫困又容易造成权力危机。权利与权力的内在逻辑可以呈现为"权力分配→资源分配→权利分配→权力分配"这样一种首尾相连、闭合循环关系。从资源分配的角度来看，权力一开始就会介入资源的初始走向，并对其具有决定性的作用。然而，资源分配的过程就是对权利配置的过程，而权利的实现程度直接决定了权力分配的状况，因为在当前，权利可直接决定权力的行使方式与范围。从一定程度上来说，或许以权利主导权力的社会运行方式从表象上难以看出，但从根源上来说，这是一种必然，也是社会运行的一种常态。如果这种社会运行方式出现

---

① 《1848年至1850年法兰西的阶级斗争》，载《马克思恩格斯文集》（第2卷），人民出版社2009年版，第113页。

② 熊惠平：《"穷人经济学"的健康权透视：权利的贫困及其治理》，《社会科学研究》2007年第6期。

异化，则要么会出现社会发展的畸形，要么会出现权力与权利的激烈对抗。

从权利角度来解读维护劳工权益与促进经济发展之间的关系，相较于经济学上简单地将物质投入与收益作为主要研究内容，又有了更深一步的内涵。劳工权益逻辑在于人的发展与经济发展的有效整合、有机统一。一直以来，关于经济发展与增加劳工收入的问题，学界长期存在所谓的涓滴理论，认为经济增长的好处是，可以自动地实现社会财富由富人向穷人间的垂直流动。① 通常看来，经济增长的好处首先为富人所得，其后在富人开始消费时，穷人也将从中获得好处，这一观点的得出，据说是研究者基于实证方法测算经济增长与减少贫困之间的具体数量关系所得。在经济学领域，通过数据总结并加以实证研究，可以得出经济发展能带动劳工等弱势群体收入的提高，而从法学领域理论分析，似乎也可以得出经济增长能够缓解劳工权益缺失状况。因为，经济增长有利于提高国家保障社会权的能力，有利于增加公民通过自力更生实现社会权的机会，有利于为公民实现其社会权提供物质基础。但是，如果将劳工权益保障作为经济发展后的一项福利来对待，无疑有违社会权保障的根本目的。正确的做法还是应该以劳工权益保障作为经济发展之促动力量，形成劳工权益保障与经济发展的良性互动。

第四节 重建劳动者的个人所有制
——劳工权益的归宿

劳动规定了权利，为何劳工却处于实际的无权状态，马克思对这一矛盾进行了纵深挖掘，《资本论》指出了矛盾的根源——私有制。

---

① "涓滴理论"，也称为"涓滴效应"，该术语起源于美国幽默作家 Will Rogers（威尔·罗杰斯）在经济大萧条时所言："Money was all appropriated for the top in hopes that it would trickle down to the needy"（把钱都给上层富人，希望它可以一滴一滴流到穷人手里），当时是讽刺语。

私有制产生了两种对立：一种是人与物关系的对立；另一种是人与人关系的对立。而且竞争的对立面是垄断，即更大的竞争。而竞争的结果则是力量较强的将在斗争中获胜。对比上述不同要素间的力量，可以发现："土地占有或资本都比劳动强……其结果是：劳动得到的仅仅是最必需的东西，仅仅是一点点生活资料，而大部分产品则为资本和土地占有所得。……较大的资本把较小的资本，较大的土地占有把小土地占有从市场上排挤出去。"①

一 所有制与所有权

《资本论》的整体展开是以经济关系为核心的，所有权是其理解分析所有制的重要内容和所有制发展的进一步延伸，体现了马克思权利解决方案的有效性、劳工权益如何获得充分实现的深刻思考。

马克思在《黑格尔〈法哲学〉批判》中首先提出了私有财产是国家和法的基础的基本判断，然后一方面在《1844年经济学哲学手稿》中通过"异化劳动"的概念分析指出私有财产体现着劳动的外化与异化，是劳动主体同外在关系的产物；另一方面在《德意志意识形态》中，从分工概念出发逐渐分析出私有财产同时也是人与人之间关系的体现。从而，明确了所有制是生产关系的总和，并区分了所有制的经济形态和法律形态。② 马克思在《资本论》中，进一步区分了所有制的存在状态，指出法律形式的所有权必须得到明确经济状态确认，才能获得真正收益，并进一步明确了生产、分配、交换、消费四个环节，指出生产资料所有制的前提条件和实践意义。

马克思很少对未来做具体制度设计，只是在《资本论》中对所有制的未来走向进行了科学的描述："同资本主义生产方式相适应的资

---

① ［德］恩格斯：《国民经济学批判大纲》，载《马克思恩格斯文集》（第1卷），人民出版社2009年版，第83页。

② 具体理解，所有制是本质的经济关系，属经济基础；所有权是法律意义上的权利关系，属上层建筑；二者归属社会不同的结构层次。这里需要强调，作为上层建筑的所有权是以现实的所有制关系为基础的。

本主义占有，是这种仅仅作为独立的个体劳动的必然结果的私有制的第一个否定。但是，资本主义生产本身由于自然变化的必然性，造成了对自身的否定。这是否定的否定。这种否定不是重新建立劳动者的私有制，而是在资本主义时代的成就的基础上，在协作和共同占有包括土地在内的一切生产资料的基础上，重新建立劳动者的个人所有制。"① 这段话区分了占有形态的所有权和所有制的关系，相较于德文版中"重新建立个人所有制"的表述，法文版中"劳动者的个人所有制"的表述在本书的论域中显得更加清晰，就是重新建立被资本主义否定了的劳动者的个人所有制！马克思曾说《资本论》德文版之后出版的法文版具有独立价值，他在法文版中加上"劳动者"这个定语的缘由是什么？本书认为，并非因为在个人所有制中，由劳动者提供了劳动力，所以给个人所有制加上"劳动者"这个定语。我们知道在任何一种所有制中，劳动力都是由劳动者提供的。因此，马克思给个人所有制加上"劳动者"这个定语的原因就在于强调劳动者是个人所有制的社会主体。劳动者的劳动力权都决定了每个劳动者都是所有权人。在未来社会，只要有商品流通，那么，每个劳动者都是资本所有者，社会必然是劳动者个人所有制。重新建立的劳动者个人所有制，显然不仅仅是对生产资料而言的个人所有制，而是对劳动力权人权化与产权化相统一的劳动者个人所有制。

按照马克思的设想，未来社会是"一个联合体，在那里，每个人的自由发展是一切人的自由发展的条件"②，而联合体应该通过劳动来联合，人只有在劳动的过程中才有可能认识和利用客观规律去改造既

---

① ［德］马克思：《资本论》（根据作者修订的法文版第一卷翻译），中国社会科学出版社1983年版，第826页。而后来《资本论》德文第4版的表述是"从资本主义生产方式产生的资本主义占有方式，从而资本主义的私有制，是对个人的、以自己劳动为基础的私有制的第一个否定。但资本主义生产由于自然过程的必然性，造成了对自身的否定。这是否定的否定。这种否定不是重新建立私有制，而是在资本主义时代的成就的基础上，也就是说，在协作和对土地及靠劳动本身生产的生产资料的共同占有的基础上，重新建立个人所有制"。参见《资本论》（第1卷），载《马克思恩格斯文集》（第5卷），人民出版社2009年版，第874页。

② 《共产党宣言》，载《马克思恩格斯文集》（第2卷），人民出版社2009年版，第53页。

定的环境和条件，实现真正的自由全面发展。从劳动角度理解私有制的变迁这段话，"个人的、以自己劳动为基础的私有制"强调的是"私有"的"劳动"，是"劳动权与所有权同一"被否定，资本主义生产是劳动权与所有权的分离，而"重建劳动者的个人所有制"指的是涵盖劳动力权的劳工权益与所有权在劳动与生产资料有机结合基础上的重新统一，此刻劳动力权的人权与产权相统一。这样，劳动就经历了与所有权的"同一→分离→再统一"的否定之否定过程。全部产品包括剩余产品，由此才能归劳动者所有，才消灭了现存的生产资料所有制，真正维护了劳工权益。①

二 劳工权益保障的未来指向

"个人"是"联合的个人"，生产资料是联合的个人所有，也即社会所有，生活资料是个人所有，二者相统一。"重建劳动者的个人所有制"的制度设想和劳工权益有什么关系呢？这需要认真理解马克思所想要实现的"权利"的真正含义。马克思认为，权利必须和财产关系本身保持一致。

劳工权益的未来是什么？"在对土地及靠劳动本身生产的生产资料的共同占有"② 关系中，劳动者作为社会个体成员联合起来，具有自由人联合体成员的自由平等主体资格。劳动者作为劳动主体和其他社会成员一样，平等地拥有生产资料的所有权。那么未来社会，劳动者在生产劳动过程中既具有社会成员的身份地位，也仍保有私人身份，是否两种身份的权益都要保护，是否应该一视同仁地保护？另外，联合体其他的社会成员有的是劳动者，有的不是劳动者；劳动者相互之间劳动能力并不等同，有的社会成员则不具备劳动能力。如有些人是

---

① 以往研究者多将注意力集中在生产资料的所有制上，囿于时代的局限，未能意识到生产资料社会所有和劳动力权产权化的本质兼容，未能透析否定之否定在此是何意义，因而未能领悟到马克思论断的真意和科学性。

② 《资本论》（第1卷），载《马克思恩格斯文集》（第5卷），人民出版社2009年版，第874页。

因为年龄原因，心智未成熟，现在暂无劳动能力，而随着年龄的增长将具备劳动能力；有些人是过去有劳动能力，现在由于年龄、健康等原因不再具有劳动能力。依据马克思的理论，显然无论自由人联合体的成员是否具备劳动能力，他们都是具有平等法律主体资格的社会成员，对土地和其他生产资料的所有都是平等的。① 以此推论，劳工权益保障的未来必然是生产资料社会所有，必须通过重新建立的劳动者个人所有制实行按需分配。

重建劳动者的个人所有制是为了消除资本主义私有制生产资料与劳动相分离、劳动权与所有权相分离、劳动力权的人权与产权相分离的情况，而实现劳动者与生产资料的重新结合之后必须是社会所有，因为"随着联合起来的个人对全部生产力的占有，私有制也就终结了"②。这就要求未来要在社会总产品的分配中处理好社会成员和劳动者关系，《资本论》社会保障思想需要在未来继续深入研究。未来社会的经济运行充满张力，随着生产力的发展，现有的社会保障制度所发挥的社会救济功能在未来必然会全面提升，社会福利水准将大幅提高，劳工权益的保障程度也会水涨船高，人人幸福安康。

从马克思的角度理解，"重建劳动者的个人所有制"的命题所包含的意义并非简单的财产归属关系所能够概括的。超越财产关系并将这一命题放在《资本论》的整体逻辑中去理解，会发现"重建劳动者的个人所有制"的命题实际是马克思从生产方式对人的自由个性发展的制约角度，对未来社会本质特征的一种高度概括。"重建劳动者的个人所有制"是把劳动力、生产资料、土地等资本要素完全变成自由的和联合的劳动的工具，是劳动者对生活资料的个人所有与生产资料

---

① 正常说来，社会的成员外延上要大于社会的劳动者，也就是说在未来自由人联合体里，生产资料的所有者从数量范围上大于从事劳动的劳动者。不可能排除没有劳动能力和丧失劳动能力的社会成员对生产资料的所有权，否则就和自由人联合体共同占有土地和靠劳动本身生产的生产资料的前提相矛盾。

② 《德意志意识形态》，载《马克思恩格斯文集》（第1卷），人民出版社2009年版，第582页。

社会所有的有机统一，是对人力资本与物质资本的有机统一，是劳动权与所有权有机统一，也是劳动力权实现人权与产权的有机统一。劳工权益保障的最显著功效就是劳动者劳动能力的激发，这必须通过劳动者的个人所有制来实现。劳工权益保障首先是劳动者个体权益保障，然后是劳动者集体权益保障，否则就不会有生产劳动积极性，也不会有人的自由全面发展。

第五节　本章小结

本章旨在厘清《资本论》劳工权益思想的逻辑脉络，马克思从历史唯物主义出发，在《资本论》及其手稿中揭示劳工的生存状态，揭露批判商品交换、资本流通运行背后的人与人的倾轧关系，分析了劳资双方主体的法权对抗。

《资本论》通过阐述劳动与资本关系的形成，首先进入劳工权益的初始论域，探析"异化劳动"及其根源，分析资本主义生产中的劳动实质，阐明劳工权益缺损状态。进而通过价值理论的阐释，揭示劳工权益逻辑。商品价值理论视角所蕴藏的劳工与资本家之间的法权关系，被马克思在《资本论》中彻底地揭露，劳动及其主体的权利要求分别经由商品价值形式与商品价值计量表现出来。透过价值形式揭示劳动平等权，透过价值计量揭示劳动报酬权。

经过劳工权益的历史逻辑考察，可以得知《资本论》劳工权益思想为开辟通往历史唯物主义的现实道路铺垫了理论基石，《资本论》所阐释的劳工权益思想的实现与否成为衡量社会文明程度的标杆，劳工权益保障也是人自由全面发展的现实路径选择。

《资本论》中劳动与资本对立统一螺旋上升式的分析推演，使得资本权力祛魅，劳工权益超越资本权力的逻辑走向逐渐明晰，权利制约权力，劳工权益制约资本权力。劳工权益保障的未来指向是"重建劳动者的个人所有制"。"重建劳动者的个人所有制"是对未来社会本质特征的一种高度概括，如果从劳动者层面表达，则是劳动者对生活资料的个人所有与生产资料社会所有的有机统一，劳动权与所有权有机统一，劳动力权实现人权与产权的有机统一。

由此，《资本论》中的劳工权益思想逻辑脉络整理如下：以资本主义社会的劳动主体为出发点，在对资本主义经济关系深入分析基础上，批判和扬弃了"异化劳动"，经由价值理论的分析，研究资本运动中的劳动关系以及劳工权益呈现，再与法律制度实践相互印证，经过劳动和资本的螺旋上升式对立统一，劳工权益思想内容不断发展完善，劳工权益最终的归宿是重建劳动者的个人所有制。

第四章 《资本论》劳工权益思想内容诠释（上）

人类社会自始由两大生产所构成，即人口生产和物质生产，权利要求都是围绕着这两大生产而展开的。围绕着这两大生产，人的具体行动可分为交往与劳动。权利的实现依赖法律的确认，因而依据马克思主义法学理论，法律可以理解为是对社会成员身份归属和社会劳动成果的规定，权利要求则呈现为人权与产权。基于社会主体角度分析，法律是人的行为规范；基于物质生产角度分析，法律实质上是对剩余劳动所有权的规定。更进一步理解，文明实质上是剩余劳动的转化形态，而对于剩余劳动的权利归属以及文明社会的秩序生成均需依法而治，而法律所规定的一切权利安排皆围绕两大生产的资源配置展开，从一定意义上可以说，资源配置的过程形成了现代权利体系。劳权——劳动者权益，亦即劳工权益，毋庸置疑成为现代权利体系的核心范畴。

劳工权益是以劳工的市场定位为依据的，作为劳工个人的权益，称为劳工个体权益，简称个体劳权，就其在《资本论》中的本质而言，是生存权。生存权的直接主体是劳工个体，在这个意义上，生存权是以劳工个人或个别劳动者为基础的权利，这一权利是以财产权的制约为前提的，为了实现这一权利，必须对资本自由加以限制。由此，劳动与资本的固有矛盾便凸显出来。由于生存权直接规定人们生存的各种生活关系，性命攸关，因而必须由国家介入其中加以积极的干预，诸如工时（工作日）、工资、劳动保护及培训等方面。然而，这些只能是保障劳工的基本权益，是兜底性的保护，但并不能使劳动关系双方力量达到平衡，也难以保证劳动关系与社会的整体稳定。利益平衡协调必须依靠集体劳工权益的行使。集体劳工权益的本质是团结权，包括自由结社权、集体谈判权和集体行动权，后来又加入民主参与权。就劳工生存的社会状态而言，现代经济关系及其劳动关系中的劳动主体，最主要的社会特点是作为社会化生产群体而存在，所以集体劳权尤显重要。而工会以及劳工阶级政党往往是集体劳权的代表。本章及下一章将集中讨论《资本论》劳工权益思想的主体内容，本章主要是从劳工个体权益角度分析，具体框架是根据本书第二章所述劳动与社会保障法律体系梳理的，而下一章主要阐述《资本论》中的劳工集体权益思想以及劳工权益救济思想等内容。

第一节 《资本论》工作日理论及其权利蕴涵

工作日（Working Day/Workday），也称劳动日，是指劳工在一昼夜内进行工作时间的长度（按小时计算）。《资本论》中说："工作日，指的是工人每天必须耗费劳动力，每天必须劳动的劳动时间的长短。"[①] 工作日的最高界限应当受到生理界限（即劳工吃饭、睡眠和休息时间）和道德界限（即劳工从事学习、家务和社会活动时间）的限制。

一 《资本论》 工作日理论内容分布

《资本论》第一卷的第八章"工作日"整章阐述了工作日理论，

---

① 《资本论》（第 2 卷），载《马克思恩格斯文集》（第 6 卷），人民出版社 2009 年版，第257 页。

在《资本论》劳工权益思想的逻辑脉络中占有极其重要的地位，是用"血与火的文字"写成的。马克思甚至在 1867 年 11 月 30 日给德国社会主义者库格曼的信里建议他的夫人若是要阅读《资本论》，可以先从易于理解的第八章入手。这一章是《资本论》第一卷中着墨最多、篇幅最长的一章，马克思在此深刻阐明了实现劳工权益的必要性与必然性。

第八章包含七节。第一节，理论篇，分析工作日界限的决定因素，虽然工作日是一个可变量，但工作日绝不会缩短到必要劳动时间这个最低限度，最高限度则取决于两点：一是劳工身体承受度；二是道德界限。《资本论》再现劳资双方围绕工作日的最高限度展开的历史斗争，指出工作日的限度实质上取决于劳资双方力量的对比。

第二节，主要内容是通过现代的工厂主与近代巴尔干半岛的专制领主的历史对比揭露工厂主无限制牟取剩余劳动的贪欲。历史上剥削阶级对剩余劳动的贪欲，因社会生产性质不同而不同。近代之前的古代和中世纪，盈利赚钱并不是当时社会主要的物质生产活动的目的。说到经济活动，就是保障社会全体赖以为生的物质性生存手段，如果能适当满足社会对衣、食、住、行的需求，也就达到了生产的目的。所以，在前近代社会由于生产条件所限，并没有整体出现以自我目的为形式，盲目无限制、无止境地追求生产增量，这是与现代社会很大的区别所在。本节以成书时具有效力的 1850 年工厂法为例，剖析英国工厂主对剩余劳动的无限贪欲。围绕着该法规定的 10 小时工作日，资本家和劳工之间展开形形色色的激烈攻防战。资本家钻法律的空子，企图向更有利于自己的方向延长劳动时间。

第三节，主要内容是考察那些没有工厂法约束的生产部门延长工作日的情况。本节以大量事实材料，揭露英国面包业、花边生产、陶器业等工业部门毫无拘束地延长工作日，压榨劳动力的真实状况。面包业的资本家甚至在超极限延长劳动时间之外，还有意利用制造工序进行掺假。不仅损害劳动者健康，还损害消费者健康。书中借助公共卫生报告医师的专业角度，冷静分析客观数据揭露了女时装工与铁匠的过劳死。

第四节，主要内容是考察为什么要实行换班制度和开夜工？通过翔实的资料，深刻揭露了资本家为使不变资本无间断地榨取剩余劳动，牺牲劳工的睡眠时间和以生命的损失弥补生产资料闲置不用的损失，而残酷地实行日工与夜工的换班制度。资本家不顾劳动者生命健康，使用机器设备瞄准"新鲜的血液"，发挥活劳动力，支出活劳动的过程，才是唯一能生产出剩余劳动的过程，这是资本的本性。

第五节，主要内容是说明资本家如何利用国家机器逐渐延长工作日的立法史。劳动时间的具体设定是由资本家和劳工之间的力量关系决定，围绕决定劳动时间的长达数世纪的立法史是劳资力量的变迁史。在资本主义早期，劳工力量还很薄弱，资本要依靠立法确保自己榨取足够剩余劳动的权利，一直推行强制延长工作日的劳工法。本节末尾介绍了波斯尔思韦特为缩短工作日的主张所做的辩护，提醒人们不要忘记"只管干活不玩耍，头脑迟钝人变傻"的谚语。英国工人位列世界首屈一指的独创性和熟练度，正是在这种宽裕的休息时间和娱乐时间（即从工作和工厂中解放出来的时间）当中培养出来的。而在延长了劳动时间、不允许劳工进行娱乐活动的严酷条件下，对技术劳动者来说："他们的才能不会退化吗？他们不会由活泼灵巧的人变为笨拙迟钝的人吗？"[1]《资本论》中有关英国工作日立法述及 1864 年法令，因为第一卷 1867 年出版，之后随着劳工的不断斗争，后续法令对工作日进行了进一步限制。

第六节，主要内容是说明如何展开限制工作日的立法斗争？资本主义大工业出现以后，随着现代工厂制度的确立，劳工劳动形式和式样逐渐成型，劳工力量发展壮大，以联合起来的力量反抗无限延长工

---

[1] 《资本论》（第1卷），载《马克思恩格斯文集》（第5卷），人民出版社 2009 年版，第317 页。

作日，甚至与阶级之外的托利党联合，迫使议会通过工厂立法限制工作日的延长。第六节在第八章中篇幅最长，包括 70 段，分阶段、分时期叙述了围绕工作日长度所展开的劳资拉锯战以及呈现在工厂立法上的变化。以决定实施工厂法的细则的部分为例："开工时间应以某个公共时钟为准，例如，以附近的铁路时钟为准，工厂的钟要和这个铁路时钟保持一致。"① 这个是专门针对当时资本家强调没有公共标准时间的论调，肚子饿了就吃午饭，按自己的肚子情况定时间。这显然是资本家的任意裁度。而铁路的时钟是绝对无误的，否则会出大事故，所以要求工厂时钟皆以铁路时钟为准是明智的。

第七节，主要内容是总结劳工阶级争取正常工作日的斗争，指明法国、美国等在英国工厂立法之后进一步扩大争取工作日正常限度的斗争战果。劳工阶级争取正常工作日的成效得以普及，成为一股国际潮流在世界各地传布，马克思以国际视野对此作了总结。特别影响深远的是，劳工团结起来争取 8 小时工作日，要求以法律手段来确立标准工作日，这为谋求劳工解放创立了先决条件和制度路径。

另外，在《资本论》第二卷的第十二章"劳动期间"、第十三章"生产时间"中对工作日的论述也较为集中，马克思也表达了相同的思想观点。

二 《资本论》对超长工作日的批判

在马克思看来，从事生产劳动的劳工劳动时间——工作日可以区分为两个部分：一是生产出卖自己劳动力所得工资（劳动力价值）的必要劳动时间；二是每天能提供的总劳动量减去生产出卖自己劳动力价值的时间的剩余劳动时间。因此，工作日有最短界限和最高界限，工作日绝不会缩短到仅能维持劳工自身生存与生活的限度，也不能延

---

① 《资本论》（第 1 卷），载《马克思恩格斯文集》（第 5 卷），人民出版社 2009 年版，第326 页。

长到超过一个自然日。在 24 小时的自然日内，提供劳动力的人必须有
一部分生理恢复时间。工作日的区间，在身体界限和社会界限内徘徊。
《资本论》中分别出现 8—18 小时不等的工作日。而资本家毫不避讳
地极力延长工作日，以榨取劳工创造的绝对剩余价值。"工作日就是
一昼夜 24 小时减去几小时休息时间。"① 从而无情剥夺本属于劳工的
自由时间，甚至还无偿挤占了休息时间。由于劳工失去了生产资料，
因而他们的大部分时间注定用于劳动，注定用于为别人生产自由时间，
这是阶级对抗造成了，但并不能因此而断言劳工没有发展要求，相反
他们也有着一切方面的需要，只是没有客观条件来实现自我解放。

马克思讨论过："在这个必然王国的彼岸，作为目的本身的人类
能力的发挥，真正的自由王国，就开始了。……工作日的缩短是根本
条件。"② 工作日的缩短就意味着：一是休息时间可以得到保证，二是
自由时间得到增加。也就是说，劳工在休息时间得到保障，以此恢复
体力、健全智力的条件下，又得到增加的自由时间，因而人类自由而
全面的发展与自由时间的扩展是同一个问题的两个方面，二者呈正相
关关系。这也是人的自由和解放的内在要求，只有减少劳动时间、保
障休息时间、增添自由时间，才能为人类自身的自由活动和全面发展
开辟更为广阔的时空，才能完成由必然到自由的跨越。

值得一提的是，在资产阶级主导的议会、政府内部，对这种资本
主义生产中严重损害劳工生命健康权益、人格尊严权益的现象并非熟
视无睹。英国历史上的工厂视察员制度曾经发挥出很好的作用，视察
员的报告都很客观公正，也被马克思作为写作《资本论》的第一手资
料。从所有描述中发现，不合理的工作日到处通行。以书中所列举的
斯泰富郡的陶器业调查报告为例。

---

① 《资本论》(第 1 卷)，载《马克思恩格斯文集》(第 5 卷)，人民出版社 2009 年版，第
305 页。

② 《资本论》(第 3 卷)，载《马克思恩格斯文集》(第 7 卷)，人民出版社 2003 年版，第
929 页。

"威廉·伍特，9岁，'从7岁零10个月就开始做工'。一直是'运模子'（把已经入模的坯子搬到干燥房，再把空模搬回来）。他每周天天早晨6点上工，晚上9点左右下工。……一个七岁的孩子竟劳动15个小时！詹·默里，12岁……早晨6点钟上工，有时4点钟上工……费尼霍，10岁，他说：'我不总是能够得到十足一小时的吃饭时间，而往往只有半小时，每星期四、星期五、星期六都是这样。'"① 这些资料让我们清晰地看到当时童工与成人一样长时间工作，资本家全然不顾可能造成的劳动力衰退与枯竭。

超长工作日在其他行业同样普遍存在。火柴制造业中，"劳动往往从早晨6时一直持续到晚上10时，甚至到深夜，中间几乎没有休息"②。委员会的报告坦率指出，某些公司担心丧失劳动时间，从而丧失利润。英国当局任命休·西·特里门希尔先生为皇家调查专员，专门调查面包业，他的报告中所揭露的超时劳动令人发指且描述非常翔实③，这种过度劳动是一种劫掠，而不是正常地使用劳动力，二者不

---

① 这些情况当时就有人尖锐地批判，"不久前还是该医院外科医生的查理·帕森斯先生在给调查委员朗格的信中写道：'我所能说的只是我个人的观察，并没有什么统计材料做根据。但是我可以毫不犹豫地说，每当我看到这些为满足父母和雇主的贪心而牺牲了健康的不幸孩子们的时候，激愤的心情怎样也平静不下来。'他列举陶工患病的种种原因，最后尖锐地指出最重要的原因是'劳动时间过长'"。参见《资本论》（第1卷），载《马克思恩格斯文集》（第5卷），人民出版社2009年版，第283—286页。

② 《资本论》（第1卷），载《马克思恩格斯文集》（第5卷），人民出版社2009年版，第286页。

③ "伦敦的面包工人通常在夜里11点开始干活。……随后他一连紧张地忙上5个小时，把面揉好，分成一块一块，做成面包的样子，放到炉里去烤，再从炉里取出，等等。烤炉房的温度达75度到90度，小烤炉房的温度还要高些。各种各样的面包做成后，分送面包的工作又开始了。短工中的一大部分人，刚刚结束了上述繁重的夜间劳动，又要在白天提着篮子或推着车子挨户送面包，有时，他们还要再在烤炉房里干些别的活。根据季节和营业范围的不同，劳动在下午1点到6点之间结束……到了星期五，总是提前上工，大约从晚上10点开始……到了星期天，也要为第二天做4—5小时的准备工作……在'卖低价面包的老板'那里（前面已经说过，这种人在伦敦面包业主中占$\frac{3}{4}$），面包工人的劳动时间更长，不过几乎全是在烤炉房里做工，因为他们的老板除把面包供应一些小铺子外，只在自己的店铺里出售。每当临近周末……就是说从星期四起，晚上10点就开始干活，一直干到星期六深夜，中间只有很少的休息。"参见《资本论》（第1卷），载《马克思恩格斯文集》（第5卷），人民出版社2009年版，第289—290页。

能混淆。一天之内支出三天还恢复不过来的劳动力,很显然违反了劳动力的交换规律,导致劳工寿命减短,甚至会过劳死。如《资本论》中列举的裁缝服装业玛丽·安·沃克利女工活活累死的例子便是明证。① 到场实施急救的医生也诊断证明死因是在过分拥挤的工作空间超长时间劳动。冷血的老板娘竟然还吃惊于礼服没做好,完全不顾劳工的生命权益。

从《资本论》中所列举的花边织造业、陶器业、火柴制造业、壁纸工厂、面包业、铁路运输业、裁缝业、铁匠等的实际材料可以看出,资本家实行的超长工作日制度,是惊耳骇目的。除了成年工人通行超长工作日制度,对女工、童工、少年工也进行了惨无人道的剥削。这些生产部门的工作时间都超过了工厂法的规定,劳工的劳动时间长达15—16 小时,有的甚至达到 18—20 小时。

资本家除了明目张胆地使用各种公开延长工作日的办法外,还费尽心机地采取各种隐蔽的方法,如提早上班,推迟下班,克扣休息时间等,变相延长劳工的劳动时间。"资本'零敲碎打地偷窃'工人吃饭时间和休息时间的这种行为,又被工厂视察员叫做'偷占几分钟时间','夺走几分钟时间',工人中间流行的术语,叫做'啃吃饭时间'"②,随意侵占劳工吃饭时间也是资本家经常性采用的手段③,经过资本家绞尽脑汁地精心运营节省出来的时间相当可观,"每周多出来 5小时 40 分钟……这里捞一点时间,那里捞一点时间"④。为什么法律明文规定的吃饭时间不能切实遵行,因为资本家的头脑中把午饭仅仅当作像给骡马喂草料,就像现在人们给自己的私家汽车加油,给手机

---

① 《资本论》(第 1 卷),载《马克思恩格斯文集》(第 5 卷),人民出版社 2009 年版,第296 页。

② 同上书,第 281 页。

③ 狡猾的工厂主把《工厂法》(1850 年)规定的半小时早饭时间前后各侵占 5 分钟,一小时午饭时间前后各侵占 10 分钟。参见《资本论》(第 1 卷),载《马克思恩格斯文集》(第 5卷),人民出版社 2009 年版,第 277—278 页。

④ 《资本论》(第 1 卷),载《马克思恩格斯文集》(第 5 卷),人民出版社 2009 年版,第279 页。

充电一样，不把劳工当人，而仅仅当作工具才会这样做！

资本家妄图霸占更多的剩余价值，所以，在实际中的工作日"不仅突破了工作日的道德界限，而且突破了工作日的纯粹身体的极限"①。很显然，这是以牺牲劳工道德上与身体上的正常发展为代价的，"吸血鬼工厂"的比喻一点也不为过，资本家如此残酷剥削，必然使劳动力载体未老先衰和过早死亡，使得整个社会范围内的劳动力资源面临枯竭的危险。

三 《资本论》 工作日理论的法权要求

在马克思的"两大伟大发现"之间还蕴含着看似很小却内涵丰富的发现，即人类生命运动和人类社会运动不可分离的时间规律，从唯物史观视域理解，人的所有活动以时间类型详细划分，分别为劳动时间、自由时间与休息时间。劳动时间通常用工作日来表示，自由时间是用以发展人的个性为旨趣的自由活动的时间，休息时间是人身体机能得以恢复的时间。而从剩余价值理论角度分析，劳动时间又可以进一步划分为必要劳动时间与剩余劳动时间。"必要劳动和剩余劳动之和，工人生产他的劳动力的补偿价值的时间和生产剩余价值的时间之和，构成他的劳动时间的绝对量——工作日（working day）。"② 也就是说，必要劳动始终只能是劳工的工作日的两个组成部分之一，工作日的界限最低不会缩短到仅仅是劳工生产自身劳动力的补偿价值的时间——必要劳动时间，那样资本家就无利可图了，资本家绝不会答应；但工作日的界限最高也不能延长到一个 24 小时自然日，这是由劳动力的身体界限所决定，劳工要吃饭睡觉，这是最起码的本能需要。马克思认为这个最高界限还取决于劳动力的道德界限，"除了这种纯粹身体的界限之外，工作日的延长还碰到道德界限。工人必须有时间满足

---

① 《资本论》（第1卷），载《马克思恩格斯文集》（第5卷），人民出版社 2009 年版，第306 页。

② 同上书，第266 页。

精神需要和社会需要,这些需要的范围和数量由一般的文化状况决定。因此,工作日是在身体界限和社会界限之内变动的"①。这里的社会界限是社会的阶段性发展与传统文化、风俗习惯等之间交织,影响着劳工精神与文化方面的需求,对于劳工权益的类型与层次赋予时代性要求。由《资本论》的工作日理论可以推衍出劳工的两方面权利:一是由休息时间所要求的、劳工身体界限所决定的休息权;二是由自由时间所要求的、劳工社会界限所决定的发展权。

（一）休息权

人的生理性决定了日常作息的规律性,休息权是劳动者工作之余享有休息和休养的权利,是基本劳工权益。"劳动力在一个工作日内的使用价值归资本家所有。……但什么是一个工作日呢?当然比一个自然的生活日短。短多少呢?"② 劳资双方给出的答案各不相同。

资本家认为工作日的必要界限,是尽可能地延长,他以商品交换规律做根据,力图从劳动力商品的使用价值中取得尽量多的利益。"作为资本家,他只是人格化的资本。"③ 而在资本家眼中,"工人不过是人格化的劳动时间"④。但是,劳动力作为特殊的商品与其他一般商品的不同之处在于劳工必须逐日固定拿出必要时间来再生产劳动力,否则便不具备重新出卖劳动力的条件与能力。人有生老病死,如同一部机器的自然损耗。若想年复一年、日复一日的在体力、健康和精神的正常状态下劳动,劳工就必须像资本家一样理性、节俭的爱惜自身的资本（也是唯一的资本）——劳动力,不能有任何浪费,每天在合理限度内使用。劳工如果任由资本家无限度使用和劫掠自己的劳动力,在一天之内使用掉劳动者三天还恢复不过来的劳动力的量,将会涸泽而渔,违反了真正的、实质合理的商品交换规律。

---

① 《资本论》（第1卷）,载《马克思恩格斯文集》（第5卷）,人民出版社2009年版,第269页。

② 同上。

③ 同上。

④ 同上书,第281页。

由此，劳资矛盾明确呈现出来，因为商品交换规律没有给工作日设定任何界限，更未对剩余劳动作任何限制。资方坚持自身"权益"最大化，尽量延长劳工的工作日，甚至忽略生命有机体的自然生理规律。劳工则坚持必需的休息权，劳动力当然必须得到恢复，劳工的休息权斗争①是劳资矛盾的最初表现。

后来，资本家也认识到，劳动力必须得到恢复也是有利于自身的利益，工作日过长难免过度消耗劳动力，也就减少了劳动力本身可用时限，而且如同机器磨损一样，已经消费掉的劳动力需要花费更多成本予以补充，或者补充时间更长，因而在劳动力再生产方面就会花费更多的费用，所以规定正常的工作日制度具有了应然性，劳工的休息权开始得到了资产阶级立法有限度的承认。

（二）发展权

在《资本论》工作日理论中，对于工作日界限的两个影响因素，马克思对劳动力的道德界限的论述直接衍生出劳工发展权的蕴涵。马克思曾提到劳工"个人受教育的时间，发展智力的时间，履行社会职能的时间，进行社交活动的时间，自由运用体力和智力的时间，以至于星期日的休息时间（即使在信守安息日的国家）"②往往是会被资本突破的工作日的道德界限。但似乎没有进一步叙述劳工发展权的权利蕴涵，实际上马克思由于为了论域的集中，而是在《资本论》的其他部分进行了阐述，强调了劳工发展权的重要性，强调了工作日对于人的自由全面发展的重要性。

一个自然日 24 小时是固定不变的，每一个社会成员的时间资源由于自然的局限，是固定而有限的。但劳动时间、自由时间、休息时间

---

① "他要求把工作日限制在一定的正常量内。于是这里出现了二律背反，权利同权利相对抗……在平等的权利之间，力量就起决定作用……工作日的正常化过程表现为规定工作日界限的斗争。"参见《资本论》（第 1 卷），载《马克思恩格斯文集》（第 5 卷），人民出版社 2009 年版，第 272 页。

② 《资本论》（第 1 卷），载《马克思恩格斯文集》（第 5 卷），人民出版社 2009 年版，第306 页。

的分配组合则是千变万化的，不同的人有不同的分配组合，在不同的社会发展阶段也表现出不同的状况。马克思认识到，从法律上规定合理的工作日制度，这是使劳工获得发展权，即有宽裕的时间学习以充实自己的前提，也是劳动者不断进步、智力发达、体力旺盛和最终劳动解放的万里长征的第一步。

四　《资本论》对劳动时间立法进程考察

早期工业化进程中，有关工作时间的规定是劳工运动和工厂立法的博弈焦点。之前 14 世纪至 18 世纪中叶的劳工法是力图强制地延长工作日。① 第一个劳工法（1349 年）得以颁布的缘由是鼠疫猖獗，人口大大减少，劳动力匮乏，随后"资本经历了几个世纪，才使工作日延长到正常的最大极限，然后越过这个极限，延长到十二小时自然日的界限"②。情形越来越严重，至 19 世纪初，超时劳动对劳工健康及其家庭的危害已广为人知。"资本手中的机器所造成的工作日的无限度的延长，使社会的生命根源受到威胁，结果像我们所看到的那样，引起了社会的反应，从而产生了受法律限制的正常工作日。"③ 若不限制工作日，不严格禁止突破劳工工作日的生理界限，不严格地强制贯彻工作日的法定界限，社会发展将很快陷入停滞乃至后退。

1802 年托利党议员罗伯特·皮尔爵士提出了《学徒健康和道德法》，把棉纺织业徒工的工作日定为 12 小时。1815 年空想社会主义者罗伯特·欧文开始为争取童工每日 10 个半小时的工作日而努力。同时，工会领袖约翰·杜赫蒂也积极地为改善劳工的处境而奋斗。

1830 年 10—12 月，奥斯特勒在《里兹使者》上发表了《关于

---

① 这源于"资本在它的萌芽时期，由于刚刚出世，不能单纯依靠经济关系的力量，还要依靠国家政权的帮助才能确保自己允吸足够数量的剩余劳动的权利"。参见《资本论》（第 1 卷），载《马克思恩格斯文集》（第 5 卷），人民出版社 2009 年版，第 312 页。

② 《资本论》（第 1 卷），载《马克思恩格斯文集》（第 5 卷），人民出版社 2009 年版，第 320 页。

③ 同上书，第 471 页。

"约克郡奴隶制"的信》，揭露了童工每天工作 13 个小时的悲惨处境，在英国社会中产生很大影响，使劳工状况问题引起社会各界的关注。1832 年春，哈利法克斯、里兹、布雷德福等区域的劳工成立了"缩短劳动时间委员会"，投身于争取工厂立法改革运动。1832 年 3 月 16 日萨德勒提出了 10 小时工作日法案，他成为工厂立法运动最主要的组织者。在议会中，托利党领袖阿希利积极支持这一法案。1833 年议会通过一项工厂法，规定 9 岁以下的儿童不得在除丝厂之外的任何其他工厂劳动；9—13 岁儿童，每天工作不得超过 9 小时以上或一周工作 48 小时以上；13—18 岁青少年不得每天工作 12 小时以上或每周劳动 69 小时以上。参加劳动的 13 岁以下的儿童每天应当学习 2 小时。法令还规定设立巡回视察员 4 人，监督本法令的执行。但这一法令的实施状况并不能使人们满意。1833 年 10 月奥斯特勒的支持者创立了工厂改革协会，11 月罗伯特·欧文和菲尔登创立了促进全国革新会社，继续推进工厂立法运动。从 1834 年开始，工厂立法改革运动和反对新济贫法运动发生交错，奥斯特勒一派和工业区原先积极投身工厂立法改革运动的劳工转而投入反对新济贫法运动。宪章运动的爆发则吸引了更多的劳工，工厂立法改革运动暂时低落了。而经济学家西尼耳以他的"最后一小时"理论①，在反对 1833 年工厂法的活动中充当工厂主的发声筒。

1842 年夏季，在英格兰北部工业区爆发了 50 万劳工大罢工，震动了英国政府。第二届保守党皮尔内阁采取了自由主义态度，随后，1844 年通过了格拉姆法令，1847 年通过了十小时工作日法案。②《资本论》中提到的西尼耳"最后一小时"理论又被人重拾牙慧，威尔逊

---

① 《西尼耳的"最后一小时"理论的虚假性分析见资本论》（第 1 卷），载《马克思恩格斯文集》（第 5 卷），人民出版社 2009 年版，第 258—265 页。

② 格拉姆法令规定 8—13 岁的儿童每天工作 6.5 小时，另外每天应当学习 3 小时。而女工和 13—19 岁的青少年每天应当工作 12 小时。恩格斯在《十小时工作制问题》和《英国的十小时工作日法案》中作出了详细论述。详见《马克思恩格斯全集》（第 10 卷），人民出版社 1998 年版。

在 1848 年 4 月 15 日的《经济学家》杂志上老调重弹,借以反对 10 小时工作日的法律。而工厂视察员在半年一次的《报告》中一直拿"最后的"、"致命的一小时"来嘲弄工厂主,举出种种实例证明工厂主的无耻。

立法在不断进步,1850 年、1853 年,英国议会先后又通过两项工厂立法,有效地限制了所有纺织工人的劳动时间。① 1867 年工厂法再次补充,《工厂法补充条例》、《工场管理条例》先后获得国王批准,约束范围至各行各业具一定规模的工场,一年中至少有 100 天同时雇有 50 名以上劳工的同类工业的工场皆囊括其中。这是工厂立法改革运动的一个胜利。

回溯从 1802 年《学徒健康与道德法》开始,英国的工厂法是通过国家,而且是通过资本家和地主统治的国家,逐步规定工时上限和工资下限,以集体意志来限制资本家的个体剥削意志,"来节制资本无限度地榨取劳动力的渴望"②。因为过度的掠夺会使国防力量和社会的生命源泉遭到根本的摧残,"英国的周期复发的流行病和德法两国士兵身高的降低,都同样明白地说明了这个问题"③。然而在劳动时间立法不断完善之后,劳工在法律上逐渐成了自己时间的主人,从而赋予他们一种道义力量,这种道义力量使他们也许有可能掌握政治权力。在某种程度上也使资本家变得文明起来,摆脱了他作为单纯资本化身而自然带有的那种野蛮性,使得通过法律途径解决社会问题成为可能,

---

① 1850 年工厂法规定一周的平均工作日为 10 小时,即一周的前 5 天为 12 小时,6—18 时,其中包括法定的半小时早饭时间和 1 小时午饭时间,做工时间净剩 10.5 小时;星期六为 8 小时,6—14 时,其中有半小时早饭时间。每周纯粹做工时间为 60 小时,前 5 天为 10.5 小时,星期六为 7.5 小时。工厂每天最多开工 12 小时,女工和童工每周工作不超过 58—60 小时,周日每天不超过 10.5 小时,周末不得超过 7.5 小时。1853 年再一次对《工厂法》作了补充:禁止在少年和妇女早晨上工前和晚上下工后使用童工。参见 B. L. Hutchins and A. Harrison, *A History of Factory Legislation*, London: P. S. King & Son, Ltd, 1926:159。

② 《资本论》(第 1 卷),载《马克思恩格斯文集》(第 5 卷),人民出版社 2009 年版,第 276—277 页。

③ 同上书,第 277 页。

也逐渐成为社会主体间达成共识的理性选择。与劳动时间相关的立法和实践的趋势，经过《资本论》的分析也变得越来越清晰，是尽快解除过度劳动带来的身心疲惫，给舒缓压力以必需的休息时间，赋予劳动者充足的自由时间参与家庭和社会活动、享受自由全面发展的机会。

五 《资本论》 工作日理论的价值评价

（一）推动世界范围的 8 小时工作日立法

罗伯特·欧文早在 1817 年就提出 "八小时劳动，八小时休闲，八小时休息" 的口号，但是一直没有得到立法回应。美国的劳工也持续不懈斗争，南北战争结束后，伴随着美国资本主义经济的飞速起步，以及大量士兵的复员，劳动与资本之间的矛盾明显加剧。劳工阶级恶劣的生活生产条件以及实际生活水平的下降，造成了劳工运动的新高涨和工会运动的加强。马克思指出："南北战争的第一个果实，就是争取八小时工作日运动，这个运动以特别快车的速度，从大西洋跨到太平洋，从新英格兰跨到加利福尼亚。"① 美国劳工运动蓬勃发展，1866 年 8 月 22 日，美国历史上第一次全国劳工代表大会在马萨诸塞州的巴尔的摩开幕，通过了关于争取 8 小时工作日、关于成立经常性的劳工组织、关于劳工的独立政治行动、关于合作社等项决议。1866 年 9 月初，在世界资本主义经济危机和劳工罢工遍及欧美的情况下，"国际工人协会"（即第一国际）在瑞士日内瓦召开第一次代表大会，马克思在为大会起草的《给临时中央委员会代表的关于若干问题的指示》中明确提出了 8 小时工作日制度的思想，并确认为劳工行动纲领，还强调劳工阶级要把这一行动作为自己彻底解放的伟大使命。经过不懈努力，终于在 19 世纪末赢得了法律对 8 小时工作制度的承认。到了今天，已得到全世界共同践行。

---

① 《资本论》（第 1 卷），载《马克思恩格斯文集》（第 5 卷），人民出版社 2009 年版，第 348 页。

马克思主张将劳工阶级的工作日限制上升到立法层面，根据马克思的提议第一国际日内瓦代表大会把争取 8 小时工作日作为国际劳工运动的一个重要内容，"我们建议通过立法手续把工作日限制为 8 小时"①。马克思积极推动这一有利于劳工阶级生存和发展的权利纳入法律轨道："这个问题原则上在以往历次代表大会上已作出决定，现在是采取行动的时候了。"② 马克思的实践唯物主义认为一切存在的基本形式是空间和时间。作为具体物质的存在及其运动，在时间和空间上皆有所体现，社会存在及其运动，特别是作为社会运动主体的人的实践活动，每个人无论做什么，在每一个昼夜只有 24 小时，这就是属人的社会时间。马克思认为，属人的社会实践的合理分布为劳动时间 8 小时，自由时间 8 小时，休息时间 8 小时。作为人自由而全面发展之前提的自由时间，对个体参加社会的政治生活，在技术、科学和艺术方面进行额外的创造性劳动，发展智力和体力以及休息和消遣都是非常必要的。"这种时间不被直接生产劳动所吸收，而是用于娱乐和休息，从而为自由活动发展开辟广阔天地。"③

在社会发展的不同阶段，劳动时间、休息时间、自由时间三者关系及其比例分配是不同的。在阶级社会，自由时间是扣除必要时间（劳动时间）后所剩下的，由人们根据文化水平、物质收入和身体状况而自行安排利用的时间。自由时间尽管是仅被一部分社会成员所享有，但是它的存在也是社会发展的充分必要条件。不难看出，社会成员可支配的自由时间越多，在这段自由时间里用于全面发展的那一部分时间也就越多，社会进步的速度也就越快。"休息时间"，有广义狭义之分，广义是指劳动者在国家规定的法定工作时间以外，免于履行

---

① 《资本论》（第 1 卷），载《马克思恩格斯文集》（第 5 卷），人民出版社 2009 年版，第348 页。

② 《国际工人代表大会决议》，载《马克思恩格斯全集》（第 21 卷），人民出版社 2003 年版，第 589 页。

③ 《剩余价值理论》，载《马克思恩格斯全集》（第 26 卷第 3 册），人民出版社 1974 年版，第 281 页。

劳动义务而自行支配的时间，它是劳动者实现休息权的法定必要时间。狭义解释是用于劳动者在劳动力支出后的身体机能恢复的时间。广义的休息时间就包含了自由时间，包括工作日内的间歇时间、工作日间的休息时间。狭义的休息时间与自由时间无异。而自由时间的价值极大，"时间实际上是人的积极存在，它不仅是人的生命的尺度，而且是人的发展的空间"①。因为，时间虽然是自然的形式，但人的活动一旦与时间结合起来并发生作用，时间就摆脱了单一的自然属性，获增了社会属性。当时间能自由支配时，则标志着人们的自由空间的扩大，人们自由、自觉、自主、能动地创造的主体性增加，从而使劳工的人的本质属性不断得到确证。未来自由人联合体社会的生产目的首先是人自身的能力发展，这要以充足的可自由支配的时间为基础，可自由支配的时间越多，人越有可能全面发展。因此，以能力发展为目的的经济，也可以说是以生产和占有自由时间为目的的经济。未来社会也要进行剩余劳动，也能创造剩余产品，但创造目的是要消除必要劳动和剩余劳动的关系本身，剩余产品进而亦表现为必要产品，所有的物质生产的目的也就是给每个人留下了从事其他活动的剩余时间——自由时间，剩余时间由劳动时间的界限内进入自由时间的界限。正是在这种意义上，马克思把自由时间称为最大的生产力，"节约劳动时间等于增加自由时间，即增加使个人得到充分发展的时间，而个人的充分发展又作为最大的生产力反作用于劳动生产力"②。

（二）推动合作劳动制的发展

马克思的工作日理论推动了劳动时间立法，同时还取得了一个更大的胜利——劳工合作运动。劳工用事实证明，大规模地按照现代科学要求进行的生产，有效的生产劳动，没有雇主也能够进行，前提是

---

① 《政治经济学批判》（1861—1863年手稿），载《马克思恩格斯全集》（第32卷），人民出版社1998年版，第532页。

② 《政治经济学批判》（1857—1858年手稿），载《马克思恩格斯文集》（第8卷），人民出版社2009年版，第203页。

劳动工具没有被垄断。如此一来，雇佣劳动在生产实践进程中终究注定将会被联合劳动所取代。事实胜于雄辩，马克思在《资本论》中比较了股份企业和劳动合作社，现代生产方式——协作，是两者的共同体现。早期的股份企业强调投资者利益，强调股权，而不顾劳工权益的生产方式，"是一种没有预先决定和预先被决定的需要界限所束缚的生产"①，存在着股份资本生产与劳工的对立，生产对劳工漠不关心；劳工仅作为一种纯粹的生产手段，创造物质财富才是股份资本生产的目的。这种目的是以劳工权益受损为代价的，呈现为股份资本生产与劳工的对立。而对立的本质是劳动异化的过程，生产力的发展必然会因这种异化所造成的广大劳工的贫苦和被奴役而受制约，要消除这种制约主要寄托于劳工自身的力量，"工人必须把他们的头聚在一起，作为一个阶级来强行争得一项国家法律，一个强有力的社会屏障，使自己不致再通过自愿与资本缔结的契约而把自己和后代卖出去送死和受奴役"②。因为资本家的根陷在异化过程中，所以劳工从一开始就站得比资本家高，这就同当时在劳工运动中流行的各种小资产阶级合作学说——蒲鲁东的互助主义、拉萨尔关于通过国家帮助建立合作社的学说、欧文主义的各种空想的合作方案等划清了界限，扫除了他们在合作社的问题上所散布的各种不切实际的幻想。

而劳动合作社，在马克思对 19 世纪中叶英国工厂合作制的分析时，马克思认为其是劳动者自愿联合起来协作生产劳动的组织形式，本质上是把资本变成生产者个人所有的"过渡点"，充分肯定了合作劳动制的积极意义。"不过这些财产不再是各个互相分离的生产者的私有财产，而是联合起来的生产者的财产，即直接的社会财产。"③ 在

---

① 《直接生产过程的结果》，载《马克思恩格斯全集》（第49卷），人民出版社1982年版，第98页。

② 《资本论》（第1卷），载《马克思恩格斯文集》（第5卷），人民出版社2009年版，第349页。

③ 《资本论》（第3卷），载《马克思恩格斯文集》（第7卷），人民出版社2009年版，第495页。

联合劳动中，劳工自己结合在这些生产关系中，是劳工在劳动过程中共同形成的东西，是劳工真正的统一体。马克思认为，未来社会的"自由人的联合体"作为公有制实现形式的劳动基础，其在资本主义时代实践中的朦初表现就是合作劳动制，劳工的合作劳动制也是社会化大生产的内在要求，也呼应了劳工联合的重要性与必然性，只有联合起来掌握政权，才能获得真正意义上人的解放！

第二节 《资本论》工资理论及其权利蕴涵①

劳动是创造社会财富的必不可少的生产要素。一般来说，劳动者劳动创造的价值除了维持自己的劳动力以外，都有一定的剩余。但是，在生产资料与劳工的劳动相分离的条件下，劳工的劳动力价值和剩余价值表现出了一种对抗形态。由于工资形式出现，这种对抗性却更具有了隐蔽性。劳资关系的核心始终是围绕着工资问题进行的，工资问题是与劳动力价值问题紧密联系的。

一 《资本论》工资理论内容分布

《资本论》第一卷的第六篇"工资"专门研究工资理论，另外工资、劳动力价值/价格、可变资本及其相关范畴、相对过剩人口、劳工收入、生活资料、劳工消费等贯穿于全部《资本论》各卷，除了《资本论》中的工资论述，在之前的 1865 年，马克思业已撰写了《工资、价格和利润》这一重要著作，共同构成了马克思的工资理论。《资本论》第一卷的第六篇"工资"包含十七章"劳动力的价值或价格转化为工资"，第十八、十九章的"计时工资"、"计件工资"，本篇最后一章"工资的国民差异"，合计四章。还有第二十四章"所谓原始积累"

---

① 马克思工资理论的经济学研究系统成熟，而此处围绕劳工权益主题主要探讨《资本论》工资理论所蕴含的劳工劳动报酬权益等，并非对马克思工资理论的整体阐述，在此特做说明。

中的第三节也对工资理论有较为完整的阐述。

第十七章"劳动力的价值或价格转化为工资"。主要阐明两个问题：一是揭示工资的本质。作为劳动力价值或价格的转化形式，劳动力价值的变化决定工资的变化。而用劳动的大小来衡量劳动价值的大小是同义重复，工资并不是表现为劳动本身的价值或价格。工资的表现形式在马克思看来是错误的，掩盖了资本主义生产关系的剥削本质。二是资本和劳动交换的不平等。马克思分析资本和劳动的交换在法律上的形式反映是平等的，但在实质上劳工提供给资本家的"使用价值"，严格来说不是他的劳动力，而是劳动力的职能，即一定的有用劳动，这种劳动形成价值的一般要素，是区别于其他商品的基本属性。这种劳动并没有被工资准确表现出来，雇佣劳动中的无酬劳动也被看成有酬劳动。

第十八章"计时工资"。在本章中，开篇是定义：劳动力总是按一定的时间来出卖。因此马克思认为，计时工资作为以小时的劳动时间为计量单位的劳动力价值的货币支付，是资本主义最基本的工资形式。劳工按一定时间出卖的劳动力价值所获得的货币转化形式，形式包含实际工资与名义工资。接着，马克思讨论了计时工资的计量单位，进一步厘清有酬劳动与无酬劳动之间的内在机理，揭露资本家总能从劳工身上榨取一定量的剩余劳动，从而破坏任何就业规则。所谓的额外时间、额外报酬是资本家的伎俩，劳动价格的低廉刺激了工作日的延长，然后又会反过来压低劳动价格的下降，陷入恶性循环，无酬劳动始终或隐或现地存在。

第十九章"计件工资"。本章阐释了另一种占统治地位的工资形式——计件工资。所谓计件工资，是按劳工生产的产品数量或工作件量来计算和支付的工资。与计时工资相比较，计时工资是基轴，表现为劳工出卖活劳动，计件工资表现为劳工出卖物化劳动，是进一步转化之后的派生形式。"计件工资是最适合资本主义生产方式的工资形式。"① 计

---

① 《资本论》（第1卷），载《马克思恩格斯文集》（第5卷），人民出版社2009年版，第640页。

件工资的变动规律由日工资和一个工作日生产的产品件数两个因素决定，决定于"日劳动价值＝劳动力的日价值"公式。计件工资的趋势会使个别工资有所提高，而整个平均工资水平却会降低下去，损害劳工集体利益，实质上和计时工资一样是不合理的。计件工资的出现使得资本在内涵上扩大了工作日，表现为由劳工的工作效率决定价值，使资本家容易提高劳动强度的正常程度，延长工作日和降低劳动价格。

第二十章"工资的国民差异"。本章主要阐明两个问题：一是考察资本主义工资的数量和它的变化。不同国家之间，引起劳动力价值变化的诸多因素的各种组合的变化，有自然和历史形成的因素、劳工教育费用、女工和童工就业状况因素、劳动生产率、工作日长度与强度等。二是马克思清楚地指出了劳动强度的差别会引起工资的国民差异，提出国际价值理论。也就是价值规律在国际上的应用，主要取决于国际价值分别和劳动生产率、劳动强度的关系。[1]

另外，本卷第二十四章"所谓原始积累"中的第 3 节"15 世纪末以来惩治被剥夺者的血腥立法。压低工资的法律"共 17 段，回溯了工资法律的历史，开始提到 1796 年的惠特布雷德法案——规定农业短工的最低工资。

二 《资本论》 对资本主义工资实质的揭示

从现象上看，劳工劳动一段时间之后，资本家根据这一段时间劳工的劳动量支付一定数量的工资，工资表现为劳动的价值或价格，劳工出卖的是劳动，这是一种假象。"劳动不是商品。"[2]《资本论》阐述的非常明确：第一，如果劳动是商品，必然包含有价值，而商品的价

---

[1] "货币的相对价值在资本主义生产方式较发达的国家里，比在资本主义生产方式不太发达的国家里要小。"参见《资本论》（第 1 卷），载《马克思恩格斯文集》（第 5 卷），人民出版社 2009 年版，第 645 页。

[2] 《关于国际劳工组织的目标和宗旨的宣言》（又称《费城宣言》）第 1 条，是关于国际劳工组织（ILO）的目标和宗旨以及对其成员国政策应具启发作用的各项原则，1944 年 5 月 10 日于美国费城第 26 届国际劳工大会通过。

值量是由包含在商品中的劳动量来计算的。在计算劳动的价值时，就会出现逻辑上的悖论：一个 8 小时劳动的价值包含有 8 小时的劳动量。第二，如果劳动是商品，它必须在出卖以前就已独立存在，在市场上出现。可是当资本家雇佣劳工的时候，劳动还没有从劳工身体中分离出来而独立存在，此时独立存在的不是劳动，而是劳动力。劳动只是劳动力的使用。① 而《资本论》工资理论是建立在劳动力商品理论基础之上的。

表面看起来，工资表现为劳动的价格。但是，经过马克思的理论分析后得知，工资并非表面呈现的那样，工资实际是劳动力价值的转化形式，而绝非劳动力使用价值的表现。为什么会出现把劳动力的价值错误当作"劳动的价值"？答案在于，劳工的劳动力是一种特殊的商品②，劳动力富有活力和可再生性，能够持续创造新的价值，在与生产资料相结合之后，能够轻松弥补资本家的成本付出，包括购买劳动力商品的价值，这也是劳动力商品独特而富有价值之处。③ 但是，以资本家不可更改的贪婪本性而言，他治下的劳动力所创造的价值，绝不会全部送给劳工，其中只会拿出很少一部分按劳动力价值的等价，以工资的形式支付给劳工，剩余的全部收归囊中。资本主义制度下的劳工境遇始终是无法得到根本改变的，资本主义的本质就决定了劳工始终处在一个被压迫、被剥削的地位。虽然劳工与以前的奴隶、农民

---

① 劳动离开劳工身体独立存在，只出现在以下两种场合：第一个场合是普通商品市场，劳动物化在各种商品体中供出售，是各种商品的价值计量，不再为资本家生产剩余价值；第二个场合是生产过程之中，资本家购买劳动力使用，劳动以活劳动的形式离开劳工身体独立存在，但这时劳动已归资本家所有，不再能成为商品。总之，劳动没有独立存在时，劳动不可能是商品，劳动独立存在时，也不能是商品。

② "劳动力这种独特商品……和其他任何商品的价值一样，它的价值在它进入流通以前就已确定，因为在劳动力的生产上已经耗费了一定量的社会劳动，但它的使用价值只是在以后的力的表现中才实现。"参见《资本论》（第 1 卷），载《马克思恩格斯文集》（第 5 卷），人民出版社 2009 年版，第 202 页。

③ 也正是由于"这个商品独特的使用价值，即它是价值的源泉，并且是大于它自身价值的源泉"，资本家才会购买劳工的劳动力。参见《资本论》（第 1 卷），载《马克思恩格斯文集》（第 5 卷），人民出版社 2009 年版，第 226 页。

相比，权益状况不可同日而语，但马克思尖锐地指出："在雇佣劳动下，货币关系掩盖了雇佣工人的无代价劳动。"① 劳工权益缺失仅仅是被货币形式呈现出来的工资所掩盖了。

必须清醒地认识到，工资的背后，体现的是一种现实关系，也就是社会关系。"劳动力的价值和劳动力在劳动过程中的价值增值，是两个不同的量。资本家购买劳动力时，正是看中了这个价值差额。"② 而这也正是劳工权益受损的本质所在。另外，更加狡猾与残酷地损害劳工权益的情况还有很多。从整个再生产的过程分析，资本家简直是在完全无偿地使用雇佣劳工的劳动力，"工人今天的劳动或下半年的劳动是用他上星期的劳动或上半年的劳动来支付的"③。因为资本家购买劳动力并在实际上使用劳动力，劳动力使用价值的发挥出来，和劳工出售劳动力在时间上是相互分开的。通常情况下，是先干活后给钱，即干了活再给钱，劳工在得到雇主支付他的工资以前已经让雇主消费他的劳动力了。这个时间差，又为资本占有者赢得资本在周期上的有利处境。

三 《资本论》工资理论权利蕴涵

从工资与劳工权益的关系来看，众所周知，工资是实实在在的市场"硬通货"，切实关系到劳工及其家庭的经济利益，起着至关重要的影响，无疑是看得见、摸得着的最大之劳工权益。《资本论》工资理论的权利蕴涵清晰、明确。

（一）劳动报酬权

《资本论》研究劳资关系是从"竞争"入手的，最主要的是劳工与资本家之间的竞争，也包括劳工与劳工之间的竞争以及资本家相互

---

① 《资本论》（第1卷），载《马克思恩格斯文集》（第5卷），人民出版社2009年版，第619页。
② 同上书，第225—226页。
③ 同上书，第655页。

之间的竞争。作为劳动力出卖者和商品主要消费者的劳工，在与资本家的竞争中明显处于不利地位，因为劳工出卖自己的劳动力如同出卖自己的生命活动。"不能把它蓄积起来，它的供应不能像其他商品那样容易增加或减少。"① 同时由于多种原因，劳工之间为了养家活口，在劳动力市场上相互排挤。② 劳工与劳工之间的竞争甚至超过资本家之间争夺劳工的竞争，往往导致劳工平均工资的下降。因为劳动力的载体是人，劳动力价值分别由人的身体要素和社会要素乃至历史文化等要素构成，这也是劳动力价值与其他一切商品的价值的区别之处，劳动力价值的最低限和最高限分别由上述要素决定，因而充满弹性。但是弹性的极点即"劳动力价值的最低限度或最小限度，是劳动力的承担者即人每天得不到就不能更新他的生命过程的那个商品量的价值，也就是维持身体所必不可少的生活资料的价值"③。否则，劳动力必然萎缩，质量严重下降。因此，劳工权益的第一要义就是得到与劳动力价值相符的工资。

经过《资本论》的工资理论分析表明，维护劳工权益的第一步应该是尽量尝试改变劳动力的价值决定因素，以提高劳动力价值本身，从而切实提高劳动报酬。在此基础上，再进一步要求劳动力所创造出的价值减去各类成本之后的差值归劳工所有。

（二）劳动力产权

马克思认为，权利来自实践，更准确地说是来自劳动。产权作为体现人与人之间经济关系的法权关系，也不例外。产权关系呈现出来的生产和交换关系的经济理论基础是劳动价值论，劳动价值论也是现代产权理论的核心基石。

---

① 《工资》，载《马克思恩格斯全集》（第 6 卷），人民出版社 1961 年版，第 638 页。

② 劳动力市场上，劳动能力较强的劳工排挤劳动能力较弱的劳工，等待就业的劳工威胁着有工作的劳工，工资要求低的劳工与工资较高的劳工竞争岗位，劳工与劳工之间也不可避免地进行着激烈竞争。

③ 《资本论》（第 1 卷），载《马克思恩格斯文集》（第 5 卷），人民出版社 2009 年版，第201 页。

如前文讨论"劳动产权"与"劳动力权的产权属性"所述,"产权"是个复合概念,劳动力产权亦是如此①,对于《资本论》工资理论的权利蕴涵来说是一个权利束——由劳动力所有权和劳动力使用权等组成的集合。劳工工资事实上是劳工让渡劳动力使用权给资本家而取得的收益(可以简称为劳动力使用权收益),这部分收益在劳动力产权完整收益中所占份额很小,作为生产要素的劳动力产生的所有收益,是劳动力所有权收益加上劳动力使用权收益。劳工作为劳动力的所有权人,除了应得到劳动力使用权收益之外,还应得到劳动力所有权收益,即劳工有权凭着所有者身份参与部分剩余价值的分享。现在,劳工的这部分收益缺失。

马克思对资本主义剥削制度的本质分析,彻底揭示出劳工仅仅得到相当于劳动力价值的工资的不合理所在,劳工让渡劳动力时并没有放弃劳动力所有权,但是在分配领域,资本家却通过瞒天过海的手法把劳动力所有权收益从劳动力产权的完整收益中窃为己有。劳动力产权是劳工获得剩余分享的根本依据,面对资本所有者的剥削逻辑和剥削真相,运用劳动力产权理论,切实维护劳工作为劳动力所有者的完整权益很有必要。

四 《资本论》 工资理论价值评价

(一)工资理论在马克思权利理论中的地位

马克思在《资本论》中提出了一个与价值理论逻辑相一致的工资理论,成为马克思经济理论的重要组成部分,也是《资本论》劳工权益思想的重要理论渊源,对于马克思权利理论来说是必不可少的理论基石。

因为马克思的精力主要放在探究资本主义剥削的一般原理,所以工资现实运动角度的分析不够集中,并且多是为了与作为理论研究出

---

① 借用数学语言表达,此处"劳动力产权"真包含于前文之"劳动力权"。

发点的假定相比较,以便于对劳资一般关系的深入理解。在《资本论》及其手稿中,马克思对工资问题的分析是服从"资本一般"分析的需要,指出工资是由资本主义生产方式内生地决定的。但是,在雇佣劳动与资本的实际交换中,劳工是否真的得到了与劳动力价值相一致的工资?马克思的回答不容乐观:"在论述剩余价值的生产那几篇里,我们总是假定工资至少和劳动力的价值相等。但是,把工资强行压低到这一价值以下,在实际运动中起着极为重要的作用。"[①]"工资被压低到这一价值以下……这种情况只是作为经验事实提出……实际上同资本的一般分析无关,而属于不是本书所要考察的竞争的研究范围。"[②]《资本论》清晰地指出,工资是劳动力价值或价格的转化形式,其实很多时候都是劳动力价值或价格的不合理、不正常的表现形式。

马克思劳动力价值理论是工资理论的科学基础,剩余价值的生产也是在劳动力价值基础上形成的,剩余价值理论的理论基础是工资理论,工资理论成就了剩余价值理论的完成。如果说,《资本论》工作日理论所蕴含的休息权与发展权是马克思权利理论人权部分的重要组成,那么《资本论》工资理论所蕴含的劳动报酬权与劳动力产权就构成了马克思权利理论的经济权利基础。

(二)完善最低工资理论

最低工资理论是马克思主义法学领域的一个重要研究对象。马克思早在1844年就对最低工资理论有所论及,这时马克思借用亚当·斯密的话来表达自己的观点。[③]到了写作《资本论》时,马克思在论述

---

① 《资本论》(第1卷),载《马克思恩格斯文集》(第5卷),人民出版社2009年版,第657—658页。

② 《资本论》(第3卷),载《马克思恩格斯文集》(第7卷),人民出版社2009年版,第262页。

③ "按照斯密的意见,通常的工资就是同'普通人'即牲畜般的存在状态相适应的最低工资。"参见《1844年经济学哲学手稿》,载《马克思恩格斯文集》(第1卷),人民出版社2009年版,第115页。

确定资本主义劳动力价值时进一步论述最低工资的必不可少，不可过低。① 马克思不同年代的认识是一脉相承，始终认为最低工资制度是国家对劳动力市场中弱势劳动者的一项重要保障，为劳工工资设置一个底线，这个"最低限度或最小限度"，在不同国家和不同的时期是不同的，但都是通过法律强制性来保证劳工基本生存需要。

最低工资制度作为劳动基准法的重要内容，涉及劳工、雇主、政府三方关系，其中最低工资制度最需考虑的是劳工生存权益。劳工被迫接受低工资，因为这是免于饥饿的唯一办法；而资本家则从如下事实中获益：有更多的人想就业，可是就业机会没有那么多，所以他们无须要求高工资。随着"产业后备军"规模的不断增大，对劳工来说，形势变得越来越不利。"伸出来乞求工作的手像森林似的越来越稠密，而这些手本身则越来越消瘦。"② 生存权是劳工最基本的权利，是劳工维持其生存所必需的健康和生活保障的权利，也是劳工享有其他权利的前提。劳工生存权益呼唤政府对劳动力市场进行干预，通过法律手段来保证劳工所获得的工资至少能够满足其自身及其家庭成员的基本生存需要，是《资本论》工资理论对最低工资理论搭建了一个基础性、共识性架构。

第三节 《资本论》劳动教育思想及其权利蕴涵

教育原本是和生产劳动过程融合在一起的，后来随着分工的产生与发展，教育逐渐从生产劳动中分离出来而成为一个独立的过程。分工，是迄今为止一切生产的基本形式，也是历史进步的动力，柏拉图把分工视为国家的构成原则。分工简化了劳动，使劳动更加容易，也

---

① "劳动力价值的最低限度或最小限度……假如劳动力的价格降到这个最低限度，那就降到劳动力价值以下，因为这样一来，劳动力就只能在萎缩的状态下维持和发挥。"参见《资本论》（第1卷），载《马克思恩格斯文集》（第5卷），人民出版社2009年版，第201页。

② 《雇佣劳动与资本》，载《马克思恩格斯文集》（第1卷），人民出版社2009年版，第741页。

在一定程度上减少了生产劳动能力的总费用，同时在分工条件下从事专门性劳动有利于生产效率和劳动技能的提高。然而，分工也是使人片面、畸形发展的始作俑者，就劳工个体发展来看："某种智力上和身体上的畸形化，甚至同整个社会的分工也是分不开的。"① 因为，"虽然手工业活动的分解降低了工人的教育费用，从而降低了工人的价值，但较难的局部劳动仍然需要较长的学习时间"②，当机器代替手工操作之后，在机器化大生产中从事劳动的劳工需要科学系统知识，而不简单是以前手工业生产中的生产经验积累和劳动技艺传授。③ 现代化生产的发展主要依赖劳动者对科学知识的系统掌握和完整运用，这就促进了系统基础知识和专门职业培训相结合的劳动教育产生。

一 《资本论》 劳动教育思想相关内容

《资本论》有关劳动教育的论述，散见《资本论》第一卷第十二章"分工和工场手工业"与第十三章"机器和大工业"中的部分内容，还有《政治经济学批判》（1861—1863 年手稿）第三章"资本一般"中的"相对剩余价值"部分。④ 相比之下，没有《资本论》中所述的工作日理论与工资理论的内容丰富、系统，但亦观点鲜明、论述有力，强调教育和生产劳动相结合的劳动教育原理，并以此展开系列论述，因而可称为马克思职业劳动教育思想。

（一）现代教育和生产劳动相结合植根于现代大生产

据考证，托马斯·莫尔在《乌托邦》 中最早提出教育和生产劳

---

① 《资本论》（第 1 卷），载《马克思恩格斯文集》（第 5 卷），人民出版社 2009 年版，第 420 页。

② "甚至在这种学习时间已成为多余的地方，工人仍用心良苦地把它保留下来。"参见《资本论》（第 1 卷），载《马克思恩格斯文集》（第 5 卷），人民出版社 2009 年版，第 425 页。

③ "在以前的生产阶段上，范围有限的知识和经验是同劳动本身直接联系在一起的，并没有发展成为同劳动相分离的独立的力量"。参见《政治经济学批判》（1861—1863 年手稿），载《马克思恩格斯文集》（第 8 卷），人民出版社 2009 年版，第 357 页。

④ 《政治经济学批判》（1861—1863 年手稿），载《马克思恩格斯全集》（第 32 卷），人民出版社 1998 年版，第 301—362 页。

动相结合，后来的罗伯特·欧文将其付诸实践，进行实际的劳动教育实验。《资本论》在劳动教育思想方面的历史性贡献在于"从社会生产、社会经济发展的内在规律来探寻现代教育和生产劳动相结合的根源及其实现途径"①，并非从抽象的社会正义或某种道德上的善良愿望角度理解劳动教育问题，最终使教育和生产劳动的结合由空想变成了科学。

马克思从对现代生产和现代科学的革命性及英国工厂法实施的实践中，既看到了过早培训未成年人工作的潜在危害，又看到了现代教育和现代生产劳动相结合的必然性。② 因为现代化工业生产是开放性的，科学技术要求不断更新。马克思指出："承认劳动的变换，从而承认工人尽可能多方面的发展是社会生产的普遍规律，并且使各种关系适应于这个规律的正常实现。"③ 这个规律就是劳动者通过劳动和教育相结合，从而实现自由而全面的发展。在现代社会中，人的生产与交往都必须适应于这个规律。

但是，人自由而全面的发展是一个《资本论》乃至整个马克思主义孜孜以求的目标，如何解决现阶段的迫切而具体的问题呢？马克思认为，综合技术学校、农业学校和职业学校这类专业性技术学校、职业学校将是未来社会的主导。④

马克思的教育与生产劳动相结合的观点是通过理论与实践相结合

---

① 成有信：《论教育与生产劳动相结合的实质》，载《中国社会科学》1982 年第 1 期。

② "现代工业从来不把某一生产过程的现存形式看成和当作最后的形式。……现代工业通过机器、化学过程和其他方法，使工人的职能和劳动过程的社会结合不断地随着生产的技术基础发生变革。……大工业的本性决定了劳动的变换、职能的更动和工人的全面流动性。"参见《资本论》（第 1 卷），载《马克思恩格斯文集》（第 5 卷），人民出版社 2009 年版，第 560 页。

③ 《资本论》（第 1 卷），载《马克思恩格斯文集》（第 5 卷），人民出版社 2009 年版，第561 页。

④ "综合技术学校和农业学校是这种变革过程在大工业基础上自然发展起来的一个要素；职业学校是另一个要素……如果说工厂立法作为从资本那里争取来的最初的微小让步……那么毫无疑问，工人阶级在不可避免地夺取政权之后，将使理论的和实践的工艺教育在工人学校中占据应有的位置。"《资本论》（第 1 卷），载《马克思恩格斯文集》（第 5 卷），人民出版社 2009 年版，第 561 页。

把教育和生产劳动在科学技术的学习、研究、实践的基础上发展起来，培养自由而全面发展的劳动者。

（二）教育与培训有专门的费用

前面也多次讨论过，教育和培训的费用是马克思在《资本论》中论述劳动力价值构成时的三个部分之一。① 这可以看出马克思对职业培训与劳动教育的重视，资本家付给劳工可怜的工资应该与劳动力价值相等，如果工资里面不含有劳工应有的教育和正常培训活动的费用，那么现实中就可能表现为劳工不会从工资中再拿出费用用于教育，从而导致劳动教育缺失，从而使得劳动力萎缩、质量持续下降，继而影响科学技术和劳动技能的发展，严重影响社会再生产。

当然，事实上资本家还是在投机取巧，教育与培训的费用不应该由劳动者自己承担，更不应该仅将其纳入工资的组成，还应该在此之外再拿出一部分，专项用于职业培训，职业培训应该纳入生产成本，而不是放入劳动力价值给付工资。资本家还应从剩余价值中拿出部分以利税的形式上缴国家后，用于增加国家在教育方面的投入。

（三）在不同的社会条件下实施相应的劳动教育

《资本论》劳动教育思想是对工业革命时代的理论回应。当时由于新的机器生产要求劳工在操作、驾驭时具备一定的科学文化知识，而旧的学徒制——在生产劳动中学习的教育形式已不能适应机器生产时代的要求。"从工厂制度中萌发出了未来教育的幼芽"②，在工厂的生产劳动过程之外对儿童、青少年进行文化科学知识教育成为机器化大生产社会条件下的自然做法。③

---

① 马克思在《资本论》论述劳动力价值构成时，明确了三个部分：一是维持劳工生存所需的价值；二是劳工维持家庭及抚养子女所需的价值；三是教育和培训的费用。而且，"劳动力的教育费用随着劳动力性质的复杂程度而不同"。参见《资本论》（第1卷），《马克思恩格斯文集》（第5卷），人民出版社2009年版，第200页。

② 《资本论》（第1卷），载《马克思恩格斯文集》（第5卷），人民出版社2009年版，第556页。

③ 从社会发展角度看，正因机器等广泛使用，培养现代劳动者的教育才得以从传统生产中分离，现代初等学校、工艺学校、农业学校和职业学校等专门教育机构成立。

在当时的社会历史条件下，马克思没有无条件地反对童工劳动。① 只是强调童工在生产劳动的同时，要专门学习文化科学知识。当哥达纲领草案中提出"禁止儿童劳动"条款是，马克思批评道"这里绝对必须指出年龄界限，普遍禁止儿童劳动是同大工业的存在不相容的……生产劳动和智育的早期结合是改造社会的最强有力的手段之一"②。也就是说，少年儿童一方面在工厂里从事生产劳动，另一方面每天拿出专门时间里在学校里接受教育。就此，马克思还曾就少年儿童的劳动时间做出过具体设计。③ 这些特定社会时代作出的论述，是正确合理的，但是囿于条件的局限，这些设想后来并没有得到全面实现。"工厂法的教育条款"曾在《资本论》中专门描述，马克思对此表示赞许。④

二 《资本论》 劳动教育思想权利蕴涵

《资本论》中职业劳动教育思想所蕴含的权利主要有两个方面：一是职业培训权；二是受教育权。

（一）职业培训权

职业培训权是劳工有要求接受职业技能的教育和训练的权利，并可根据这一权利享受相应的待遇的权利。正如马克思在《资本论》中所述："要改变一般人的本性，使他获得一定劳动部门技能或技巧，

---

① 囿于当时的生产生活水平和科学技术水平，童工现象很普遍。因为劳动者生活贫困、教育匮乏、寿命较短，许多儿童尤其是劳工子女纷纷进入工厂务工，也为当时社会观念所接受。

② 《哥达纲领批判》，载《马克思恩格斯文集》（第3卷），人民出版社2009年版，第448—449页。

③ "必须根据生理状况把男女儿童和少年分为三类，分别对待：第一类包括9—12岁的儿童，第二类包括13—15岁，第三类包括16—17岁。我们建议法律把他们在任何工场或家庭里的每日劳动时间限制如下：第一类2小时，第二类4小时，第三类6小时。"《临时中央委员会就若干问题给代表的指示》，载《马克思恩格斯全集》（第16卷），人民出版社1964年版，第216—217页。

④ "尽管工厂法的教育条款整个说来是不足道的，但还是把初等教育宣布为劳动的强制性条件。这一条款的成就第一次证明了智育和体育同体力劳动相结合的可能性。"参见《资本论》（第1卷），载《马克思恩格斯文集》（第5卷），人民出版社2009年版，第555—556页。

成为发达的专门的劳动力，就要有一定的教育或训练。"[①] 职业培训权是劳工应该享有的基本权利，是长期劳动实践衍生出来的法权要求。在《资本论》成书之前，英国的职业培训已经起步，早在伊丽莎白一世时代，学徒工制度已成雏形。职业培训权的法律确认最早可以追溯到1567年英国《工匠学徒法》，这部法律把长期以来师徒相传的行业培训传统成文化，确立为正式法定制度，对学徒制发展起到了保障和监督作用，可以视作世界上第一部带有职业培训性质的法案。

工业革命时期，由于科技尚未充分发展，生产中的大多数职业所要求的知识技能水平还不是很高，早期的工业资本家，主要采用无限制增加劳动强度和延长工作日等野蛮的方式尽量获取利润，由此，随着时代的发展，《工匠学徒法》逐渐失去了原有规范意义，消褪了保障功能，反而加剧了雇主滥用妇女和儿童劳动以谋私利的行为，助纣为虐，最终导致该法于1814年被废除。

随着生产力的进一步发展，以及马克思在《资本论》中的揭露与批判，资产阶级逐步认识到大工业的发展需要提高民众的素质和水平。于是，各国政府纷纷出台立法保障劳动教育。1846年的英国《工厂法》在立法中明确工厂教育作为劳动条件之一具有强制性，随着各国《工厂法》的不断修订与实施，对改善劳工的职业培训权起到了一定的促进作用。劳工接受职业技能培训可以获得从事某种职业所必需的专业技术知识、实际操作技能、职业道德和职业纪律的教育和训练，便于选择职业和在职业上获得发展，也有利于社会的发展。英国于1889年颁布《技术教育法》，该法大大鼓励和推动英国职业劳动培训的发展，正式将职业劳动教育纳入国民教育，为英国职业劳动培训的顺利实施进一步提供了法律上的保障。

（二）受教育权

教育，教化培育，是人力资源开发的重要组成部分，是劳动力价

---

① 《资本论》（第1卷），载《马克思恩格斯文集》（第5卷），人民出版社2009年版，第200页。

值的重要形成要素。科学和工业的结合是英国工业革命成功的一个重要因素。"诸多事实可以证明构成工业革命的众多重大发展并不是理论的结果,而是许多匠师在生产实践中点点滴滴的、但不断改进的结果。"① 如前所述,现代工业化大生产对科学文化的要求促使对劳工的文化素质需求加强,于是良好的科学教育就成为职业劳动技能提高的最根本路径。现代工业生产把物质生产过程变成科学在生产中的应用,但这种应用往往被资方基于自身资本优势而滥用,从而"只是通过劳动从属于资本,只是通过压制工人本身的智力和专业的发展来实现的"②。因此,市场主义奉行的自由放任的劳动教育政策,导致完善的劳动教育体制远未建立,劳工的受教育权没有得到保障。受教育权是一项基本人权,劳工的基本权益未能享有,没有获得接受文化教育的机会以及获得受教育的物质帮助的权利。

劳动教育在劳动立法中不断得到体现,英国 1802 年工厂法难能可贵地规定了受教育权,要求雇主提供童工在读、写、算等方面的基础文化教育。随后每次工厂法的修改都会加入新的教育条款。③ 然而,马克思在《资本论》中所引用的当时大量官方资料显示,劳动教育在工厂法实施过程中,效果并不尽如人意。"工厂法关于所谓教育的条款措辞草率;由于缺少行政机构,这种义务教育大部分仍然徒有其名;工厂主反对这个教育法令,使用种种诡计回避这个法令;——这一切明显暴露出资本主义生产的精神。"④

---

① A. E. Musson and E. Robinson, "Science and Industry in the Late Eighteenth Century," in Julian Hoppit and E. A. Wrigley ed., *The Industrial Revolution in Britain*, Vol. 3, Oxford, 1994, p. 194.

② 《政治经济学批判》(1861—1863 年手稿),载《马克思恩格斯文集》(第 5 卷),人民出版社 2009 年版,第 363 页。

③ 1833 年《工厂法》进一步规定,童工每个工作日必须拿出 2 小时来接受教育;1844 年的《工厂法》,规定儿童持上学证明上工,13 岁以下儿童受雇前提是每周累积在校学习时间达 3 天,工作日限制为 6.5 小时。英国议会第一次于 1833 年通过关于劳动教育拨款的议案。John Oakland, *British Civilization*, Routledge, 1991: 237。

④ 《资本论》(第 1 卷),载《马克思恩格斯文集》(第 5 卷),人民出版社 2009 年版,第 460 页。

这种状况直到 1870 年才有所改变，当年 8 月，英国颁布了《福斯特教育法案》，该法实施效果良好。① 至 19 世纪末，文盲仅占英国社会全部人口的 3% 左右，史实证明，任何社会无论何时都必须保证劳动者乃至民众的受教育权，是明智之举。

三 《资本论》 劳动教育思想价值评价

职业培训权是因现代工业化大生产而得到强化，对于现代科学技术的要求使职业培训权必须得到落实，否则无法切实转化为生产力。马克思说："自然因素的应用……是同科学作为生产过程的独立因素的发展相一致的。生产过程成了科学的应用，而科学反过来成了生产过程的因素即所谓职能。"② 那么，通过什么手段把现代科学和现代生产这两个系统联系起来呢？答案是劳动教育。同时，现代科学也使现代教育和生产劳动联系和结合起来了。

（一） 逐渐杜绝童工现象

科学同生产的结合是现代生产和现代科学发展的客观要求，这种要求蕴含着教育同生产劳动的结合。教育是科学的传播与传承，科学不断发展，技术就不断进步，生产也就来越现代化，对劳动者的智力发展要求也就越高，对教育的要求也会越来越高。随着时代的发展和科技的进步，仅凭在生产劳动过程中就能娴熟掌握系统科学知识的现象越来越少，智力发展的基础性与相对独立的规律性表现得很明显。因而，随着社会化大生产的迅猛发展，人在成为现代生产的合格劳动者之前所具备科学知识相对增多，学习时间、教育年限也会相对延长，由原来的三年基础教育到六年普及义务教育，直至九年制义务教育，普及程度不断提高，儿童、青少年成长为合格劳动者的年龄也会相对

---

① 该法的提案人福斯特当时对议会演说："我们决不能再拖延下去……迅速发展教育关系到我们民族的强盛。" John Oakland, *British Civilization*, Routledge, 1991：172。

② 《政治经济学批判》（1861—1863 年手稿），载《马克思恩格斯文集》（第 8 卷），人民出版社 2009 年版，第 356 页。

的延迟。很难再有工业革命早期的六七岁、八九岁、十二岁儿童就可以成为合格劳动者的情形，现在则需要到十六岁、十八岁才能走上工作岗位，甚至今后还不断地继续教育才能成为适应现代社会发展要求的合格劳动者。因此，随着生产的发展，童工现象必然会减少并逐渐杜绝。

在现代科学的基础上教育和生产劳动的结合，必须是达到一定年龄之后，身体与心智足够成熟，才能通过教育的中介促成现代科学和现代生产的结合。科学才能作为第一生产力发挥出最大作用，科学被劳动者掌握，并通过劳动者的生产劳动把科学的作用发挥出来，从而促进科学和生产的发展与人类社会的进步。

（二）促进人的自由全面发展

研究《资本论》劳动教育思想，会发现这样一句话，"生产劳动同智育和体育相结合，它不仅是提高社会生产的一种方法，而且是造就全面发展的人的唯一方法"[①]。可见，教育和生产劳动相结合乃是现代社会存在的状态，或者说是现代社会存在和发展的规律，也是具体的现代社会之教育规律。教育要有活力，必须与生产劳动相结合，也就是必须与社会结合，与社会发展保持一致。社会发展的目标，《资本论》已经说得很清楚，实现人的自由全面发展，而教育的根本目的也就是实现人的全面自由发展。所以，《资本论》劳动教育思想的根本价值在于促进人的自由全面发展。

第四节　《资本论》劳动保护思想及其权利蕴涵

"劳动保护"一词是恩格斯最先提出的[②]，是针对生产劳动过程中

---

① 《资本论》（第1卷），载《马克思恩格斯文集》（第5卷），人民出版社2009年版，第557页。

② ［德］恩格斯：《十小时工作制问题》，载《马克思恩格斯全集》（第7卷），人民出版社1959年版，第275页。

存在的各种不安全因素和潜在职业危害，采取有效措施保护劳工的安全与健康。西方国家和国际劳工组织（ILO）则称劳动保护为"职业安全与卫生"。

空想社会主义者罗伯特·欧文最早于 1815 年著文呼吁制定改善劳工劳动条件的议会法案，对当时很多资本家过分注重机器而轻视人的做法提出了强烈批评。欧文在他所管理的工厂里通过改善工厂设备和搞好清洁卫生等方法，致力于劳工工作环境和生活环境的优化，努力为劳工创造尽可能安全、卫生、舒适的工作场所，取得良好的经济效益与社会效果。马克思在《资本论》中从更高的层次对劳动保护进行了深入的阐释，引用当时英国卫生局官员约翰·西蒙医生的话："工人要坚持他们在理论上的首要的健康权利。"① 这个权利关乎劳工生命健康，是实现劳工其他权益的基本前提。这种要求已经明确说明了马克思对劳动保护基本精神的透彻把握，对劳工权益的根本维护。在《哥达纲领批判》中对纲领所列工厂工业、作坊工业和家庭工业实行国家监督等几项内容提出了具体的修改意见，使其保护劳工权益更加具体、更加有指向性。特别是对于纲领中忽略的工厂立法中关于卫生设施和安全措施等部分进行了补充。

一 《资本论》 劳动保护思想所涉内容

（一）劳工劳动保护的恶劣状况

马克思在《资本论》中详细列举了在剥削上不受法律限制的英国工业部门，通过《工厂视察员报告》、《童工委员会报告》、《公共卫生报告》分别考察了陶器业工人、火柴制造业工人、壁纸印刷业工人、面包业工人、农业工人、铁路工人、女时装工、铁匠等由于工作日被过度延长而造成的职业伤害、食品安全与过劳死等现象。② 马克思尖

① 《资本论》（第3卷），载《马克思恩格斯文集》（第7卷），人民出版社 2009 年版，第 111 页。

② 《资本论》（第1卷），载《马克思恩格斯文集》（第5卷），人民出版社 2009 年版，第 282—296 页。

锐地指出问题的实质，上述现象是资本权力吞噬劳工权益的结果，是市场经济初期资本原始积累的结果，资本为降低成本以攫取超额利润而使劳动条件不断恶化。

1. 职业病状况

马克思在《资本论》中对于职业病状况的描述，在官方资料公布的几个调查委员 1863 年的报告中信手拈来摘录了几段，便形象地呈现出了劳工权益严重受损状况（本书限于篇幅，仅放在脚注中列出，具体请详参原著）。以陶工为例，"陶工作为一个阶级……代表着身体上和道德上退化的人口"①。这仅仅是以陶工为例，还有其他行业的劳工并不比陶工好到哪里去，各自有着自己的职业病，而资产阶级为了利润而放之任之，坐视不管。这些例子在《资本论》中举不胜举。

2. 劳动条件和生活环境恶劣

英国当时还针对专门行业制定了行业工厂法，如 1845 年《印染工厂法》和 1860 年《漂白工厂法》等，但是实施情况令人担忧，如漂白业的女工"健康状况比纺纱女工坏得多"②，工厂一般是不卫生的③，矿场就更不用提了，情况十分恶劣。④

马克思在论述"机器与大工业"时，承认科技的进步带来生产力

---

① "他们一般都是身材矮小，发育不良……在汉利行医的布思罗伊德医生说：'陶工一代比一代矮，一代比一代弱。'另一个医生麦克贝恩先生也说：'我在陶工中间行医 25 年了，我发觉这个阶级在身长和体重方面显著退化。'"参见《资本论》（第 1 卷），载《马克思恩格斯文集》（第 5 卷），人民出版社 2009 年版，第 284 页。

② "最常见的病是：肺病、支气管炎、子宫病、恶性歇斯底里和风湿症。我认为，造成所有这些病症的直接或间接的原因，就是她们的工作室温度太高以及她们缺少足够的舒适的衣服，不能在冬季回家时抵御寒冷潮湿空气的袭击。"参见《资本论》（第 1 卷），载《马克思恩格斯文集》（第 5 卷），人民出版社 2009 年版，第 343 页。

③ 纱厂里，那些细碎的飞花钻到肺花里去，久而久之就造成最严重的病害。纺麻厂里……往往发生一种类似斑疹伤寒的传染性的热病……造成许多工人死亡。参见［法］保尔·芒图《十八世纪产业革命》，杨人楩译，商务印书馆 1983 年版，第 165 页。

④ "1860 年前后，在英国煤矿中平均每周有 15 人死亡。……十年内共死亡 8466 人。……表明了资本主义剥削的自然趋势。——这种草菅人命的情况，绝大部分是由于煤矿主的无耻贪婪造成的"。参见《资本论》（第 1 卷），载《马克思恩格斯文集》（第 5 卷），人民出版社 2009 年版，第 103 页。

的极大提高，也带来劳动生产过程中管理职能的加强，但是也毫不客气地指出劳动安全卫生的恶劣情况①，原因是资本家一味考虑生产资料的节约②，意图依靠减少必要劳动来提高生产力，扩大剩余劳动。在劳动过程中完全忽视对劳工的保护。

3. 童工女工的特殊保护缺乏

由于妇女与儿童的身心特点，在生产劳动过程中并不能完全等同于成年男工，所以基于实质公平理念以及劳动力再生产的要求，劳动保护必须对童工女工特殊化对待。但是，这种认识是经历惨痛的教训之后才逐渐形成。

(1) 剥削童工制度的确立

在产业革命过程中，由于机器生产的出现，改变了人们的劳动方式，简化了操作过程，降低了对劳工体力的要求，这就使工厂主有可能把广大的少年儿童当作剥削、奴役的对象。正如马克思所说："资本主义使用机器的第一个口号是妇女劳动和儿童劳动！"③ 根本原因在于童工可以给资本家提供不少于乃至高于成年男工的剩余劳动。这是因为，一方面资本家在购买童工劳动力这一商品时，付价远远低于购买成年工人劳动力的价格；而另一方面，童工又能直接生产出等同于，甚至是多于成年工人的劳动产品。"三个每周工资6—8先令的13岁女孩，排挤了一个每周18—45先令的成年男子。"④ 而童工又能生产出比成年工人多的产品，工厂主何乐而不为。如1862年的英纺织业，比

---

① "在这里我们只提一下进行工厂劳动的物质条件。……这些机器像四季更迭那样规则地发布自己的工业伤亡公报。"参见《资本论》(第1卷)，载《马克思恩格斯文集》(第5卷)，人民出版社2009年版，第490页。

② "这种节约在资本手中却同时变成了对工人在劳动时的生活条件系统的掠夺，也就是对空间、空气、阳光以及对保护工人在生产过程中人身安全和健康的设备系统的掠夺，至于工人的福利设施就根本谈不上了。"参见《资本论》(第1卷)，载《马克思恩格斯文集》(第5卷)，人民出版社2009年版，第491页。

③ 《资本论》(第1卷)，载《马克思恩格斯文集》(第5卷)，人民出版社2009年版，第453页。

④ 同上书，第455页。

1856 年多使用了纺织机 1449 台，多用了蒸汽机 4092 台，工人总数减少了 1731 人；虽然工人的总数有了减少，但 14 岁以下儿童工人数却增加了：1550 年是 9956 人；1856 年是 11228 人，1862 年是 13178 人。①

童工的身体因极高的劳动强度而受到严重摧残。许多孩子四肢瘦弱、神态呆痴、身躯萎缩，平均活不到成年，使人不寒而栗。马克思愤怒地控诉英国丝厂厂主从 1833 年到 1843 年，"他们在整整 10 年内，每天用 10 小时从那些必须靠人放到凳子上才能干活的幼童的血中抽出丝来"②。针织厂中工作的童工所受伤害非常严重，"眼睛很早就近视了，因此不得不在童年就戴上眼镜"③。而在玻璃制品的生产中，因为工作温度特别高，各种各样疾病随之而来，以及男女童工的身体发育受限，不是过早夭折，就是在成年后在繁育后代时引起下一代的先天不良，当然，这些都是当时童工远未想到和难以顾及的。④《资本论》中的这种骇人描写，比比皆是。除了劳动安全卫生状况严重，童工的智力发展也遭到严重抑制！由于得不到充分受教育的条件，当年英国出现不少"愚童"。一个身体发育正常的 10 岁女孩，竟认为魔鬼是好人，基督是坏蛋，把 God（上帝）当作 dog（狗）；一个叫特纳的 12 岁男孩不知自己的国家叫英国；15 岁的男孩泰勒不知道有个伦敦。

（2）妇女用工制度实况

随着工厂立法对童工劳动时间的缩短，妇女参加劳动的比例越来

---

① 《资本论》（第 1 卷），载《马克思恩格斯文集》（第 5 卷），人民出版社 2009 年版，第 479 页。

② 《资本论》（第 1 卷），载《马克思恩格斯文集》（第 5 卷），人民出版社 2009 年版，第 338 页。另外，《资本论》（第 3 卷）转引的《矿山童工调查委员会的第 1 号报告。1829 年 4 月 21 日》中写道："因为矿山劳动能使他们的儿女找到挣钱的机会。这种双重竞争……使大部分煤矿井有极不完善的排水设备和通风设备。……结果是生命、肢体和健康遭到损害……令人不寒而栗的景象。"参见《资本论》（第 3 卷），载《马克思恩格斯文集》（第 7 卷），人民出版社 2009 年版，第 103 页。

③ "因为劳工要用玻璃球来聚光，结果眼睛受到严重伤害。"参见恩格斯《英国工人阶级状况》，载《马克思恩格斯全集》（第 2 卷），人民出版社 1957 年版，第 275 页。

④ "工人中有一半是 13 岁以下的儿童和不满 18 岁的少年。"参见《资本论》（第 1 卷），载《马克思恩格斯文集》（第 5 卷），人民出版社 2009 年版，第 285 页。

越高，由于没有劳动保护的及时跟进，从而凸显诸多社会问题，如工作中的性骚扰、男女劳工之间的性混乱、妇女的工伤致残引发家庭困顿、家庭亲情的疏远与道德的沦丧、妇女的工资始终低于男性、对子女抚养失责、关爱缺失……这些问题被大量披露后逐渐引起社会正视。西蒙医生在《公共卫生》报告中说："我了解工业中大量使用成年妇女所造成的恶果，所以，每当我看到这种现象都有理由感到深恶痛绝。"① 对女工的残酷剥削造成的恶果非常直接，妇女身体受到摧残之后，直接导致劳动力再生产的巨大危机。"我们只谈一点，就是工人子女出生后头几年的惊人死亡率。"《资本论》中转引的《公共卫生报告》对英格兰各地区 10 万个不满一周岁的儿童中每年平均的死亡人数做出了详细的调查统计，低于 10% 死亡率的地区很少，近一半的地区超过 20% 死亡率，在老工业区曼彻斯特统计高达 26125 人！② 这种现象将严重影响劳动力再生产质量，也引起了统治阶级的反省，从而主动设法改变。

（二）既有劳动保护法的无力

其实，当时已经有了劳动保护法，如 1802 年的世界首部现代劳工法《学徒健康与道德法》的主要内容便是对童工的保护。1866 年 10 月 31 日的《工厂视察员报告》也肯定了劳动保护法的积极作用，但是又指出因为科技的发展，事故的风险性在不断加大，相较于 20 年前，机器的转速加快许多。"现在，推动机轮、转轴、纱锭和织机的力量增加了，而且还在不断增加；接断头时，手指的动作必须更迅速小心，因为稍一息慢或疏忽，手指就会被轧断……很多事故都是因为工人急于干完自己的活造成的。必须记住，对工厂主来说，最重要的是使他的机器不停地运转，就是说，不停地生产出纱和布来。每一分

---

① 《资本论》（第 1 卷），载《马克思恩格斯文集》（第 5 卷），人民出版社 2009 年版，第 459—460 页。

② 而不满一周岁儿童死亡率如此高的原因"主要是由于母亲外出就业，以及由此引起的对子女的照顾不周和虐待……从而发生故意饿死和毒死的事件"。参见《资本论》（第 1 卷），载《马克思恩格斯文集》（第 5 卷），人民出版社 2009 年版，第 457—458 页。

钟的停顿不仅是动力的损伤，而且是产品的损失。因此，关心产品数量的监工督促工人使机器转动，而这对于按制品重量或件数计酬的工人来说也是同样重要的。所以，虽然大多数工厂形式上禁止在机器转动时擦洗机器，但这种做法仍普遍存在。但是这个原因，最近 6 个月就造成了 906 起事故……"① 其他类型的工伤事故频发的原因在于，机器设备老化落后、设计简陋、安全性能低等。当时劳工在工厂里最常见的受伤情形是手指被压碎压断，缺胳膊少腿也不鲜见。在英国的工业城市街上行走，会经常看到缺胳膊少腿的人，让人疑心是否刚刚战争结束，受伤归来的一批人。而矿业部门尤其是事故频发的部门，矿井中随时都有爆炸、事故等发生，把劳工活埋或者把他们弄成残废。对于以上状况，恩格斯在《英国工人阶级状况》中作了详细的分析。

资本家因为利润的蒙眼丝带使得自己的眼睛看不到，舒适、安全、卫生的工作环境能有效防止伤亡事故和职业病的发生这种显而易见的道理。资本家猪油蒙住了良心，劳工在劳动过程中的人身安全和健康，置之罔顾。马克思在《资本论（1863—1865 年手稿)》的《剩余价值转化为利润》一文中揭露了"英国工厂主对工厂法中有关保护'人手'的肢体不受有致命危险的机器损害的条款所发动的进攻"②。劳动安全卫生法律规范的切实执行对保护劳工权益起到根本的保障作用。如果劳动安全卫生不能保障，劳动力很快会枯竭，如果劳工的生命和健康权利都无法保障，宛如 1 后面的 0，没有 1，后面加上再多的 0 也毫无用处，没有生命健康权的实现，则根本谈不上报酬权、受教育权等其他劳工权益的实现。

---

① 马克思帮助我们了解到当时工厂劳动的物质条件，"人为的高温，充满原料碎屑的空气，震耳欲聋的喧嚣等等，都同样地损害人的一切感官，更不用说在密集的机器中间所冒的生命危险了。这些机器像四季更迭那样规则地发布自己的工业伤亡公报"。参见《资本论》（第 1 卷），载《马克思恩格斯文集》（第 5 卷），人民出版社 2009 年版，第 490—491 页。

② 《资本论》（第 1 卷），载《马克思恩格斯文集》（第 5 卷），人民出版社 2009 年版，第 491 页。

二 《资本论》 劳动保护思想法权要求

（一）劳动安全卫生权

劳动安全卫生权①，如前文第二章具体讨论劳工权益的类型化分析所述，是劳工享有或应该享有的不受工作场所危险因素和有害因素侵害的权利。劳动安全卫生权涉及的是劳动过程中的劳工人身安全，属生命健康权范畴。世界第一部现代劳动法——1802 年《学徒健康与道德法》 就其内容而言，实际上是一部劳动保护法。后来，劳动安全卫生立法又多次颁布，如 1833 年适用于棉毛麻丝等行业的《工厂法》，1842 年颁布的《矿业法》，1845 年颁布的《印染工厂法》，1847年颁布新的《工厂法》，1850 年颁布新的《补充工厂法》，1869 年颁布《工厂法扩充条例》 和《工厂管理条例》 等。德国于 1839 年颁布《普鲁士工厂矿山规则》，1869 年制定《北德意志联邦统一工业劳工法》，1891 年颁布《德意志帝国工业法》。法国早在 1806 年也制定了《劳工保护法》，1841 年颁布《幼少年工保护法》，1874 年制定了新的《劳工保护法》。

劳动安全卫生权利客体的特殊性决定了权利的重要性。工业革命之后，现代工业一方面迅速推动经济社会发展，另一方面也给现代社会带来诸多工业风险。② 这些都会损害劳工健康，因此劳工享有获得基本的劳动安全卫生条件和保护用品的权利。为了保护劳工，安全生产，许多国家都规定了劳动安全和卫生基准，如劳动安全技术规程、劳动卫生规程、劳动安全设施的国家标准、行业标准等，同时也往往相应地规定了资方的相关责任制度。但是，在《资本论》时代，这些

---

① 也称为劳动保护权、劳动安全权、职业安全卫生权、劳动安全卫生保护权、安全卫生保护权、职业安全权、职业安全与健康权、安全生产权等，内涵随着经济社会发展而不断扩大。

② 工业风险区别于由自然界不可抗力所导致的灾害意义的自然风险，更多地体现为在工业社会自身现代化延续状态下社会发展的副产品、科学技术的负面效应等所导致的风险，如产品责任、安全事故等。参见余达淮、江雪松《论现代性风险中弱势群体的风险自救与规范调整》，载《求实》2012 年第 6 期。

条文规定还属于纸老虎，形同虚设，"英国卫生局这个主管人员得出的结论是：工人要坚持他们在理论上的首要的健康权利……这实际上是办不到的。并且，当工人事实上没有能力自己争得这个健康权利的时候，不管立法者设想的意图是什么，他们也不能指望从那些实施卫生警察法的官员那里得到任何有效的帮助"①。

(二) 职业灾害赔 (补) 偿权

马克思在《资本论》中对劳工无法获得职业灾害赔 (补) 偿极为愤慨。对于"工人在受到机器的伤害时向普通法院提出赔偿损失的诉讼"，工厂主实际上不可能败诉，因为一方面英国的诉讼费用很高，诉讼费对于劳工来说，"纯粹是一种嘲弄，而另一方面又对专家鉴定作了一种非常巧妙的规定"②，使得诉讼的天平完全倾向了资方。劳工在劳动过程中遭受职业损害，依照权利理论应该获得赔偿或者补偿。所谓职业灾害赔 (补) 权，是指劳工劳动过程中，因工作场所设施不良、机器设备缺陷、工具不良等，或者因劳工安全知识不足、雇主未尽力管理责任等，导致受伤甚至死亡，无法工作以及劳工及其家庭生活受到严重影响而产生的相应赔偿或补偿。

具体而言，职业灾害赔 (补) 偿权所涵盖的范围包括劳工就业场所的建筑物、设备、原料、材料、化学物品、气体、蒸汽、粉尘等或作业活动及其他劳动过程原因引起之劳工疾病、伤害、残疾或死亡。此类情形皆有权获得职业灾害赔 (补) 偿。职业灾害赔 (补) 偿权之重点，在于保护劳工生产劳动中遭受侵害后获得及时充分救济的权利，使劳工职业安全和健康获得保障。此项权利依劳工权益理念而享有工伤保险补偿，采取无过错责任认定。③ 这样才能将职业灾害赔 (补) 偿权落到实处，也才能充分实现企业治理中"安全第一，预防为主"

---

① 《资本论》(第3卷)，载《马克思恩格斯文集》(第7卷)，人民出版社2009年版，第111页。

② 同上书，第105—106页。

③ 义海忠、谢德成：《工作环境权的内容及价值》，《宁夏社会科学》2012年第5期。

的劳动安全之目的。

三 《资本论》劳动保护思想价值评价

（一）劳动保护与劳动生产率的有机统一

劳动力是生产力要素中最具有决定性作用的因素，也是提高劳动生产率的重要因素。要发展生产力、提高劳动生产率，要求劳动者有充沛的精力和健康的体魄及充分发挥聪明才智，这些都立基于劳动者有安全感，人身安全与财产安全，而劳动力权的人身属性也要求法律在劳工劳动保护和资本追逐利润之间找到平衡点，劳动者也要在保护生命健康权与财产权之间作出均衡选择。市场经济劳动关系中，企业内部治理结构是劳动力要素与资本要素结合度的呈现，也难免会分出位阶主次。资方的最主要目的是获取剩余价值，但资方如果为劳动者尽量提供良好的劳动条件和安全、卫生、舒适的劳动环境，防范消除伤亡事故和职业病对劳动者的威胁，使劳动者精神愉快地从事劳动，充分发挥劳动者的积极性、主动性、创造性，一定会不断推动劳动生产率的提高。资本主义劳资矛盾对立是否可以通过社会内部机制协调解决？马克思给我们的答案是不可以，资本的"正义性"来自资本权力，整个的社会机制要打破，马克思反对的不是资本，而是资本主义。进入现代社会，正义性只有注重对劳动力人权要素的保护，才能保证真正的交易公平、社会公平。法治要求国家适度干预，保证劳工的劳动安全卫生权是劳动保护与劳动生产率的有机结合。

（二）促进工作环境权的形成

以人为本表明了人的主体性和目的性，是人类社会一切制度设计的基础。工作环境权是在多重因素影响下形成的新型权利，此项权利的确立，是以人为本的理念在法律上的深度体现，最初的劳动保护立法多是着眼于劳工个体在工作场所的最基本权益设定，主要是保护劳工生命权、健康权，随着权利理论与实践的发展，劳动安全卫生之于人类整体及其生存环境的重要性为人们所认识，劳动法与环境法相交集的工作环境权理念及其制度开始逐步形成。

工作环境权的理论基础是体面劳动①，《世界人权宣言》规定"享受公正和合适的工作条件"是人的基本权利。国际劳工组织进一步提出："促进体面劳动条件，确保工作条件和就业的安全与卫生，尊重工人的尊严，提高工人的福祉，增加其实现自我价值的机会。"② 马克思在《资本论》中虽未明确提出"体面劳动"的概念，但完全可以将"体面劳动"纳入《资本论》劳工权益思想，因为主旨一致、本质一致，马克思认为劳动是人的类本质，体现着自由意志，包含着人的尊严感与成就感。体面劳动自然体现劳动者的意志自由，体面劳动中的"体面"一词，也就是在传统自由、公正、安全价值之外，再加上一个尊严，劳动自由、劳动公正、劳动安全和劳动尊严。体面劳动可以说是《资本论》劳工权益思想在新时代的表达。

工业生产带来一系列环境问题，一般意义上的环境通常是相对于某一个中心事物而言，工作环境权就是相对于以人的工作为中心而呈现一个整体的、综合的环境权益保护，将劳动者置于工作环境之中，将劳动保护扩大到环境保护、日常生产与生活之中，包括工作都涵盖其中。工作环境权的确立，表明了社会本位成为社会共识，发展必须是实现经济社会与人的和谐发展。

第五节 《资本论》社会保障思想及其权利蕴涵

现代经济社会迅猛发展的同时，也出现诸多风险，社会保障是对

---

① 1999 年 6 月的第 87 届国际劳工大会，国际劳工局新任局长胡安·索马维亚首倡"体面的劳动"（decent work）。将基本劳工标准以及恰当的报酬、工作条件和社会保障融入其中，作为检验"全球化的试金石"。现含义已经扩展为促进就业、加强社会保障、完善劳工标准，开展政府、雇主组织和工会三方协商机制，以维护劳工自由、公正、安全和有尊严。

② 国际劳工组织（ILO）：《实施体面劳动国别计划：社会保护政策领域的清单》，http：// www.ilo.org/global/lang——en/index.htm.

风险的有效防范。运用马克思"必要劳动"和"剩余劳动"理论分析，社会保障在促进经济社会协调发展中发挥巨大作用，其在本质上是一种社会分配体系，是依靠社会为因年老、疾病、残疾等原因而丧失劳动能力，或因某种原因需要物质帮助的公民提供生活保障的分配体系。马克思在《资本论》及其手稿中对资本主义社会保障制度是持批判态度的，但马克思承认社会保障的一般性与必要性。

一 《资本论》 社会保障思想所涉内容

马克思在《资本论》中花了不少笔墨评论英国从 1349 年的爱德华三世颁布第一个《劳工法》到 1802 年第一个《工厂法》，直至 1864 年《资本论》出版前夕，经多次修订并逐渐侧重于社会保障的《工厂法》。① 《资本论》中所述的收入分配理论、剩余价值学说、劳动价值学说以及所有制理论等，都散见关涉社会保障思想的内容。

（一）社会保障可以为一切社会形态共有

社会保障可以运用马克思主义社会再生产理论进行理论阐释，社会再生产理论也称为"两种生产"理论。② 无论是物质生产还是人口延续都与社会保障联系紧密，社会保障建立在物质生产的基础之上，物质再生产是社会再生产的必要条件；人类繁衍是建立在社会保障的基础上，而劳动力再生产又是社会再生产的重要内容。具体而言，物质生产是劳动力和生产资料相结合的过程，也是构成人类生存和发展的物质基础。资本主义社会化大生产在物质生产、财富积累方面取得史上最大成就，但是社会发展需要劳动力源源不断地再生产，资本主义社会初期在劳动力生产与再生产及人口质量提升方面却做得很不够。

---

① 1531 年英国亨利八世颁布《济贫法》，之后屡次修订直到 1601 年颁布《伊丽莎白济贫法》，已经涉及社会保障内容。参见胡玉鸿、张顺《弱者权益保护研究综述》（上册），中国政法大学出版社 2012 年版，第 289—290 页。

② "一方面是生活资料即食物、衣服、住房以及为此所必需的工具的生产；另一方面是人自身的生产，即种的繁衍。"参见恩格斯《家庭、私有制和国家的起源》，载《马克思恩格斯文集》（第 4 卷），人民出版社 2009 年版，第 16 页。

在资本主义社会化大生产的条件下，劳工风险逐渐增加，过度竞争、不正当竞争及失业、老龄化、工伤事故、疾病等都使家庭保障难以招架，为了帮助那些在社会风险中没能拥有足够赖以维生所必需的生活物质的人们，必须通过社会保障来帮助化解劳工生命历程中经受的各种风险，进行社会减压，保证社会可持续发展。社会保障在资本主义以后也应为一般社会形态所共有。马克思在未来社会产品分配中也已经明确"利润的一部分，即剩余价值的一部分……必须充当保险基金……除了用来积累，即用来扩大再生产过程的部分以外，甚至在资本主义生产方式消灭之后，也必须继续存在的一部分"[①]。也就是说，社会保障"为一切社会生产方式所共有的基础"[②]。这种"共有的基础"就是社会生产劳动，具备劳动能力的劳动者为不能劳动的老、弱、病、残、幼提供物质帮助。这已经无关乎社会保障的阶级属性，同时说明社会保障具有普遍一般性。

（二）批判资产阶级主导的社会保障虚伪性

在马克思看来，资本主义的社会保障是资本力量的妥协，并且为资本服务。因为在本质上，"资本是根本不关心工人的健康和寿命的，除非社会迫使它去关心"[③]。资本所有者往往只从自己狭隘的利益出发，才要求供给社会保障。马克思在《资本论》中虽然正面肯定了英国《工厂法》内容及其相关社会保障举措，但同时也清醒地认识到，"如果说通过一项项条文使对剩余劳动的贪欲合法化的多瑙河两公国《组织规程》是这种贪欲的积极表现，那么，英国的工厂法是这种贪欲的消极表现"[④]。马克思基于辩证唯物主义立场强调，资本主义的社会保障只是资本主义生产与发展的一个手段，确保那些需要救济保障

① 《资本论》（第3卷），载《马克思恩格斯文集》（第7卷），人民出版社2009年版，第960页。

② 同上书，第992页。

③ 《资本论》（第1卷），载《马克思恩格斯文集》（第5卷），人民出版社2009年版，第311页。

④ 同上书，第276页。

的贫民能够满足资本主义经济繁荣时对劳动力的需求。[1] 另外，马克思分析了社会保障的资金来源并不是资产阶级的施舍，而是来自劳工的剩余劳动。联系《济贫法》的背景及此后修订该法的历史，可知"圈地运动"所造成的大量流民恰恰是劳工的重要来源，也给社会造成了压力。资产阶级为了社会保障基金的筹集，对社会总产品进行必要扣除，但这个扣除，割的不是资产阶级的肉，仍旧是劳工阶级的骨头。当然，劳工源源不断的剩余生产是有必要的，因为用于社会保障总比让资本家挥霍要有益得多，"为了对偶然事故提供保险，为了保证再生产过程的必要的、同需要的发展和人口的增长相适应的累进的扩大（从资本主义观点来说叫做积累），一定量的剩余劳动是必要的"[2]。在此，马克思认同社会保障对于社会发展的必要性。随后，马克思进一步揭露批判资产阶级为了减少社会总产品的扣除而由英国官方统计公布的赤贫数字虚假现象。[3]

在马克思看来，资本主义社会诸多社会保障措施的施行，不过是为了维护资本秩序和满足资方追求更多利润，对于资本与劳动关系的力量对比转换，毫无影响、纹丝不动。

（三）未来社会的社会保障制度应当采取国家保险制

马克思认为，未来社会治理依然应该包含有社会保障的制度设计。例如，马克思在《共产党在德国的要求》一文中，就主张国家应该负责照管丧失劳动力的人。社会保障在未来社会里由国家通过立法的方

---

[1] "相对过剩人口的最底层陷于需要救济的赤贫的境地。……这个社会阶层由三类人组成。第一类是有劳动能力的人（指失业者）。……第二类是孤儿和需要救济的贫民的子女。他们是产业后备军的候补者……第三类是衰败的、流落街头的、没有劳动能力的人。……需要救济的赤贫形成现役劳动军的残废院，形成产业后备军的死荷重……同现役劳动军相比，这种后备军越大，常备的过剩人口也就越多……官方认为需要救济的贫民也就越多，这就是资本主义积累的绝对的、一般规律。"参见《资本论》（第 1 卷），载《马克思恩格斯文集》（第 5 卷），人民出版社 2009 年版，第 741—742 页。

[2] 《资本论》（第 3 卷），《马克思恩格斯文集》（第 7 卷），人民出版社 2009 年版，第 927 页。

[3] "关于需要救济的贫民实际人数的官方统计也就越来越带有欺骗性。"参见《资本论》（第 1 卷），载《马克思恩格斯文集》（第 5 卷），人民出版社 2009 年版，第 753 页。

式来实施的，只有这样，才能实现社会保障制度的公平与效率。由国家实施社会保障比较稳妥确定，也区别与以前济贫时代社会慈善的不稳定性、不确定性。由国家对社会实行保险制度，简称国家保险制。可以确定的是，资本主义国家最初建立社会保障制度，是从马克思《资本论》等著述中得到理论启发的，资产阶级统治者还因此被内部反对派人士讥为"社会主义"与"共产主义"①。当然，劳资对立的阶级矛盾在资本主义国家也因此获得缓解，甚至确实也生长了社会主义的因素，这从一个侧面说明了马克思主义的合理性与生命力。

二　《资本论》社会保障思想权利蕴涵

（一）社会保障权

在资本主义社会化大生产条件下，劳动受制并依附于资本，马克思批判的炮火对准资本主义法权保障的片面性与虚假性，为劳工权益鼓与呼，促使社会保障权成为劳工基本权益。社会保障权历经自然权利到济贫法时期的慈善恩给，再到19世纪末期的工业化国家的法定权利的发展过程。劳工"不能再求助于历史的权利，而只能求助于人的权利"②，去努力摆脱受资本家欺凌、受整个资产阶级压迫的困境，"自由和平等也很自然地被宣布为人权……平等应当不仅是表面的，不仅在国家的领域中实行，它还应当是实际的，还应在社会的、经济的领域中实行"③。可以看出，马克思主义经典作家深刻洞察到资本主义法律制度并没有真正的认可和保障劳工权益，而劳工能够体面而有尊严的工作与生活，是人权应有要义，劳工天然成为社会权利主体，

---

① 德国在19世纪80年代建立社会保险制度便是如此。直至20世纪当初英国打算效仿德国时，首相张伯伦在议会讨论法案时仍需面对有关纲领属社会主义的质疑。参见［英］约翰·哈罗德·克拉潘《现代英国经济史》（下卷），姚曾廙译，商务印书馆1977年版，第487页。

② 《〈黑格尔法哲学批判〉导言》，载《马克思恩格斯文集》（第1卷），人民出版社2009年版，第17页。

③ ［德］恩格斯：《反杜林论》，载《马克思恩格斯文集》（第9卷），人民出版社2009年版，第112页。

劳动主体必要的生活保障构成法律上的权利要求。《资本论》蕴含的社会保障权是指劳工乃至全体社会成员在遭受社会风险面临生存和发展的危险之时,请求国家和社会提供基本保障,以确保其生存、促进其发展的权利。社会保障权的目标不仅包括基本的生存保障,还涵盖促进发展,促进人自由而全面的发展。

（二）平等分配权

《资本论》通过剩余价值学说的论述,深刻论证了国民收入的初次分配和再分配过程,提出社会保障的运作机理就是社会分配关系公平化、体系化。具体为年老、疾病、残疾等原因需要物质帮助的社会成员提供生活保障,以及为劳动教育及国民教育、劳动安全及国民保健、公共卫生及福利,还有为丧失劳动能力的人提供社会救济金等社会福利、社会救济在内的分配与再分配体系。但这里需要再一次明确,由于社会保障基金源自社会总产品的部分扣除①,唯一源头是劳工所创造的剩余价值。根据《资本论》劳工权益思想中的劳动力权理论,劳工对这部分基金的处理享有平等分配权。马克思认为社会保障所蕴含的平等分配权表现在劳动者各尽其能、按劳分配,同时注重差别正义,社会公共产品和社会福利的分配向弱势群体倾斜,建立必要的风险保障机制。

三　《资本论》 社会保障思想价值评价

《资本论》在社会保障初始萌芽阶段,就敏锐地洞察到社会保障为一般社会形态所共有,其终极的价值追求是维护社会公平,实现人的自由全面发展。囿于主题和时代等可以理解的原因,《资本论》没有来得及对社会保障制度作出进一步明晰具体的设计,但其思想性和指导性仍极具价值。

---

① 现代社会保障理论认为社会保障资金的筹集有三个来源:一是劳工个人缴纳的社会保障税;二是资方为劳工缴纳的保障税;三是政府的财政支付。其实,马克思一早看到了本质,社会保障基金是对社会总产品的一种必要的扣除,而这部分扣除来源于劳工创造的剩余价值。

（一）社会保障最终目的是促进人自由而全面的发展

社会保障的功能决定了其最终目的是促进人自由而全面的发展。如前文所述，劳动力再生产是社会再生产的重要内容，同时也建立在社会保障基础之上。社会化大生产条件下，"社会生产力的发展如此迅速……因为真正的财富就是所有个人的发达的生产力"①。这是以劳动力自由全面发展为基础的。社会财富在再分配过程中走向公正与合理，也是在社会保障达到全面高度保障的基础上，使得全民获得自由与全面发展。劳动力的自由全面发展必须与物质生产高度发达相结合，实现生产资料社会占有，"通过社会生产，不仅可能保证一切社会成员有富足的和一天比一天充裕的物质生活，而且还可能保证他们的体力和智力获得充分的自由的发展和运用"②。人获得自由和全面发展，既是未来社会的价值目标，也是建立社会保障的最终目的，是未来社会存在发展的内部条件。

（二）社会保障价值取向是社会公平

《资本论》社会保障思想秉承马克思一贯的分配公平原则，社会公平是马克思主义价值取向，"生产者的权利是同他们提供的劳动成比例的，平等在于以同一尺度——劳动——来计量"③。社会保障制度的根本价值取向就是保障社会公平，在现阶段，平等是以劳动为衡量标准的，符合这一尺度的分配是公平。因而现阶段，社会保障法律制度的本质特点是生存权利保护法、是市场经济支持法、是社会收入分配调节法，生存权益、社会连带思想都成为社会保障法律制度的基本理念，但最基本的是分配公平。同时，必须注意分配公平与经济社会发展水平、文化等因素相协调，"分配方式本质上取决于可分配的产

---

① 《政治经济学批判》（1857—1858 年手稿），载《马克思恩格斯全集》（第 31 卷），人民出版社 1998 年版，第 104 页。

② ［德］恩格斯：《反杜林论》，载《马克思恩格斯文集》（第 9 卷），人民出版社 2009 年版，第 299 页。

③ 《哥达纲领批判》，载《马克思恩格斯文集》（第 3 卷），人民出版社 2009 年版，第 435 页。

品有多少，而产品的多少当然随着生产和社会组织的进步而改变，从而分配方式也应当改变"①。社会保障要注意公平与效率的结合。公平要促进效率，不能成为制约经济发展的负担，否则公平也难以为继。

第六节　本章小结

本章着重对《资本论》所蕴含的劳工权益思想进行分类研究，先从主体角度将劳工权益分为劳工个体权益与劳工集体权益。进而依据劳动与社会保障法理论对《资本论》劳工个体权益思想进行系统整理。逐一梳理了《资本论》中的工作日理论、工资理论、劳动教育思想、劳动保护思想以及社会保障思想的内涵，权利蕴含以及价值评价。

《资本论》工作日理论内容丰富、系统完整，蕴含着劳工的休息权与发展权，无论是对劳工个人还是对国家、社会都意义重大、影响深远。经过《资本论》的理论阐发与鼓舞，劳工运动蓬勃兴起，推动世界范围内八小时工作日立法普及，同时也推动合作劳动制的发展。

《资本论》工资理论系统完整、内容全面、批判深刻，蕴含着劳工的劳动报酬权与劳动力产权。工资理论，既构成马克思经济理论的重要组成部分，也是《资本论》劳工权益思想的重要理论渊源，对于马克思权利理论来说是必不可少的理论基础。同时，还完善了最低工资理论，为当代最低工资制度的发展提供有益启示。

《资本论》劳动教育思想重点突出、内容精湛，蕴含着劳工的职业培训权和受教育权，《资本论》劳动教育思想促进童工现象减少并逐渐杜绝，教育与生产劳动相结合思想的价值怎么估量都不为过，对社会发展影响深远，为人自由全面发展提供有效路径。

《资本论》劳动保护思想内容深刻、系统全面，蕴含着劳工的劳

① ［德］恩格斯：《致康拉德·施密特（1890 年 8 月 5 日信)》，载《马克思恩格斯文集》（第 10 卷），人民出版社 2009 年版，第 586 页。

动安全卫生权和职业灾害赔（补）偿权，有助于劳动保护与劳动生产率的有机统一和现代工作环境权的生成。

《资本论》社会保障思想观点鲜明、批判深刻，蕴含着劳工乃至社会成员的社会保障权与平等分配权，有助于社会公平和促进人自由全面发展。

本章关于《资本论》劳工权益思想的研究虽然只是个体权益部分，但是运用的是整体化方法，以实践总领兼顾社会生产（效率）和社会公平两方面。虽不完全赞同卢卡奇所说："不是经济动机在历史解释中的首要地位，而是总体的观点，使马克思主义同资产阶级科学有决定性的区别。"① 经济基础决定上层建筑，自然毋庸置疑。但将《资本论》劳工权益思想系统化整理、整体化研究则是本书有别于以往《资本论》研究的出新之处。当然，出新也就难以避免有可能出错，而出错并不可怕，正如欧洲有句谚语，"一直不犯错，可能就是一种错误"。

---

① ［匈］格奥尔格·卢卡奇：《历史与阶级意识》，杜章智等译，商务印书馆 1996 年版，第 26 页。

第五章 《资本论》劳工权益思想内容诠释（下）

随着社会经济的进步与政治民主的长足发展，劳工权益的体系与类型也处于不断进步与补充的态势之中。发展是人的本质特征之一，是生存的应有之义，又是超越生存的动态的更高层次的存在方式。人的自由全面发展离不开劳工权益的发展与保障，《资本论》深刻阐释了劳工权益发展与实现对于人自由全面发展是不可或缺的支撑。

第一节 《资本论》劳工集体权益思想考察

劳工立法的过程，本质上是劳工权益的确立与发展过程。劳工立法初期，虽然劳工个体权益逐渐得到确认，但对于劳工结社、罢工等集体行为是严令禁止的。然而，随着资本的扩张，劳工被强势资方所压制，劳工逐渐认识到仅依靠个人的力量很难切实保障自身权益。"工人必须把他们的头聚在一起，作为一个阶级来强行争得一项国家法律，一个强有力的社会屏障，使自己不致再通过自愿与资本缔结的契约而把自己和后代卖出去送死和受奴役。"① 劳工运动因而风起云涌，在国家与社会中占据支配地位的资产者也逐渐认识到对于劳工运

---

① 《资本论》（第1卷），载《马克思恩格斯文集》（第5卷），人民出版社2009年版，第349页。

动不能采用单纯的暴力手段，而应将其纳入国家法律规范之内，这由此成为个体劳权立法向集体劳权立法的动力源。初始的集体劳动权主要包括团结权、集体谈判权、集体争议权，冠称为"劳工三权"，后来又增添民主参与权，此类权利体现了劳资关系的结构状态以及劳工生存状态中权益维护的本质关系。为应对强资本、弱劳工的局面，仅靠强化劳动契约的效力来保障劳工权益无疑是不够的，应当赋予劳工集体权益，联合劳工团体力量，促进劳资力量平衡，有助于劳资和谐。同时，劳工集体权益不等于劳工个体权利主体被虚化，劳工自身不仅是被"代表"和"维护"的对象，而应该保证权利主体。劳工集体权益是在劳工个体权益基础上形成，是为了强化劳工个体权益而确立。

本章所述劳工集体权益的实践基础是《资本论》中阐述的协作。"许多人在同一生产过程中，或在不同的但相互联系的生产过程中，有计划地一起协同劳动，这种劳动形式叫做协作。"① 《资本论》第一卷的第十一章"协作"，专门阐释这一社会化大生产的基本形式。另外，《政治经济学批判》（1861—1863 年手稿）在相对剩余价值部分也专门讨论了协作问题。

一 《资本论》劳工结社思想及其权利蕴涵

（一）《资本论》劳工结社思想内涵

《资本论》的叙述表明，劳工结社是一个渐兴的过程，与劳工权益日益恶化有密切关系。由于"资强劳弱"的现象严重，加之资本主义立法初期对劳工结社权严加禁止②，因此劳工只能通过消极怠工和

---

① 《资本论》（第 1 卷），载《马克思恩格斯文集》（第 5 卷），人民出版社 2009 年版，第378 页。

② 英国从 14 世纪起约 500 年的时间里，劳工结社被严格禁止，相关入罪立法直至 1825 年才废止，残余影响真正到 1859 年才完全消除。后来又用禁止秘密活动法来阻止劳工结社权的行使。而法国 1791 年至 1864 年的法律"用国家警察手段硬是把资本和劳动之间的斗争限制在对资本有利的范围内"。参见《资本论》（第 1 卷），载《马克思恩格斯文集》（第 5 卷），人民出版社 2009 年版，第 848—851 页。

个体诉讼的方式表达权利诉求，仅凭一己之力难以改变自身的不利境地。"一根筷子轻轻被折断，十双筷子牢牢抱成团"，适逢当时西方人权运动的蓬勃发展，劳工集体维权意识日益增强，集体劳权相继被立法确认。

劳工是工业社会的人力资源基础，人数众多，如果相互协作，产生的集体合力将会能量巨大，若劳工分散且相互之间竞争，将会进一步恶化劳工的弱势地位。劳工结社有助于劳资博弈。"工人一个成功的因素就是他们的人数；但是只有当工人通过组织而联合起来并获得知识的指导时，人数才能起举足轻重的作用。"① 资本天生的逐利性决定了其集聚性，自然形成垄断的力量。劳工若想抗衡，达致力量均衡只有协作，因为协作产生的力量巨大。② 劳工必须团结起来，才能维护各自权益与共同权益。马克思认为有效对抗的劳工组织是工会，"如果说工会对于进行劳资之间的游击式的斗争是必需的，那么它们作为彻底消灭雇佣劳动制度和资本统治的一种有组织的力量，就更为重要"③。工会为提高劳动者地位及构建和谐劳动关系发挥了基础性作用。

（二）劳工结社权的权利表征

劳工结社权④的权利表征体现在如下三个方面。

1. 劳工是结社权主体

劳工结社权在劳资关系中是劳工的基本权利，因为劳工联合是劳

---

① ［德］马克思：《国际工人协会成立宣言》，载《马克思恩格斯文集》（第3卷），人民出版社2012年版，第13—14页。

② "且不说由于许多力量融合为一个总的力量而产生新力量。在大多数生产劳动中，单是社会接触就会引起竞争心和特有的精力振奋，从而提高每个人的工作效率。"参见《资本论》（第1卷），载《马克思恩格斯文集》（第5卷），人民出版社2009年版，第379页。又见"通过协作提高了个人生产力，而且是创造了一种生产力，这种生产力本身必然是集体力"。参见《资本论》（第1卷），载《马克思恩格斯文集》（第5卷），人民出版社2009年版，第378页。

③ 《资本论》（第1卷），载《马克思恩格斯文集》（第5卷），人民出版社2009年版，第734页。

④ 劳工结社权，又称劳工组织权或团结权，一般是指劳工基于维持或改善劳动条件之基本目的而结成的团体，并实际运行的权利。具体是指劳工组织工会并进行活动的权利。参见常凯《劳权论》，中国劳动社会保障出版社2004年版，第220页。

工唯一的优势，而资方的优势在于其所具有的经济实力，劳工结社是唯一能与资方相抗衡的力量所在。自由是人权的基本权利属性，在劳工权益范畴体现为劳动就业自由、劳动关系建立自由、劳动关系解除自由、结社自由、不被强迫劳动等诸多方面。然而在"资强劳弱"情况下，结社权仅限于劳动权利主体，因为劳工个体力量无法与资方抗衡，资方联合形成的压榨更为残酷，"天下乌鸦一般黑"，劳动主体没有生产资料，必须出卖劳动力。而劳动力出卖的形式、卖给谁等问题在劳资地位不等的情形下等于纸上谈兵，在劳动力市场上始终是买方市场，主动权在资方手中；"黄狗条款"[①] 使得劳工结社自由受到资方严重掣肘；至于劳工的职业培训权、休息休假权、劳动安全卫生权等大多数情况下都是望梅止渴、画饼充饥。在有着庞大产业后备军的情况下[②]，个体劳工没有任何与资方博弈以改善自身境遇的手段与可能，要么卷铺盖离开，要么接受盘剥。唯有结社权为劳工提供了改善自身境遇的可能性，所以为了劳资双方力量均衡，结社权的主体也只能是劳工，而不能是资方。

2. 增强劳工自救能力是结社权目的

劳工结社权已为国际普遍认可，1944 年的《费城宣言》（全称《关于国际劳工组织的目标和宗旨的宣言》）确认结社自由原则是不断进步的必要条件；1948 年《世界人权宣言》第 23 条第 4 款规定："人人有为维护其利益而组织和参加工会的权利。"劳工结社权与劳工集体权益关系密切，使得劳工由分散走向联合、由简单走向成熟、由弱小走向强大，是劳工凝聚力量并形成统一意志，与资方展开利益博弈的有力武器。劳工结社权直接关系到劳工的生存状态和生存质量，随着《资本论》时代劳资冲突的日益激烈，劳工权益愈加严重，迫使国家干预转换思路，立法继而对劳工结社活动加以鼓励和支持。

---

① 也称"卑鄙的契约"，指雇主以劳工不参加或退出工会为条件与劳工订立的劳动合同。

② 《资本论》（第 1 卷），载《马克思恩格斯文集》（第 5 卷），人民出版社 2009 年版，第 741—742 页。

由法律赋予劳工结社权目的，在于增强劳工自救能力，更好维护劳工权益。

3. 工会是劳工结社权的特定组织形式

就结社权与形成群体意志的关系而言，工会作为劳工结社组织能够很好地凝聚群体意志，工会成立的宗旨即是维护劳工权益，团结劳工意志，保护个体劳工，有效协调劳资关系。"工会者，乃工人一种继续存在的团体，为维持或改善其劳动生活状况而设者。"[1] 工会的正当性来源于劳工运动实践，世界上最早成立的工会组织在英国 17 世纪末就已经出现，目的在于改善劳工劳动条件和社会经济地位，确实也起到了保障作用，实质性地影响了劳动关系。1824 年，英国议会颁布法律承认劳工的结社权；1871 年，英国又颁布世界第一部《工会法》，承认工会的法律地位，对劳工结社进行规范完善。之后，欧洲多国相继立法确定结社权为法定权利并逐步完善，现已成为世界各国宪法规定的基本权利。

(三) 劳工结社权的价值评价

1. 均衡劳资力量

劳工结社权目的在于改变劳工弱势地位，工会作为劳工自治性组织，使劳资双方地位由悬殊转向均衡。工会的利益诉求与劳工的利益诉求具有一致性，劳工主要通过组织与参加工会这一结社活动来达到均衡劳资力量的目的。同时，工会作为一种社会组织形式具有社会自治性，一定程度范围内也代表社会公共利益，有益于劳工借助社会力量介入劳资关系，使得劳工彻底结束孤立分散、势单力薄、一个人抗争的状态。工会不是松散组织，否则不能发挥组织保障，也不能确定劳资力量能够打破不平衡，实现均衡平等。

2. 兼容公平与效率

公平与效率的协调，是劳动关系治理重点，而劳工结社权的出现

---

① ［英］韦伯夫妇：《英国工会运动史》，陈建民译，商务印书馆 1959 年版，第 1 页。

为两者找到平衡点提供了理论支撑与实践襄助。劳工结社权的行使是集体交涉的前提，是通过集体谈判（团体协商）来维护劳工权益，劳资双方只有找到利益平衡点，才可能形成共识、达成协议，这一平衡点兼容公平与效率价值，实现优化配置。因此，劳工结社权行使下的集体谈判是市场经济条件下处理劳动关系最公平的机制。当然，劳资双方的利益平衡点并非是静态的，而是可以随着经济形势的变化不断进行调整，可以确定，若没有劳工结社权这一前提性条件，劳资双方很难共赢。

3. 畅通劳工权益救济途径

劳工结社权拓宽劳工权益保障渠道，劳工集体权益是劳工个体权益的整合与提升，其中含纳了众多劳动者共同的诉求。工会参与劳资纠纷处理体现在代表劳工对劳动争议处理过程实施监督，防止劳动争议处理不公平，以及积极在劳资之间进行斡旋与劝解，弥合劳资双方因诉讼产生的裂痕。工会支持劳工诉讼，成为劳工诉讼的有力后盾；或者组织团体诉讼，强制资方履行增进劳工团体利益的义务，事实上是一次性化解了众多劳工个体与资方的权益斗争。劳工结社权将劳动争议处理机制从一种普通的民事诉讼程序重塑为劳工维权的有力武器，为劳工权益救济开辟畅通渠道。

二　《资本论》集体谈判思想及其权利蕴涵

"集体谈判"，这一术语是由英国韦伯夫妇最先提出[①]，又称团体协商、劳资交涉或集体协商，是指劳工集体与雇主代表就相关劳动条件进行交涉和协商谈判的过程。

（一）《资本论》集体谈判思想内涵

1. 集体谈判并不损害劳工权益

《资本论》中描写工厂主反对劳工联合集体谈判的基本理由是任

---

① Sidney Webb and Beatrice Potter Webb, *Industrial Democracy*, London：Longman，1912.

何关于工资或其他劳动条件的谈判将提高工厂的生产成本，削弱工厂的竞争力，劳资共同受损，因为"资本家没有工人能比工人没有资本家活得长久"①，所以最终损害劳工权益本身。事实上，经由马克思在《资本论》及其手稿中对工资的理论分析，可以明晰最低工资并非必然导致失业。劳工虽然在雇佣上具有自主行为的能力，但需要法律保障契约的约束力。若缺乏法律的保障，劳工尤其不会放心表达集体看法，进行真正意义上的集体谈判，也很难促进协调一致的集体行动的形成。②

2. 共同体联合成为集体谈判基础

共同体（集体）作为人们的社会组合形式，一般来说，与人类一样古老。"在这个共同体中各个人是作为个人参加的，它是各个人的这样一种联合（自然是以当时发达的生产力为前提的），这种联合把个人的自由发展和运动的条件置于他们的控制之下。"③ 共同体联合成为劳工集体谈判基础，当然，共同体的组成并不表明劳工利益的完全一致化，随时会被另外共同体成员的某一阶段、某一层面的共同利益所分化。④ 集体谈判的本质就是劳资力量博弈，具体通过完善劳工劳动基准⑤，增进劳工权益而展开。劳工权益"只有在共同体中，个人

---

① 《1844 年经济学哲学手稿》，载《马克思恩格斯文集》（第 1 卷），人民出版社 2009 年版，第 115 页。

② 马克思借用穆勒之言，"无论是工会还是集体罢工行动，从本质上绝对地对其加以谴责，都是大错特错的。……我可以毫不犹豫地说，像工会那样的劳工组织，非但不会妨碍劳动市场的自由运行，反而会对劳动市场的自由运行提供必要的帮助"。参见［英］约翰·穆勒《政治经济学原理——及其在社会哲学上的若干应用》（下），赵荣潜等译，商务印书馆 1991 年版，第 525 页。

③ 《德意志意识形态》，载《马克思恩格斯文集》（第 1 卷），人民出版社 2009 年版，第 573 页。

④ 马克思在讲到不同的共同体的时候指出，"在资产阶级社会里，工人完全丧失了客体条件，他只是在主体上存在着；而和他对立的东西，现在却变成真正的共同体，工人力图吞食它，但它却吞食着工人"。参见《政治经济学批判》（1857—1858 年手稿），载《马克思恩格斯全集》（第 30 卷），人民出版社 1995 年版，第 489—490 页。

⑤ 所谓劳动基准，是指劳动法律法规中关于劳动报酬和劳动条件的最低标准，属于强制性法律规范。通过集体谈判所签订的集体合同作为劳资双方谈判的结果，集体合同只能在劳动基准以上签订，此为争取劳工权益的必然要求。

才能获得全面发展其才能的手段，也就是说，只有在共同体中，个人才可能有个人自由"①。由此可见，集体谈判对于劳工来说，是解决劳动关系广泛化和劳资分立扩大化的矛盾而导致的权益困境的客观要求。

（二）集体谈判权的权利表征

集体谈判是劳资关系双方当事人之间"自治性"地协调劳资关系的一种长效机制。集体谈判双方的主体地位是确定的，一方是劳工的代表——工会，另一方则为资方及其联合。权利表征体现在如下三个方面。

1. 对等介入权

在劳工通过工会进行集体谈判，展示集体谈判权利之前，资方专有对劳资关系事务的处理特权。由于个体劳动关系具有人身性和隶属性，企业的劳动关系与管理关系交织在一起，劳资关系在企业中具体地表现为资方对劳工的直接支配。集体谈判权使得劳工以对等的身份介入以往资方独占的领域，这对于劳工地位来说是一种提升。集体谈判可以有效地组合劳动力量、抗衡资本力量，有利于劳资双方以平等身份展开博弈。

2. 劳资规范权

劳资规范权，全称劳资规范自治权，主要是指劳资双方根据法律赋予的劳资关系范围内确定内部规则、处理内部事务的权利。集体谈判达成的协议是对双方皆有规范效力的。《法国民法典》（1804 年）第1134 条规定："依法订立的契约，对于缔约当事人双方具有相当于法律的效力。"集体谈判订立的合同在国家认可之后，起到执行劳动基准的作用，在法源体系中自然由契约规范地位上升到法律规范的地位。

3. 劳资共决权

劳资自治就是劳动关系自我治理，也是劳资双方共同治理。劳资

---

① 《德意志意识形态》，载《马克思恩格斯文集》（第 1 卷），人民出版社 2009 年版，第571 页。

共决权也就是在劳资关系事务上由劳资双方共同决定的权利。集体谈判使得劳资关系事务由资方单定改变为由劳资双方共同决定，从而为劳工民主参与权的形成奠定了法理基础。

（三）集体谈判权的价值评价

1. 集体谈判权是现代劳工立法的进步标志

集体谈判权是劳工运动所争取的结果，也是现代劳工立法的主要权利表征。19世纪《资本论》问世以后，自由资本主义已渐现颓势，联合协作已成现代企业制度基本内涵，集体谈判随之而生。1904年，新西兰率先制定了有关集体合同的法律，至1919年，奥地利、荷兰、德国、法国等也相继制定了相关法律，对集体谈判进行规范化、制度化、法定化。① 在市场经济条件下，劳资双方的企求完全达成一致是少有的，多数情况下双方诉求并不一致，在劳工权益不能切实保障的时候，工会就会代表劳工表达自己的怨愤，通过集体谈判，将劳工的怨愤理性传达给雇主，从这个层面讲，集体谈判起到了疏通劳资关系的调节器作用，也被公认为以制度方式化解劳资对立矛盾、有效解决劳资冲突的伟大社会发明。

2. 集体谈判权是集体劳动关系的核心枢纽

劳动关系可划分为个体劳动关系和集体劳动关系两个层次。个体劳动关系的核心点是劳动权，而集体劳动关系的核心点是集体谈判权。从权利的历史发展看，劳工个体与资方之间的社会、经济地位过分悬殊，劳工结社权的出发点是解决劳工个体与资方的悬殊地位，结社权为劳工主体协商资格奠定了基础，集体谈判与集体合同才是劳工结社权行使之目的。集体谈判权也是集体行动权的目的，民主参与权是集体谈判权的形式，所以集体谈判权是劳工结社权、集体行动权、民主参与权等集体劳权架构中的核心枢纽。当然，集体劳动关系中，集体

---

① 集体谈判是指劳工以工会作为自己的代表，就工资、工时等劳动条件，运用谈判的手段，与雇主达成契约，通过这种方式来保护自身权益。参见常凯《劳权论》，中国劳动社会保障出版社2004年版，第244页。

行动权是集体谈判权实现的杀手锏，集体谈判权只有和集体行动权相结合方可有力量，在集体谈判破裂或无法进行下去时，劳工行使集体行动权发动罢工，资方才会认真对待。在此意义上，集体行动权对于集体谈判权而言，具有促成和保障作用。

三 《资本论》 集体行动思想及其权利蕴涵

从劳工权益视角考察劳工的集体行动，包括罢工、占领工厂（场）等形式，但最基本的手段是罢工，所以集体行动权往往又称为罢工权。

（一）《资本论》集体行动思想内涵

1. 以机器等生产资料为目标的劳工集体行动

《资本论》第一卷第十三章"机器和大工业"中详细记录了劳工集体行动的规模，"1758 年，埃弗里特制成了第一台水力剪毛机，但是它被 10 万名失业者焚毁了"①。"鲁德运动"② 扩展到全英国范围。劳工攻击机器的集体行动实质上是搞错了方向，但是其形成的力量是巨大的，如 1840 年，英国棉纺织业严重萧条，发生劳工暴动，竟然需要出动军队干涉。劳工的集体行动让劳工认识到自身的力量一旦组织起来足够强大，这些为今后劳工正确有效地争取权益起到启示作用。

2. 以劳动基准为目标的劳工集体行动

马克思在《资本论》及其手稿中阐述了劳工集体行动（罢工）的产生、历程及功能，指出劳工行使集体行动权的目的"大部分是为了阻止降低工资，或者是为了迫使提高工资，或者是为了规定正常工作日的界限"③。

---

① 《资本论》（第 1 卷），载《马克思恩格斯文集》（第 5 卷），人民出版社 2009 年版，第 493 页。
② 是指英国 18 世纪中期至 19 世纪初劳工捣毁机器的运动。耐·鲁德据说是第一个捣毁机器的劳工，后来运动以其名字命名。参见《资本论》（第 1 卷），载《马克思恩格斯文集》（第 5 卷），人民出版社 2009 年版，第 937 页。
③ 《政治经济学批判》（1861—1863 年手稿），载《马克思恩格斯文集》（第 8 卷），人民出版社 2009 年版，第 300 页。

由于罢工是劳工维护自身权益的一种相对极端、比较激烈的方式，对生产秩序带来强烈冲击，给社会秩序稳定也造成破坏性影响，因此罢工在早期不仅未获得法律上的承认而且明令禁止。但是随着马克思主义理论指导下的劳工运动蓬勃发展，劳工在斗争中逐渐争得了罢工权并逐步发展出集体行动权理论。最早承认罢工权的法律是英国1825年《结社禁止废止法案》，宣布废除施行多年的禁止劳工罢工和组织工会的《结社禁止法》。之后不久，法国也于1864年对罢工、结社、集会予以解禁，德国1890年废除《反社会党人非常法》，此后其他资本主义国家也相继承认罢工权。

（二）集体行动权的权利表征

集体行动权①，又称为工业行动权、集体争议权，其权利表征体现在两个方面。

1. 集体行动权是自力救济权

劳工集体行动的核心威慑是罢工，即劳工集体停止工作的行为。集体行动权最主要的表现形式是罢工权，而罢工权最主要的表现形式是相当数量的劳工为改善劳动条件等经济目的而停止生产、集体中止工作，以对雇主造成威慑。集体行动权的法理依据依然是劳动自由权和劳动平等权。劳动自由权蕴含劳工有劳动的自由，也有不劳动的自由。而达成劳动契约，建立劳动关系时，劳动关系双方形式上是平等的，一旦劳工权益受到严重侵害，劳工的劳动平等权也就受到了侵犯，即可视同资方严重违约，劳工完全可以选择放弃劳动，劳动不再是劳工必须履行的义务，并不违背法理。罢工权的行使，往往是劳工在劳动关系中的矛盾尖锐或激化，劳工权益遭到严重损害，在体制内渠道或者契约途径不能给予或者不能及时给予合理的权利保障的情况下被迫采取的强化斗争的应激手段。同时也是一种为促进劳资双方公平地、

---

① 是指劳资双方为在劳动关系中实现自己的主张和要求，依法采用罢工或闭厂等阻碍正常生产经营活动的集体对抗行为的权利。参见常凯《劳权论》，中国劳动社会保障出版社2004年版，第275页。

有效地博弈或交易而必需的集体行动。

但是，劳工停止工作的行为不得不经劳工组织协商便任意为之，必须通过正常途径无法解决的情况下方可使用。这一权利的实施必须经过大多数劳工的同意并保持一致的集体行动。

2. 集体行动具有过激性

集体行动有合法与非法之分，合法罢工都是由工会组织，由劳工自发组织但无工会组织的罢工被称为"野猫罢工"①，这类罢工破坏性更大，因没有经过劳工组织认可，往往侵害了劳工团结权和滥用集体行动权，实际上是损害了劳工集体权益和其他劳工的利益。具体而言，集体行动多数情况下是由某种偶然的契机引发，并非事先有组织有计划地进行。而劳工自发行动规模和范围通常呈不断扩大的趋势，但"抗争的形式实质融入理性，更倾向于寻求集体行动，形成较大力量以有效参与利益博弈"②，一个企业的集体行动往往会引发连锁效应，扩大到行业或地区，虽然这种多米诺骨牌似的反应不是有组织的串联和预谋，而且，暴力过激行为也只是在情形恶化时才会出现，却在总体上表明，劳工集体权益思想已经明显呈现。需要注意的是，劳工的集体行动在资本主义早期情形时常恶化，激烈程度较强，大多数是在非和平的状态中进行。因为工厂主往往自居绝对权威，禁止劳工的串联、停工、怠工等行为，所以劳工一旦行动，冲突立显，便会出现捣毁机器、上街、堵路、破坏公物等过激行为。

（三）集体行动权的价值评价

1. 集体行动权促进劳资和谐

完整的集体行动权应该是罢工权与闭厂权。罢工是劳资双方分歧和矛盾极端尖锐化的表现，最初的形式是暴力打砸机器，暴力反对使

---

① 所谓"野猫罢工"，又称"非公认罢工"，在法律上，这一类罢工主要涉及争议行为的主体正当性问题。

② 余达淮、江雪松：《论现代性风险中弱势群体的风险自救与规范调整》，《求实》2012年第6期。

用机器,更多的是劳工情绪的释放。再后来罢工愈演愈烈,劳工运动领导者认为"罢工是工人的军事学校"[1],使得整个资产阶级统治者都感到胆战心惊,也不得不正视劳资关系的处理。经过劳资实践当中的博弈较量,资方衍生出闭厂权以对抗罢工权,闭厂权没有国家明文规定,但"法无禁止即自由",在实践中资方也屡屡使用。这使得双方对于撒手锏都是慎用,因为各自权利运用互相对于对方说来都具有杀伤力,这反而促进了双方的权利公平、自我克制,对于劳资和谐确有实质性的推动。

2. 集体行动权是劳工权益"牙齿"

在传统的"劳工三权"中,集体谈判权是为劳工集体权益的核心内容,而集体行动权则是劳工集体权益的保障,集体行动权的功能在于谈判破裂的力量展示,是劳工权益可以用来攻击的"牙齿"。事实上,"没有罢工权的协商将无异于集体行乞"[2]。集体行动权是随着以自由平等为核心的人权运动而发展起来的,是劳工不得已而为之的最后武器。罢工权的行使须遵循法律的相关规定,"所谓合法就是在宣布罢工前要预先提出警告"[3],劳工权益的保障实有赖于集体行动权的实质襄助。

四 《资本论》 民主参与思想及其权利蕴涵

现代市场经济国家的企业普遍实行劳工民主参与(也称职工民主管理制),劳工民主参与促进了劳工与生产资料更加紧密的结合,这也是《资本论》的理论追求与实践目标。

民主参与最早出现在伟大革命导师的故乡——德国,与之相关的立法可以追溯到1891年《工商业营业法》,首次规定:"企业主可视情况

---

① [德]恩格斯:《英国工人阶级状况》,载《马克思恩格斯文集》(第1卷),人民出版社2009年版,第459页。

② 黄越钦:《劳动法新论》,中国政法大学出版社2003年版,第306页。

③ [德]恩格斯:《英国工人阶级状况》,载《马克思恩格斯文集》(第1卷),人民出版社2009年版,第452页。

设置工人委员会。"随后《魏玛宪法》第 165 条规定："职工与企业家具有同等之权利,得共同参加企业经济之全面发展,并规划劳动之条件,与其应得之工资报酬……"这是劳工民主参与第一次写入宪法。其后,法国、美国等西方资本主义国家纷纷制定了适应本国经济、文化、法律背景的劳工民主参与制度。及至 1967 年,国际劳工组织"关于工会代表及工人参与企业决策专门会议"对民主参与做出了权威的界定,即劳工作为劳动关系的一方当事人依凭法律和企业提供的条件,参与企业治理以及分享企业利益以实现劳资合作理念的活动。虽然立法较为晚近,但民主参与思想的理论溯源可以追至《资本论》的劳工权益思想。

(一)《资本论》民主参与思想内涵

劳工民主参与是伴随着 18 世纪以来人权思想的出现以及马克思权利理论的生成而逐渐发展起来的,是人们的权利要求和权利积累逐步增长的结果,是劳动与资本相合作的民主参与构想在立法与司法上的实践。具体而言,《资本论》中劳动力及其权利思想是劳工民主参与权的理论基础,《资本论》所描述及所引导的劳工运动是劳工民主参与开展的实践基础。

1. 分享剩余价值是劳工民主参与的理论基础

《资本论》问世之日已经出现现代企业制度,土地、资本、管理、劳动等各生产要素在现代企业制度中都被要求发挥出最大效能。劳动在生产过程中不仅仅是一种被支配的要素,要实现生产要素的最佳组合,就必须发挥劳工积极主动的参与作用,马克思在《资本论》也把劳工比作劳动过程中"活的酵母",并且揭示出剩余价值就是由劳工的劳动力所创造。另外,按照现代西方经济学理论的发展,劳动力在成为特殊商品之后,进入了资本化经营阶段。[①] 在劳动力资本经营阶

---

① 劳工具有独立法律人格,劳动力所有权也独立行使,因未拥有生产资料,只能将劳动力当作商品出卖,出卖之后也就陷入了对资本的依附。而在资本经营阶段,知识经济条件下的劳动力使用突破商品特质,产权观念革命,劳动力视同人力资本,劳动力与资本的人格化代表均享有企业治理权与剩余价值分配权。参见王显勇《论劳动力权》,《法学论坛》2004 年第 3 期。

段，将劳动力视作资本，是对企业的一种投资，那么劳动者就应该参与到企业治理当中，也理应获得企业剩余价值的分享。① 也就是说，劳动力所有者与资本所有者都享有剩余价值。

2. 劳工运动与政治发展

经过《资本论》的揭露与剖析，劳工阶级的斗争目标不仅要改善自身的劳动条件和劳动待遇，而且还把改变社会作为一种奋斗方向。要实现这种变革，暴力革命是最高手段，但日常的、渐进的手段就是参与现存制度的运作和治理。从英国"宪章运动"开始，争取参政议政和企业治理的权利，一直是劳工运动的奋斗目标，劳工民主参与权利的获得是整个劳工阶级的不懈努力斗争的结果。资产阶级民主制度的发展和劳工运动，促使资产阶级政府对劳资关系采取"建设性"干预，即通过劳工立法赋予劳工一定的参与权，这也与资产阶级自由主义的民主政治相契合。

（二）民主参与权的权利表征

劳工民主参与权，简而言之，是指劳工参与企业和社会管理的权利。民主参与权是随着经济社会的进一步发展和人权意识的增强而发展起来的集体"劳工三权"之后的"劳工第四权"。劳工民主参与权是一种分享权，民主参与中的民主，专指经济民主或产业民主，经济民主是以生产为中心的民主，最直观地理解就是工厂的民主，劳工是民主基础。本书认为，概括劳工民主参与权的特征需要从权利结构与权利运作的背景与实践层面进行考察，以期洞悉其全貌。

1. 权利主体复合

具体劳动关系中，劳工民主参与权的权利主体是劳工，是所谓相对于资本的弱势群体。现代企业制度要求重组各生产要素，使土地、资本、管理、劳动等都能最大限度地发挥作用，这种客观要求就使得劳动在生产过程中不仅仅是一种被支配的要素，要实现生产要素的最

---

① 郭东杰：《公司治理与劳动关系研究》，浙江大学出版社 2006 年版，第 44—84 页。

佳组合，就必须发挥劳工的积极主动的参与作用。正是因劳工在现实经济生活中的弱势地位，为保障劳工民主参与权的实现，工会成为劳工民主参与权的辅助性主体，作为劳工代表行使这一权利，目标是为达到与资本家相抗衡的力量。

2. 权利内容综合

其一，劳工民主参与权是企业管理权与劳动力产权的结合。综合来看，劳工民主参与权是以劳动力产权为理论基础，以劳动者民主管理权为呈现方式的权利，两项子权利相互配合来保护劳工地位和权益。其二，劳工民主参与权是劳工物质利益、人身利益和人格利益的统一。德国《魏玛宪法》中规定"依公共经济原则规定雇主及劳工参加管理经济财务"，不但赋予劳动者享有分享企业利润资格的正当性（物质利益），同时，通过民主管理企业事务，使得劳工真正成为企业的一员（人身利益）并在情感上得到真正被企业所尊重的感觉（人格利益）。

3. 权利目标多层

劳工民主参与过程和效果是自我利益与公共利益相结合，实践中的劳工民主参与权的行使不仅是为劳工个体的利益，从某种程度上讲，也是为劳工群体甚至是企业的利益。凡劳工以自己的利益为目的而行使的权利是自益权，如享有资本家剩余利润的权利；凡劳工以集体的利益乃至劳资共同体利益为目的而行使的权利是共益权，主要是参与资方事务管理的权利，如通过参与企业事务提出合理化建议，不仅能够促进企业经济良性发展，而且能够保障劳工个人与其他劳工的充分就业与其他劳动权的实现。

（三）民主参与权的价值评价

19世纪劳工权益思想核心是保障人们的生存权，20世纪的劳工权益思想核心进化为"有尊严地生存"。劳动者已经不再满足于将劳工权益局限于就业权、劳动报酬权、职业安全权等使劳工生命和生活得到保障的权利，进而提出了更深层次的追求目标，即在基本人权——生存权的基础上实现自己的发展，包括各个侧面，主要着眼点在于经济、社会、精神和文化等方面。民主参与权的价值亦至少在两个方面得以体现。

1. 促进企业发展与劳动者全面发展

民主参与权的直接目的就是促进企业经济发展，也就是促进生产力发展，也即为促进包括劳工在内的社会整体发展。客观上也促进劳工知识和财产的不断提高，使得劳工个体得以发展。民主参与权强化改善了劳工的信息权与协商权，提升了劳工个体素质，促成了资方与劳方的对话，使得经济活动以和谐的方式发展，提高了企业劳动生产率，进而使得社会得以发展。劳工也通过参与企业的经营管理以及分享企业利润，最终实现不断地丰富、充实和发展自己的终极目标。

2. 促进劳资合作与经济民主

从历史发展角度观察，劳资合作并非轻而易举，是一个由理想趋近于现实的过程。随着时间推移，资方认识逐步提高，认识到劳资只能在同一个经济体中相互依存，劳资冲突不利于资本积累和长期发展，互利合作应为劳动关系的未来发展趋向。民主理论更加深入，"政治民主本身只是半个民主，它分配给人们的只是全部社会力量的一半。社会力量的完整内涵还包括经济力量，政治力量和经济力量都实现民主化，我们才真正拥有民主——这一为人类而设计的社会结构"①。随着民主、法治、人权理念的不断进化和经济迅猛发展，劳资合作有利于生产力的发展的观念逐步达成共识，劳资合作向纵深方面发展，并通过权利与制度的形式加以确定化。至此，经济民主理念慢慢在法律层面上得以体现。劳资合作是经济民主的实践基础，经济民主通过深层次的劳资合作而得以实现，同时，劳资合作制的广泛适用与推广也离不开经济民主的理论支持，在此理论指引下的民主参与权，通过劳工广泛参与不断实现劳工权益的提升。

---

① ［美］路易斯·凯尔萨、帕特里西亚·凯尔萨：《民主与经济力量》，赵曙明译，南京大学出版社1996年版，第11—12页。

第二节 《资本论》劳工权益救济思想考察

一 《资本论》 劳动监察思想

劳动监察是国家介入劳动关系，对损害劳工权益和破坏劳动关系的各种行为进行检查、监督和处理的活动，作为国家一项保障劳工权益的劳动执法活动，在劳动关系治理中扮演着重要角色。

（一）《资本论》劳动监察思想内涵

《资本论》揭示了资本家在利益驱动下毫不顾及劳工权益的种种令人发指的情形，具体引用了诸多《工厂视察员报告》、《公共卫生报告》对劳工生命尊严及其价值实现在法律形式正义面纱掩盖下的揭露，法律实质沦为保护社会强者的工具，《资本论》揭示在此意义上的理论之虚伪。

1. 劳动监察必须且必要

马克思理论指导的劳工运动蓬勃发展，捍卫劳工的尊严价值，强烈迫使国家履行对作为社会成员的劳工提供劳动保护的责任。在社会转型发展的不同阶段，劳动领域各类问题的涌现和解决，促进劳工权益内涵在深度与范围方面不断扩大，譬如马克思在《资本论》中列举了在剥削上不受法律限制的英国工业部门，通过《工厂视察员报告》、《童工委员会报告》、《公共卫生报告》分别考察了陶器业工人、火柴制造业工人、壁纸印刷业工人、面包业工人、农业工人、铁路工人、女时装工、铁匠等各类劳工的职业伤害、食品安全与过劳死等各种劳工权益被严重侵犯的悲惨状况。① 如果任其发展，社会将停滞不前，甚至倒退。资方的恣意妄为促使劳动监察正式登上国家治理的舞台。英国首先于 1833 年创设工厂视察员制度，继《资本论》出版之后，法国 1874 年设立工厂检查

---

① 《资本论》（第 1 卷），载《马克思恩格斯文集》（第 5 卷），人民出版社 2009 年版，第282—296 页。

官制度,德国 1878 年设置执行官,实行劳动监察制度。

2. 工厂监察员作为受限

英国 19 世纪为了监督检查工厂法的实施,"任命了专门的官员,即工厂视察员,直属内务部,他们的报告由议会每半年公布一次。这些报告不断地提供了关于资本家对剩余劳动贪欲的官方统计材料"①。相较于之前的无法可依、执法不严,效果还算明显,"自视察制度建立以来,事故的次数已经大大减少"②。劳动监察权的产生和发展,标志着国家开始动用行政干预手段矫正劳动关系尽量督促资方不恣意侵犯劳工权益。

但是,出于对既得利益的维护,资本家不断阻挠监察制度实施,使得制度执行效果还是打了折扣。③ 在《资本论》第 3 卷中,工厂视察长伦纳德·霍纳谈到 1855 年时资本家为了反对工厂法而专门成立了一个全国性组织"争取修改工厂法全国协会",协会中许多非常著名的会员本身就是治安法官,劳动监察实施并不得力。④ 长此以往,英国工厂视察员人数也很有限。截至 1871 年,全国合计仅有 2 名视察员、2 名副视察员、41 名助理视察员。⑤ 全国范围内很难切实履行劳动监察职责,维护劳工权益。

(二) 劳动监察权的权利表征

劳动监察权的生成,是国家公权力对劳动关系介入,实质上就是

---

① 《资本论》(第 1 卷),载《马克思恩格斯文集》(第 5 卷),人民出版社 2009 年版,第 278 页。

② 《资本论》(第 3 卷),载《马克思恩格斯文集》(第 7 卷),人民出版社 2009 年版,第 103 页。

③ 在《资本论》中,马克思多次讨论工厂主对工厂法的破坏。以两位"纺纱厂主"——鲁宾孙和埃斯克里格为例,因为换班制度侵犯劳工权益而被控告的鲁宾孙,被工厂主兼法官埃斯克里格宣判无罪……使实行换班制度的工厂数目迅速增加。参见《资本论》(第 1 卷),载《马克思恩格斯文集》(第 5 卷),人民出版社 2009 年版,第 334—335 页。

④ 至于伦纳德·霍纳先生本人也"受到了工厂主各式各样的迫害和诽谤"。《资本论》(第 3 卷),载《马克思恩格斯文集》(第 7 卷),人民出版社 2009 年版,第 105 页。

⑤ 《资本论》(第 1 卷),载《马克思恩格斯文集》(第 5 卷),人民出版社 2009 年版,第 568 页。

对劳动关系不能自治的调节①，以及对劳动自治衍生的负面后果的行政矫治。

1. 劳动监察权是国家行政权力

劳动监察最初不是国家权力直接干预，只是对于一些劳资关系处理中发生的一些耸人听闻的、引起较大社会反响的事件，委托自治团体、医务人员或宗教人士等进行专项事件调查。调查发现，情况普遍不理想，工厂主几乎无视或有意规避工厂法的实施。于是就设置专门机构和人员负责监督检查工厂法的执行与落实。1833年，英国首创工厂视察员制度，由政府委派高级管理官员到各地工厂督促实施工厂法。因为生产劳动遵循市场经济规律，国家本不应横加干涉，否则有可能对生产秩序造成负面影响，但是，经济事实的发展，资本雇佣劳动的社会性使得这种雇佣关系不在常态运作，有必要通过行政公权力对扭曲时的社会关系予以纠正，否则，劳工权益完全失去保障，"最短木桶条"效应使得社会也就不再稳定。

2. 劳动监察权具有法定救济性

劳动监察权所具有的法定救济性针对两个方面：一是对劳工权益的救济；二是对劳动关系的救济。劳动监察于法有据，具有强制性，且是专门机构、专门人员行使职权，具有专门性，资强劳弱的局面使得劳动监察在执行时，落实到对劳工权益的法定保护，而且是对既有劳工权益缺失或受损的实在纠正保护。劳资力量失衡往往导致劳动关系不能相谐，劳动监察就是对劳动关系现状的一种考察，发现问题及时纠正，以修复破损的或失常的劳动关系，维持生产经济秩序长期健康发展。

（三）劳动监察制度的价值评价

劳动监察，甫一问世就与劳工权益保障紧密联系。"徒法不足以

---

① "资本是根本不关心工人的健康和寿命的，除非社会迫使它去关系。"参见《资本论》（第1卷），载《马克思恩格斯文集》（第5卷），人民出版社2009年版，第311页。

自行",劳工立法不能得到切实执行如同老虎没长牙齿,国家通过立法的方式确立劳动权利并不意味着劳工权益的实现,必须运用监督检查等执法手段实现劳动法保障劳工权益的价值倾向。

1. 劳动监察是对劳工权益的"铁板救济"

所谓"铁板救济",是指为维护劳工权益,国家依据劳动基准法规对企业进行监督检查,对劳工生产过程中的劳动条件等基本权利法定化的坚决落实。国家作为劳动者的强大后盾,面对资方对劳工的权益侵犯宛如铁板一块,坚决抵住不法侵害,切实保障劳工在生产活动中的各项权益。如果没有国家的这一看守保护,劳工权益受损仍然会伤害到社会利益乃至国家利益,这显然是各方面皆不允许的。国家对劳动监察权的行使,是对劳工的一种实质保护,类似足球场上的禁区防守,以劳动基准为底限的保卫。劳动监察主要是对劳动基准的检查,对劳工而言,劳动监察则是获得权利救济的有效途径,劳工权益通过国家公权力得到了切实保护。

2. 劳动监察是对社会利益的整体调控

通过对劳工权益的保护可以促进社会公共利益的增长。公共利益是人类文明价值的体现,政府有责任维护公共利益,"政府本身不是目的而是手段,政府除了人民的利益以外没有自己的利益"①。政府平衡劳动关系,倾斜保护劳工权益,本质是促进社会公共利益的增长。劳动监察权通过强制手段规范资方的雇佣行为,"没有监察,劳动立法只是一种道德运用,而不是有约束力的社会纪律"②。因此,劳动监察权虽然具有强制性,但可以消解"强资本弱劳工"带来的利益失衡,保护劳工权益,维持劳动力的再生产和社会整体利益的可持续发展。

---

① [英]韦德:《行政法》,楚建译,中国大百科全书出版社1997年版,第27页。
② [德]沃尔夫根·冯·李希霍芬:《劳动监察:监察职业指南》,国际劳工与信息研究所译,中国劳动社会保障出版社2004年版,第6页。

二 《资本论》劳动争议处理思想

劳动争议①，宽泛地说，是以劳动关系为中心所发生的一切争议。现实中，劳动争议往往是由劳工权益被侵害所引起的，是劳工试图寻求国家、社会等救助的程序方式。《资本论》劳动争议处理思想是在描述劳工自发行动事实基础上批判资本主义劳动争议处理制度而形成。

（一）《资本论》劳动争议处理思想内涵

1. 批判资本主义劳动争议处理制度

纵观《资本论》中劳工自发抗争行动所表达出来的诉求，可以得知，劳工的诉求往往是争取在既有制度之外得到更为公平的对待。在资本主义发展初期，制度不健全甚至全无，劳工要求在已有体制内通过团结和谈判的合法手段，来争取自己的经济权益，实际是不可能的。与劳工相对立的英国工厂主在1855年成立了"争取修改工厂法全国协会"，按照每个工厂的动力规模收费，很快就筹集了一笔超过5万英镑的基金，以应对劳动诉讼时的诉讼费用。这种经济上的优势是劳工所无法比拟的。而且就构成主体来说，这个协会的许多会员本身就是治安法官，在法律适用时也时常作出有利于工厂主的判决。除了诉讼还对立法施加压力，1856年终于通过一项议会法令。"这个法令事实上剥夺了工人的一切特殊保护，他让工人在受到机器的伤害时向普通法院提出赔偿损失的诉讼，而另一方面又对专家鉴定做了非常巧妙的规定，使工厂主几乎不可能败诉。"② 本书经过对《资本论》中所述劳动争议案例详细分析，基本上都是要求提高劳动报酬、改善劳动条件等引发的争议，争议对象是工厂的雇主或监工，并期望政府能够公正解决问题，但是结果往往是令劳工失望至极。

---

① 又称"劳动纠纷"，或称"劳资争议"或"劳资纠纷"，是指劳动关系双方由于权利与利益而产生的争议。参见常凯《劳权论》，中国劳动社会保障出版社2004年版，第361页。

② 《资本论》（第3卷），载《马克思恩格斯文集》（第7卷），人民出版社2009年版，第105—106页。

2. 劳动争议处理的趋势分析

马克思在《资本论》中分析，在劳资矛盾不断激化的情势下，资本主义国家劳动争议处理的立法产生，并且在劳动争议处理实践中不断完善。在早期，劳动争议全凭劳资双方的经济实力来决定胜负，由于力量极不均衡，反而使得冲突极其惨烈，罢工暴动、闭厂镇压等武力流血事件频繁发生，矛盾激化使得双方损失惨痛、疲惫不堪。随着时间推移，进而由国家出面居中斡旋调解以缓解矛盾的方式渐渐被双方接受，相继为各国立法所确认。① 因此，马克思和恩格斯结合实践指出由劳工自发行动到国家立法规制是劳动争议处理的趋势。

（一）劳动争议处理权的权利表征

劳工的劳动争议处理权包括提请权、获得调解权、获得审判权与公正裁判权，以及执行权等劳动争议处理各个阶段的劳工权益。但就性质而言，劳工的劳动争议处理权本质上是一种司法救助权。

1. 司法救助权

劳动争议的解决必须依靠能够对违反规则的行为予以裁决的机制，这个机制应该属于人民。司法承担着这种机能，对公民权益受损予以法律程序上的救助，司法救助权是公民的普遍权利。伟大革命导师对司法权的定位是社会权利，"司法权是国民的直接所有物，国民通过自己的陪审员来实现这一权力，这一点不仅从原则本身，而且从历史上来看都是早已证明了的"②。劳动争议处理纳入司法涉及三个要素，劳动关系、劳动权利主体、劳动权利义务，司法活动裁决劳动关系的权利与义务的争执。劳动争议处理活动，并非立法和行政那样属于宏

---

① 例如，1824 年的英国《雇主雇工仲裁法》、1890 年的德国《工业裁判所法》、1892 年的法国《调节和仲裁法》、1896 年的新西兰《强制仲裁法》等，都是有关劳动争议调解和仲裁的专门法规。

② ［德］恩格斯：《〈刑法报〉停刊》，载《马克思恩格斯全集》（第 41 卷），人民出版社 1982 年版，第 321 页。"司法权决不应当同中央发生关系，而应当属于人民，属于陪审法庭。"恩格斯：《集权和自由》，载《马克思恩格斯全集》（第 41 卷），人民出版社 1982 年版，第 396 页。

观决策与社会调控的国家活动形式，劳动争议处理所体现的司法救助权所针对的是具体的劳动关系，因而司法权与立法权和行政权在本质上存在着差异，马克思恩格斯认为，行政权可以由国家来行使，司法权则必须由人民来掌管。

2. 平等裁审权

对于劳动争议的双方当事人来说，最为重要的是获得平等的裁决审判机会，获得公正的裁决判决结果。具体而言，就是请求权平等，裁判权平等。请求权包含有对劳动争议处理方式的选择权平等。直白地说，劳动争议双方当事人虽然在劳动关系中实质不平等，有隶属关系，但法律地位是平等的，法律面前一切平等。

（三）劳动争议处理制度的价值评价

1. 劳动争议处理制度立足于劳工权益

劳动争议处理制度是劳动关系调整的重要法律手段。劳动争议处理根本目的是通过法律程序维护劳工权益。劳动法的基本宗旨是保护劳工权益，这一宗旨也是劳动争议处理法律制度设计的宗旨。体现在劳动争议处理中的最主要的要求就是不仅追求形式平等，也要追求实质平等。因为现实中，劳资实际处于不平等地位，劳动争议大多数是由劳工权益受损引发，因而劳动争议处理制度的落脚点最终是劳工权益保障。

2. 劳动争议处理制度是劳权最后防线

就劳动法律的构建来看，劳动争议处理权是劳动法律体系中劳工权益的最后防线，如果劳动争议没有处理好，就会突破法律防线，引发非法冲突，甚至会破坏社会秩序。劳动法主要内容包括劳动基准、劳动合同、集体合同和劳动争议处理四个具体的法律制度。劳动法作为劳权保障法，必须有一个对违反规则的行为予以裁决和强制的机制，那就是劳动争议处理权的制度构建。

第三节　劳工权益的最高目标：未来社会的天然就业权

"在任何一个文明的社会里，都有大批很想工作但是却找不到工作的失业者，而且这个失业人数比人们通常想像的要大。"① 但是，进入未来共产主义社会这种现象则会发生质的改变，失业将会消失。"重新建立劳动者个人所有制"由马克思在《资本论》中明确提出，这一设想蕴含着劳工权益的最高境界——天然就业权。"重建劳动者的个人所有制"在前文已有所论述，主要是从理论上阐释劳动者的个人所有制是劳工权益保障的未来指向。此处，本书拟从劳动生产实践角度阐释劳动者的个人所有制，既是一种未来制度实践安排，又是更深层次的权利蕴涵，蕴含着人人各司其职、人人各尽其能、人人各得其所的社会理想目标的实现。

　　未来社会的天然就业权，具体所指未来社会人们劳动就业的平等权和选择职业的自由权两个方面，前者体现了劳动者与生产资料结合方式的平等结合，后者体现了劳动者对劳动方式与种类选择的自由价值取向。

　　劳动者与生产资料有机结合是社会生产的有效形式，马克思经过分析认为，现行生产方式下生产资料的生产并不能满足生产的需求。② 因而在理论上劳动者应该充分就业。但是，为什么会出现严重的失业现象呢？因为从整个社会生产过程来看，生产资料和劳动力都出现了大量浪费，生产资料的浪费是由于劳工劳动力所有权与劳动力使用权的分离，而劳动力的浪费则是由于资方对可变资本（即工资）的节省而引起的劳工竞争。原因并不复杂，解决却很困难。马克思曾经满怀信心地设想："如果明天把劳动普遍限制在合理的程度，并且在工人阶级的各个阶层中再按年龄和性别进行适当安排，那么，要依照现有的规模继续进行国民生产，目前的工人人口是绝对不够的。"③

---

　　① ［德］恩格斯：《在爱北斐特的演说》，载《马克思恩格斯全集》（第2卷），人民出版社1957年版，第611页。

　　② "要使全部有劳动能力的人口在生产效率最大的情况下劳动……已经生产出来的生产资料还很不够"。参见《资本论》（第3卷），《马克思恩格斯文集》（第7卷），人民出版社2009年版，第287页。

　　③ 《资本论》（第1卷），载《马克思恩格斯文集》（第5卷），人民出版社2009年版，第734页。

实际上，马克思明白问题根源很清楚，解决路径很具体，但是只要资本所有者不与劳动者合一，问题永远不会解决。事实证明，时至今日，劳动就业这一基础性劳工权益仍然是世界范围内的人类难题。唯有"重建劳动者的个人所有制"，实现劳动者与生产资料的直接结合、平等结合、真正结合，劳动就业问题自然会迎刃而解。那时将是一个天然就业的社会，只要有劳动能力，人人平等就业，自由择业，使人真正得到自由全面的发展。"通过有计划地利用和进一步发展一切社会成员的现有的巨大的生产力，在人人都必须劳动的情况下，人人也都同等地、愈益丰富地得到生活资料、享受资料、发展和表现一切体力和智力所需的资料。"① 在社会生产关系的各个环节，为全体劳动者真正民主参与、按需分配创造充分条件，劳动者各项潜能最大限度发挥，作为社会主体的主动性、积极性和创造性完全迸发出来。

劳动成为自由劳动、全面劳动，劳动者经由劳动使个人能力得到全面发展。"外在目的失掉了单纯外在自然必然性的外观，被看做个人自己提出的目的，因而被看做自我实现、主体的对象化，也就是实在的自由。"② "重建劳动者的个人所有制"带来了全体劳动者的"天然就业权"，劳动者与社会有机融合，真正实现了劳动解放和促进人的自由全面发展。

第四节　本章小结

本章承继上一章，继续对蕴含丰富的《资本论》劳工权益思想进

① ［德］恩格斯：《〈雇佣资本与劳动〉导言》（1891年版），载《马克思恩格斯文集》（第1卷），人民出版社2009年版，第709—710页。

② 这种劳动"不是作为用一定方式刻板训练出来的自然力的人的紧张活动，而是作为一个主体的人紧张活动，这种主体不是以单纯自然的，自然形成的形式出现在生产过程中，而是作为支配一切自然力的活动出现在生产过程中"。参见《政治经济学批判》（1857—1858年手稿），载《马克思恩格斯文集》（第8卷），人民出版社2009年版，第174页。

行分类研究，主要阐述《资本论》中的劳工集体权益思想以及劳工权益救济思想等内容。

劳工集体权益是在劳工个体权益基础上联合形成的，是为了强化劳工个体权益而确立的。劳工集体权益的实践基础是《资本论》中的协作思想，而考察《资本论》劳工权益救济思想的构成，分别为书中阐述的劳动监察思想和劳动争议处理思想。

《资本论》劳工结社思想内容清晰，蕴含着结社权或团结权，明确劳工是结社权主体，工会是结社权的特定组织形式，结社权目的是增强劳工自救能力。劳工结社权能够起到均衡劳资力量，兼容公平与效率，畅通劳工权益救济途径的作用。

《资本论》集体谈判思想内涵丰富，明确集体谈判有益于劳工权益。集体谈判的基础是共同体联合，蕴含着对等介入权、劳资立法权和劳资共决权。因而，集体谈判权作为集体劳动关系的核心枢纽，成为现代劳工立法的进步标志。

《资本论》集体行动思想蕴含深刻，集体行动分为两个阶段：一是以机器等生产资料为目标的阶段；二是以劳动基准为目标的阶段。集体行动权利蕴含着自力救济权和过激性的罢工权。集体行动权可以促进劳资和谐，也可以是劳工权益的"牙齿"，真正令资方感到畏惧。

《资本论》民主参与思想内容富有启发，劳工民主参与的理论基础是分享剩余价值，劳工运动与政治发展实践也促进民主参与。民主参与权蕴含着权利主体复合，权利内容综合，权利目标多层次等权利特征。民主参与权起到促进企业发展与劳动者全面发展的作用，也能够促进促进劳资合作与经济民主。

《资本论》劳动监察思想内容翔实，证明了劳动监察必须且必要，通过考察英国工厂法资料发现英国工厂监察员实际难有所作为。确证劳动监察权是国家行政权力，具有法定救济性；劳动监察实际是对劳工权益的"铁板救济"。国家作为劳动者的强大后盾，面对资方对劳工的权益侵犯宛如铁板一块，发挥防范矫正作用，劳动监察在根本上是对社会利益的整体调控。

《资本论》劳动争议处理思想是在描述劳工自发行动事实基础上批判资本主义劳动争议处理制度而形成的，结合实践指出由劳工自发行动到国家立法规制是劳动争议处理的趋势。劳动争议处理思想所蕴含的劳动争议处理权是一种司法救助权与平等裁审权，真正的劳动争议处理制度的落脚点是劳工权益，也是劳权的最后防线。

"重新建立劳动者个人所有制"由马克思在《资本论》中明确提出，这一设想蕴含着《资本论》劳工权益思想的最高目标——天然就业权。未来社会将是一个天然就业的社会，只要具备劳动能力的人，一律平等就业，自由择业，使人真正得到自由全面的发展。

第六章　《资本论》劳工权益
思想的实践映证

马克思主义法学的本质在于实践。《资本论》的问世切合当时劳资斗争的实践需要，问世之后迅速在世界范围内指导着劳工权益抗争。"自地球上有资本家和工人以来，没有一本书像我们面前这本书那样，对于工人具有如此重要的意义。"① 具体而言，《资本论》劳工权益思想的实践功能体现在两个方面：首先，《资本论》科学解答劳工权益的理论困境。当时，工作日、工资、劳动条件等劳工权益被严重侵犯，但劳工却不知问题根源在何处，如一头发怒的狮子捣毁机器，《资本论》问世之后，终于找到了科学正确的答案。其次，《资本论》为劳工争取到实际权益。《资本论》传播统一了劳工权益斗争思想，马克思主义逐渐主导劳工运动，促进世界各国劳工政党迅速发展，《资本论》被誉为"工人阶级的《圣经》"或"共产主义的《圣经》"②，引发资产阶级统治者恐惧慌乱，纷纷出台劳工立法做出让步，如八小时工作日法案、社会保险立法等。

思想来源于现实，而思想的实践呈现形式往往是制度与行动。

---

① ［德］恩格斯：《卡尔·马克思〈资本论〉第一卷书评——为〈民主周报〉作》，载《马克思恩格斯文集》（第3卷），人民出版社2009年版，第79页。

② 《〈资本论〉（第1卷）注释》，载《马克思恩格斯文集》（第5卷），人民出版社2009年版，第900页。

《资本论》劳工权益思想是资本主义社会经济结构的反映，"工人阶级处境悲惨的原因不应当到这些小的弊病中去寻找，而应当到资本主义制度本身中去寻找"①。《资本论》劳工权益思想的实践呈现形式亦是制度与行动。西方制度史上法律的演进同样离不开权利思想史的发展，17、18世纪人权的确认与劳动法的产生及发展都是很好的例证。劳动从"义务"向"权利"转化，这是现代劳动法产生的基础，也为劳工权益保障奠定了基础。

第一节 《资本论》劳工权益思想对英国实践回应

《资本论》中用了大量的篇幅讨论以英国1802年的《学徒健康与道德法》为首的工厂立法，《资本论》劳工权益思想的实践来源自然应先自英国始。因为工业革命首发于英国，物质基础决定上层建筑，所以世界劳工立法序幕于英国首揭属顺其自然，符合社会历史发展规律。

一 工厂立法的产生与发展

工业革命首先发生在棉纺织业，瓦特发明的蒸汽机被最先应用于棉纺织工业，英国的棉纺织工业是现代工业之母，也是最先实现大机器和规模化生产的经济部门，更是当时英国财富的主要来源和征服世界的主要依靠。在很长一段时间内，棉纺织业发展过快导致劳动力匮乏。"为使这些机器工作，从人口富裕的大城镇上找寻劳动力，而在伦敦、伯明翰和其他人口密集的地区成百上千的教区学徒则（为工厂）提供了丰富的劳动力资源。"② 正因为劳动力资源是"丰富的"，

① ［德］恩格斯：《英国工人阶级状况》，载《马克思恩格斯文集》（第1卷），人民出版社2009年版，第368页。

② Samuel Kydd, *The History of the Factory Movement*, London: Simpkin & Marshall Co, 1857: 16.

所以工厂主们使用起来"毫不吝啬"①。

（一）世界第一部劳动法

1784 年，老罗伯特·皮尔工厂主的棉纺织厂暴发传染病，疫情迅速波及周边，引起民众恐慌。英国医生汤姆森·珀西瓦尔受命调查传染病源起，经大量实证调查发现，疫情源起学徒长时间的工作、工厂混浊的空气，于是提交关于以立法手段规范工厂学徒的工作时间和工作环境的报告，建议以法律手段消除工厂弊患。珀西瓦尔的报告反响很大，触动少数开明的工厂主，加强工厂管理和提高学徒的待遇，一定程度上在改善工厂弊端、防止学徒犯罪等方面有所进步。老罗伯特·皮尔本人也因工厂暴发传染病而重视起劳工问题，在当选为议会议员之后即 1802 年 4 月 6 日向议会提交了一份关于保护棉纺织厂学徒的草案，并于 6 月 2 日获得通过，世界第一部劳动法就此诞生。②

（二）劳工权益保障制度演进

1802 年，工厂法在保护劳工权益方面迈出了第一步，但就实际功效来说，并没有完全发挥出应有作用。1802 年工厂法调整对象仅限于"教区济贫院的工厂学徒"，并未囊括所有未成年工。为此，在修改1802 年《学徒健康与道德法》的基础上，英国议会于 1819 年颁布了适用于所有棉纺织厂的《工厂法》，并限定满 9 岁的儿童才可以进入工厂做工，9—13 岁的儿童每天工作不超过 13.5 小时。后来又分别于

---

① "工厂学徒的年龄一般在 7 岁左右，有的甚至更小。他们的工作时间特别长，每天工作十几个小时，而且工厂主为了让机器一直不停地运转，实行轮班制，一组学徒休息，另一组马上顶上……工厂环境也极其糟糕……学徒的食宿非常糟糕……工厂也由此经常发生各种令人惊恐的传染病"。参见张开发、王宇博《试论英国 1802 年工厂法》，《苏州科技学院学报》（社会科学版）2014 年第 1 期。

② 法案的内容主要有：厂房和厂区宿舍 1 年粉刷 2 次；确保空气流通；男女宿舍明确分隔；提供整洁服装；工作日不超过 12 小时；聘用教员，安排专门教学场所进行读、写、算学习；工厂主若违反法令，处 40 先令至 5 英镑罚款，等等。The Statutes of the United Kingdom of Great Britain and Ireland, *Containing the Acts 41 Geo III.（1801）and 42 Geo III.（1802）*, London: His Majesty's Statue and Law Printers, 1822。

1825 年、1831 年进行修改，对雇佣童工的年龄、工作时间、夜班等工作条件和生活条件进一步完善规范和加强干预。① 1833 年，议会又修订通过《工厂法》，这部法律相对前法由于缺少监督而很少起作用的情况大有好转，因为规定了工厂视察员制度，监督工厂法执行。② 1844 年、1847 年《工厂法》连续多次修改，将适用范围扩大至所有纺织厂（棉纺织和毛纺织厂）。经历了长达半个世纪的专门解决童工问题的《工厂法》立法运动，正如经济史学家约翰·哈罗德·克拉潘在《现代英国经济史》中所写到的那样："不论《工厂法》的含义是什么，也不论它们的某些赞助人的意愿是什么，直到 40 年代，《工厂法》所关心的还只是教区学徒、幼童或后来的青年人，并且往往以只关心这些人为理由而进行辩护。"③

　　19 世纪后半叶，工厂立法开始深化，由单纯规范学徒、童工和仅适用于纺织厂逐渐向所有行业、所有劳工扩展。1850 年工厂法将童工的日工作时间缩短为 10 小时，并扩大适用于女工。为防止雇主通过轮班制来规避禁止夜班的规定，要求童工和女工的工作时间必须在早 6 点或 7 点至下午 6 点或 7 点，其中用餐一个半小时，周六必须在下午 2 点停工，即确立了正式的所谓"英国工作周制度"。1860 年和 1861 年，《工厂法》经过修改，把适用范围扩大至漂厂、染厂、花边工厂的女工、青工和童工。1864 年，《工厂法》的适用范围经修改，又将黄磷火柴制造业、麻布裁剪业等六个行业置于其管辖之下。1867 年《工厂法》的适用范围除了个别例外和保留条件之外，已经覆盖了所

---

① 然而，"从 1802 年到 1833 年，议会颁布了 5 个劳动法令，但是议会非常狡猾，它没有批准一文钱用于强制地实施这些法令，用于维持必要的官员等等。这些法令只是一纸空文"。参见《资本论》（第 1 卷），《马克思恩格斯文集》（第 5 卷），人民出版社 2009 年版，第 321 页。

② 自 1833 年之后，英国劳动监察制度还有发展。1844 年，英国工厂视察员成为国家公务员。1871 年，英国共有 45 个工厂视察员，其中 2 个视察员，2 个副视察员，41 个助理视察员；1892 年，增加任命 15 个劳工为助理视察员，分布各地协助视察员工作。要求地方向内阁上交执行工厂法的年度报告。凡此被认为初具现代劳动监察制度雏形。

③ ［英］约翰·哈罗德·克拉潘：《现代英国经济史》（上），姚曾廙译，商务印书馆 1964 年版，第 700 页。

有超过 50 个雇员的工厂。

为解决非工厂化的作业场所的童工、青工和女工的保护问题，同年英国议会又颁布了《作坊工作法》，对 50 人以下雇员的工作场所进行相应的规制，与《工厂法》配套。1878 年，将 1867 年颁布的上述两法合并，形成了《工厂与工场法》。除个别时间情况，如厂外加工、家庭劳动和洗衣、裁缝等少数妇女职业外，将童工（10—14岁）、青工（15—18岁）和妇女全部纳入该法保护范围，使早期自由资本主义时期长达一个世纪的《工厂法》立法达到了较为完善和成熟的阶段。①

（三）英国工厂立法实践的价值

1. 促进劳工权益保护

由前述工厂立法背景得知，如果劳工只被雇主当作财产，而在法律上如果只有民法保护雇主的财产权，那么整个资产阶级将无劳动力可用。英国工厂立法可以说是第一次对民法财产权的超越，而工业革命之前的劳工法规，还仅是保护资本家或雇主的财产权的法，尚未涉及对劳工劳动力权的保护。

1802 年工厂法之后就逐渐有了新的法权观念和劳动力权观念。马克思曾称"工厂立法是社会对其生产过程自发形态的第一次有意识、有计划的反作用"②。马克思在这里的"第一次"的用语，把《工厂法》和过去一切的劳工法规区别开来。这就是对英国《工厂法》对劳动力权保护的最早的肯定。

追踪英国工厂立法的演变轨迹，客观地说，《工厂法》对英国劳工权益保障起到很好的作用。英国《工厂法》的诸多法案在今天放在许多发展中国家，仍然并不过时，完整性和严谨性值得肯定，马克思也承认在当时，其他国家因没有英国这种工厂立法，劳工权益状况要

---

① 周永平：《当代劳动关系法律制度研究》，中国方正出版社 2010 年版，第 31—35 页。
② 《资本论》（第 1 卷），载《马克思恩格斯文集》（第 5 卷），人民出版社 2009 年版，第553 页。

坏得多。作为世界劳工史上最早规范工厂的工作时间、工作环境、工作对象和劳动监察的英国工厂立法，一直不断完善，为世界各国劳工立法做出很好的表率典范作用。

2. 促成《资本论》劳工权益思想系统成型

英国工厂立法实践再一次验证了生产力决定生产关系、经济基础决定上层建筑的社会发展规律，也验证了前文《资本论》劳工权益思想内容蕴含的诠释有据。英国工厂立法实践不仅促进本国劳工的权利意识，也激活了各国劳工的维权意识，更引发劳工权益理论的大发展，《资本论》劳工权益思想正是理论发展潮流中涌现出来的最科学的思想，让劳工充满希望地看到通过努力斗争可以改变自己命运，劳工运动的序幕由此拉开。

但是，《资本论》劳工权益思想对英国工厂立法的实践促进却未及时跟进，很重要的一个原因是，《资本论》早在 1867 年就已出版，但直到 1887 年，才有英文译本，因而理论辐射作用相比德国则显得式微，这也是德国劳动与社会保障立法后来居上的重要原因。

二 社会保障立法的产生与发展

英国工业革命引发一系列社会结构变迁，瓦解农耕社会的自然经济，原始工业化改造了传统的城市体系，流浪人口大量涌进城市，现代社会保障制度开始在英国萌发。

（一）社会救助立法制度演进

英国是社会救助法的发源地，工业革命以前，英国的社会救济多是通过教会、寺院、医院、自助组织以及个人慈善捐款等方式。1601年《济贫法》颁布，因该法几乎是在尽可能地伤害贫民并因此伤害国家，故而从权利角度看，该法被称为旧《济贫法》，并不具有现代社会保障法的特征。1834 年，英国颁布《济贫法修正案》，为与 1601 年《济贫法》相区别而被称为新《济贫法》。该法第一次立法确定社会救助权，因而被认为是现代社会保障法的雏形。

表 6 - 1 英国新、旧《济贫法》比较

	1601 年《济贫法》	1834 年《济贫法》
出台背景	工业革命导致封建制度崩溃，"圈地运动"瓦解了传统耕织结合的自然经济，使大批自耕农被迫踏上迁往城市的不归之路	过量的支出和由此强加在地方纳税人身上的难以承受的沉重负担，导致富裕者怨声载道
基本规定	建立地方行政和征税机构；为有能力劳动者提供劳动场所；资助老人、盲人等丧失劳动能力的人，为他们建立收容场所；组织穷人和孩子学艺；提倡父母子女的社会责任；从比较富裕的地区征税补贴贫困地区	严格限定了接受救济的条件；确立了院内救济制度，只把征自富有者的救济金用于院内穷人；成立济贫法管理局，建立完备的济贫管理体系
影响	政府开始介入弱者保护领域，济贫资金开始实现由"募"到"征"的转变，这表明国家开始初步应对贫困，并在一定程度上解决了当时因贫民过多而产生的社会动荡等社会问题	政府全面介入弱者保护领域，从传统社会济贫的恩赐性质转变为现代社会中的政府的责任和义务，建立了社会救助的基本框架
特点	"亲属责任原则"或"家庭责任"；以牺牲自由为代价；儿童的权利被忽视；救助与惩罚同在	建立统一的救济机构；逐步完善监管措施
问题	贫民依赖心理；无自尊，干涉贫民的基本自由	习艺所实质上是穷人的噩梦

新《济贫法》将社会救济上升为公民个人的一项基本权利并不断扩充劳工权益与社会权利，社会保障法律发展史也就是劳工权益的不断完善史。

（二）《公共卫生法》的变迁

英国工业化进程中，城市化引致环境与卫生问题的产生。人居环境极端恶化、污秽拥挤、疫病流行。[①] 19 世纪 30 年代霍乱的肆虐引起的社会重视，以及由此引致 1842 年埃德温·查德威克爵士的《大不列颠劳动人口卫生状况的报告》[②]，推动了英国 1848 年《公共卫生法》

---

① 19 世纪中叶，城市卫生协会报告写道："许多地区非常污秽……严重拥挤和普遍缺乏通风设施。"参见 K. J. 巴顿《城市经济学理论和政策》，上海市社会科学院译，商务印书馆 1984 年版，第 179 页。

② 报告详细列举了劳工劳动与生活环境的恶劣状况，提议尽快立法来保护公众的健康，改善劳工的卫生状况。

（*Public Health Act of 1848*）的出台，也是最早旨在解决工业环境问题的社会立法。

继查德威克之后的约翰·西蒙爵士，也就是马克思在《资本论》中多次充满敬意提到的医疗官员，亦是一位公共卫生的积极倡导者。西蒙医生经过多次调查，在他的努力下，1855 年通过《大城市地方管理法》，为建设伦敦的排污系统专设委员会。为了清除城市中日益严重的动物粪便、化粪池、污水坑等污秽场所，英国议会连续于 1855 年、1860 年、1863 年通过、修改、再通过《污秽物法》。1866 年的《公共卫生法》规定，厂房必须保持清洁和通风良好，住房排污必须设施完备，逐渐使得英国全民关心的传染病问题，基本得到了控制。到了 1875 年《公共卫生法》，内容更为完善，卫生行政机构职能进一步细化，供水排水、街道卫生、房屋管理、动物管理、食品供应、疾病预防、垃圾清理、污物处理、丧葬、污染治理等全面涉及。19 世纪末，公共卫生状况得到了明显改善。1892 年，长期生活在英国的恩格斯在为《英国工人阶级状况》德文版重印时所写的序言中承认："这本书里所描写的那些触目惊心的和见不得人的事实现在或者已被消除，或者至少不那样刺眼了。"① 在 1848—1875 年不到 30 年间，英国《公共卫生法》的三次变迁，环境卫生得到了较为彻底的治理，这为我国产业转型期的环境卫生问题解决提供了很好的借鉴。

第二节 《资本论》劳工权益思想的德国实践呈现

德国不是欧洲第一个实现工业化的国家，但却是第一个颁布社会立法的国家，这与马克思主义在德国广泛传播，《资本论》问世后，

---

① ［德］恩格斯：《〈英国工人阶级状况〉序言》，载《马克思恩格斯文集》（第 1 卷），人民出版社 2009 年版，第 368 页。

世界劳工运动中心转移到德国是分不开的。19 世纪 70 年代之后资本主义世界的工业总产量相较于之前增长了两倍多，贸易总量翻了一番。其中德国发展最为迅猛，19 世纪中期才开始工业革命进程，但很快在采矿、冶金、化工等方面取得突飞猛进的发展，经济实力迅速赶超英、法等老牌资本主义国家。就整个资本主义世界来说，随着生产力的迅速增长，生产关系也发生了深刻变化，资本积聚和集中程度快速加强，垄断成为主导。而资本愈加集中，力量愈强，劳工的压力愈大，也在促使劳工更大范围的联合。德国作为资本主义垄断阶段的代表性国家，劳资对抗更具张力。

而与此同时，恩格斯作为亲密战友在马克思逝世之后进一步强化与巩固了《资本论》的实践功能。恩格斯不畏艰辛，继承马克思遗愿，先后于 1885 年和 1894 年整理编辑出版《资本论》第 2 卷和第 3 卷，完整再现劳工斗争学说的全貌。随着恩格斯不遗余力地推动《资本论》的广泛翻译与传播，截至 19 世纪 80 年代末，马克思主义已经在劳工中占据思想主导地位，各国相继成立以马克思主义劳工政党和组织，劳工运动蓬勃开展，在争取劳工权益方面获得较大进展。作为马克思恩格斯故乡的德国劳工运动以及社会主义运动如火如荼，时任首相的俾斯麦采取两面手法：一面通过《反社会党人法》（1878 年）压制劳工政党活动；另一面采用怀柔政策，立法保护劳工权益，通过法律来限制资本家对劳工过度的剥削。俾斯麦主导制定了对后世影响深远的"劳工三法"，又称"社会保险三法"，开创世界劳工社会保障立法先河。

一 社会保险法的产生与发展

（一）德国社会保险立法历程

正如前文所述，德国是第一次工业革命的学生，但却是第二次工业革命的先生。随着资本主义工业化的深入，1871 年普法战争后德国实现统一，经济发展更加迅猛，也使得德国产业劳工迅速增加，1852

年德国产业劳工为 99 万人，1894 年已发展到 613 万人。①

面对马克思理论指导下的劳工运动和工会的发展，以及劳工政党壮大的威胁，德国于 1878 年颁布《反社会党人法》（全称为《反对社会民主党进行普遍危害活动法》），但这种镇压并没有收到预期的效果，德国社会主义工人党在 1880 年通过选举成为议会中的大党，拥护社会民主党的人反而日益增多，迫使 1890 年该法废除，也迫使政府正视劳工权益问题。1871 年，"铁血宰相"俾斯麦指出："给健康工人以劳动权，保证他们病有所医，老有所养。……通过行政和立法手段挖掉社会民主党的老根。"② 俾斯麦得到了德皇威廉一世强有力的支持。威廉一世于 1881 年颁布《黄金诏书》③，宣布建立社会保障法，采取社会保险和社会扶助等措施改善劳工状况。随后社会立法进程迅捷。④进入 20 世纪之后，德国不断修订法案、编撰法典以扩大社会保险法的适用范围，逐步建立起适应市场经济条件的现代社会保障制度的基本框架，并在全世界率先建立起来。

（二）德国社会保险法内容评价

仅在 1883—1889 年六年间，德国"社会保险三法"就开创了一个社会立法的新时代，三部法律囊括了疾病医疗保险、养老保险、工伤

---

① 但是，劳工的劳动条件日益恶化，工伤事故频繁，职业病增多……广大劳工在贫困、失业、工伤事故和疾病线上挣扎，没有一点生活安全感。引发劳工为了生存而集体与资方斗争。参见唐志明《论俾斯麦的社会保险立法》，《贵州民族学院学报》（哲学社会科学版）2002 年第 6 期。

② 在帝国议会中，俾斯麦发表演讲："一定不能仅仅压制社会民主党，还要积极促进劳工的福利，才能化解危机。" HAZEN, *Charles Downer, Europe Since 1815*, New York, 1924：292 - 295。

③ "尽快颁布法案维护劳工权益，尤其出现危机时，劳工有权即使得到社会救助、政府供养。本诏书涵涉疾病医疗保险、工伤事故保险、退休养老保险。"参见 ［德］H. 科殷《法哲学》，林荣远译，华夏出版社 2002 年版，第 62 页。

④ 先后颁布的相关法律有：《劳工疾病保险法》（1883 年）、《劳工灾害保险法》（1884 年）、《伤残和养老保险法》（1889 年）、《军官养老法》（1906 年）、《士兵抚恤法》（1906 年）、《遗属保险法》（1907 年）等；1911 年，又将上述法律汇编成为《社会保险法典》，共有 1805 条款，作为此后社会保险的基本法律规范。后来德国又于 1923 年颁布《矿工保险法》、1927 年颁布《职业介绍和失业保险法》。参见桂莉《简论德意志第二帝国社会保障制度》，《武汉大学学报》（人文科学版）2005 年第 5 期。

保险、生育保险、死亡保险等当代五类保险，起到了深远的影响。具体的内容比较详见表 6 – 2。

表 6 – 2　　　　俾斯麦时代德国三大社会保险法内容比较

	《劳工疾病保险法》	《劳工灾害保险法》	《伤残和养老保险法》
保险对象	符合法律规定的工厂劳动者，年收入不超过 2000 马克	符合法律规定的工业劳动者，年收入低于 2000 马克（后扩大为 5000 马克以下）	年收入低于 2000 马克的所有工资劳动者与雇员
财政来源	费用由雇主承担 30%，雇工承担 70%，国家予以一定的补贴	费用全部由雇主承担	费用由雇主雇工各承担 50%，国家予以补贴，参保者服兵役期间费用由国家负担
资格条件	患病	因工伤害，但不包括故意受伤害	老年津贴领取者需达 70 岁，并缴费 1200 周（30 年），残疾津贴领取者也需缴费 200 周（5 年）
津贴标准	津贴标准为工资的 50%，从生病后第 3 天开始领取，领取最高时限为 13 周	工伤事故保险津贴标准为工资的 2/3，需护理者的标准为全额工资，领取时限为 14 周，工伤致死者的家属可领取死者工资的 20%	基本津贴为 50 马克，由国家补贴，固定补贴为 60 马克，其余依缴费期限和工资等级确定
组织管理	由各种疾病保险基金组织管理，工业企业的公共疾病保险基金会和地方疾病保险协会，全部实行本地化、委员会制，当中也有劳工代表，雇主因承担大部分费用而发挥决定作用	工伤事故保险由企业协会管理，雇主在工伤保险管理中发挥决定作用	养老保险由国家统一管理

　　在《资本论》劳工权益思想为代表的马克思主义劳工斗争学说实践压力下，迫使俾斯麦以及资产阶级统治者创制出社会保险制度，完全是被动状态下为平息劳工斗争所做的让步，俾斯麦直言："一个期待养老金的人，一般不会好斗，而且易于管理。"① 但社会保险的实际影响却远非俾斯麦等人料想所及，社会保险立法在保障劳工权益和人

----

　　① 龙翼飞：《社会保障与法治建设》，《光明日报》1998 年 12 月 21 日第 2 版。

民基本生活，促进经济发展和社会进步等方面的积极作用影响深远、波及世界。世界许多国家很快追随德国进行社会保险立法，历经百余年发展，社会保险及社会保障制度已在世界 160 多个国家和地区推行，成为各国政府治国理政的基本方略。

二　劳资共决机制的建立与完善

《资本论》劳工权益思想的实践还体现在德国民主参与制度的形成。主要表现为企业主迫于压力，通过一定的组织形式和平台吸收职工参与企业管理决策以及就一些与职工利益相关的问题双方进行协商、对话。在企业内部（协调）协商机制的构建中，最具代表性和成效的是以德国为代表的欧洲大陆国家所奉行的"劳资共决制"，可以看作是对《资本论》中劳动力及其权利理论的一种实践衍生。

劳工民主参与制度的实践，早先是在德意志第二帝国（1871—1918）时期业已存在，肇始于共同经营制度的"劳资共决制"，有一套较为完备的劳工参与模式。"劳资共决制"的构成，主要包括工厂委员会、职工监事制及职工董事制。劳资共同决定模式的制度化在德国也经历了一个循序渐进的过程，该制度从确立到逐步推广历经质疑、争论、辨别。可以说，"劳资共决制"的每次变革都映射着劳工民主参与权所扎根的社会文化、经济与法律背景的演化。同时，德国"劳资共决制"也引起了欧洲乃至世界各国的广泛关注，对他国立法产生不容忽视的影响。

（一）"劳资共决制"的提出

德国的"劳资共决制"是一个具有悠久传统的历史产物，可以从《资本论》的剩余价值理论中找到思想根源，实践起源于魏玛共和国时期的宪治。早在 1835 年，德国图宾根大学的罗伯特·冯·穆尔、维尔海姆·罗雪尔和布鲁诺·希尔德布兰德等人就提出在企业中设立劳工委员会。然而他们的建议并非实际意义上的共同决定，其内容仅局限于听取劳动者的申诉。①

第一步尝试将劳工劳动条件改善及生活条件的要求付诸法律实施，是在 1848 年制定德国宪法的国民大会上，国会代表们讨论一部工厂法的草案，草案中即规定了允许设立拥有一些参与决定权的工厂，但此草案未获得一个明确的结果。直至 1891 年德国《工商业营业法》规定"企业主可视情况设置劳工委员会"，这是第一次立法确认劳工民主参与权。此后，德国通过了一系列关于在企业建立劳工委员会的法律。1919 年德国《魏玛宪法》第 165 条规定承认了劳工委员会："劳工及职员有权平等地与企业主共同来决定薪金条件及劳动条件之制定，及生产力在整个经济的发展"，这是劳工民主参与权第一次被写入宪法。

这一制度不仅是在企业层次，而且在区域、行业层次实行，同时，成立了中央委员会。1920 年的《企业委员会法》促成了一部具有现代意义的企业组织法的成功。在任何一个拥有超过 20 人以上的劳工具有私法或者公法性质的企业，必须设置一个在众多社会及人事的事项上拥有共同审斟权及共同决定权的劳工代表会。虽然该法有关劳动者参与决定的范围仅限于劳动条件和人事安排的领域。但其第一次敲响了在企业层次设立共同决定权的监事会的钟声。

1922 年 2 月 15 日通过了《关于向监事会派遣企业委员会成员法》，该法案第一次明确规定监事会必须有劳工代表加入。由此可见，《企业委员会法》是德国第一个实现"劳资共决制"的法令，而《关于向监事会派遣企业委员会成员法》则成功地将劳工参与的企业层次

---

① 个别资本家的实践也起到了促进作用，1844 年 10 月 25 日，被誉为"莱茵棉纺织大王"的奎林·克龙（Quirin Croon）与丝绒企业主弗里德里希·迪尔加德特（Friedrich Diergardt）等一起组建"劳工福利中央联合会"。参加这一组织的企业相继成立"工厂联合会"，由劳资双方及捐助者共同组成，主要负责建立储蓄、养老和预付基金，协调劳动争议（尤其是在工资与劳动时间问题上的争议），关注两个健康，寻找廉价住房以及管理救济基金等。参见 Hans Jurgen Teuteberg, *Geschichte der industriellen Mitbestimmung in Deutschland*, Ursprung und Entwicklung ihrer Vorlaufer im Denken und in der Wirklichkeit des 19. Jahrhunderts, S. 48 – 58。

扩展到公司机构的层面。德国法中界定的公司范围包括股份有限公司、股份两合公司、有限责任公司、合作社、矿山法上的工会、互惠的保险联合会。以其他法律形式经营的公司（如个体商人公司、有限合伙、隐名合伙、其他人合商业公司以及基金会）都未包括在公司共同决定范围内。公司中劳动者共同决定权通过劳工成员代表加入公司内部组织机构而得以实现。劳动者成员所享有的共同决定权属于公司法与劳动法交集范畴。公司中劳动者的共同决定权的法律基础包括《煤炭、钢铁企业共同决定法》、《企业委员会法》和《共同决定权法》。在企业共同决定制中，劳工代表不能像公司代表那样参加企业机构，而是通过设立特别机构（企业委员会等）来实现，使得劳动者集体地参与企业决策，其法律基础是《企业委员会法》。

（二）劳工参与权制度的绩效分析

1. 微观绩效分析

德国劳工参与管理对企业绩效的作用主要体现在以下三个方面。

第一，有利于提高企业决策的科学性和可操作性，提高企业管理效率。劳工处在生产第一线，掌握着第一手信息，对生产问题最有发言权。通过劳工的广泛参与，可解决信息不对称问题，减少决策失误与时滞；同时，劳工参与决策，也有助于减少决策执行中的阻力和偏差，提高执行效率。德国学者在评估的"劳资共决制"成效时认为，"企业铲除了等级制权威关系而支持合作的企业管理，可能会导致决策过程的暂时延长，但是这并不必然意味着决策中的延误，相反地，在重要决策上的详细论证，在许多场合有助于决策实质的改善"①。

第二，有利于调动劳工的积极性，提高生产效率。通过参与，可以使劳工的愿望得到部分或全部满足，实现自我价值，待遇得到提高，从而使劳动积极性得到提升；同时能使工作丰富化、灵活化，减轻因

① 徐崇温：《当代资本主义新变化》，重庆出版社 2004 年版，第 358 页。

过度专业化而带来的人的畸形发展，促进人的全面发展，提升工作的乐趣。

第三，培养团队合作精神，提升组织效能。劳工参与既是劳工间的合作，也是劳资间的协商互动过程，有助于打造和谐共赢的企业文化，增强企业凝聚力与合力。企业生产效率与管理者和下属的接触有关，与管理者权力的运用方式有关。管理者与下属的接触越多，生产效率越高，反之，则越低。同时，管理者越是注意向下授权，并且听取下属的意见，让他们参与决策，生产效率就越高，反之则越低。德国学界认为依靠一般的奖励来调动劳工积极性的管理形式已经过时了，只有依靠民主管理，调动劳工内在的积极性，才能真正发挥出人的才能。

2. 宏观作用分析

德国法中的劳工参与，不仅形式完备，而且内容广泛，既包括社会参与，也包括经济参与，宏观作用明显。

第一，有助于劳资合作。劳工参与既是一种管理实践，满足了劳工的参与愿望和自我价值的实现；同时也是一种协商、对话、谈判，它是一种和平解决问题的方式，能使矛盾得到及时化解。通过相互沟通，能拉近劳资双方的距离，促进了解，消除隔阂。而企业所有权与经营权的不断分立，也开启了民主的经济新形式。通过建立市场经济体制，逐步改善资产结构，使劳工参股，股份逐步社会化，强调公司和企业的社会责任，使生产资料所有权、经营权的行使不再独占，权利形成制衡，以达到劳资合作的可能。德国 1946 年颁布《经营参议会法》，1952 年颁布《经营构成法》，从经营权的劳资参与入手，强调劳资合作的法定化。这种劳资合作、共同决定企业（公司）发展的制度构建，一定程度上促进了德国劳资关系的和谐，并成为德国经济自第二次世界大战后迅速恢复，进而又重居世界经济强国的因素之一。

第二，有助于国家政治生活的民主深化。政治民主与经济民主是互相促进的关系。经济民主在某种意义上是政治民主的延伸和保障。缺乏经济民主作支撑的政治民主只能是受少数人左右的带有很多虚假成分的民主，是"跛脚"的民主。西方学者建议将民主和多头政治区别开来，世界上所有先进的工业社会现在都是多头政治，离真正意义上的民主还有不小的距离。① 经济民主的推进，不仅强化了公民的民主理念和素养，而且为其提供了经济支持，有利于政治民主的整固和完善。

第三，有助于社会收入分配的公平合理性。因为劳工对自己的权益有一定的发言权，因而在收入分配中，处于较有利的地位。实证方面，突出的典型当数劳工参与层次较高的德国及北欧诸国。在工会化程度高、工会效能强、劳资地位相对平等的瑞典、芬兰等北欧国家。在居民收入分配方面的主要特点是，不同社会成员之间的收入差距很小，收入的均等化程度高。

第三节　劳工权益制度实践的机理反思

《资本论》劳工权益思想的实践方式是制度建设。在资本主义条件下，劳工只有通过斗争建立自由、平等、民主、法治的社会制度，才有可能获得劳动解放，才有可能实现人的自由全面发展。

一　分析前提与条件设定

从制度经济学角度考察，制度作为规范和约束人们行为的各种规则，在人与人的交往中遵循制度可以优化交易成本。制度的供求分析与一般商品需求一样，主体相互独立。结合《资本论》所呈现的劳工权益制度供需分析，可以假设供给主体是工厂主和议会、政府，需求

---

① ［美］大卫·施韦卡特：《超越资本主义》，宋萌荣译，社会科学文献出版社2006年版，第158—159页。

主体主要是劳工，某些时候会有部分交叉。如劳工民主参与权的行使，参与企业治理乃至参与劳工权益制度供给的决策，也可能成为劳工权益制度的供给者，但这不会占据劳工权益制度供给方的主导地位，劳工基本身份还是需求者，仅向劳工权益制度供给者施压。现代社会劳资关系是对抗合作相统一，在生产劳动过程的不同阶段表现形式是不一样的，而资本雇佣劳动仍是市场经济时代常态化。

决定和影响劳工权益制度变迁的因素有哪些？劳工权益制度变迁如何走向均衡？本书认为，劳工权益制度变迁考察的落脚点必定是制度供求的多方主体，经过对立统一的矛盾运动走向新的制度均衡，而劳工权益制度变迁内生机制就是劳动关系协调机制。

二 劳工权益制度变迁因素分析

完整的制度变迁理论包含制度生成和制度演变的内生性解释。制度是内生的，这是由其所在的社会物质条件所决定的。[1] 马克思主义法律观辩证地认为，法律作为一种制度，是统治阶级意志的体现，维护着统治阶级的利益，但绝不是统治者的恣意妄行，法律有着相对独立性，既实行阶级统治职能，也履行社会公共职能，维护社会共同利益。马克思在《资本论》中承认工厂法对资本剥削劳动起到抗衡作用，资产阶级作为"现在的统治阶级，撇开其较高尚的动机不说，他们的切身利益也迫使他们除掉一切可以由法律控制的、妨害工人阶级发展的障碍"[2]。事实上，《资本论》用了较大篇幅来叙述研究英国工厂立法的历史、内容和结果，也是在于马克思深刻认识到法律基于劳工权益维护的内生需要以及积极的有效性影响。没有内生性支撑的制度形同虚设，而内生性因素大致有以下四个方面。

---

① 制度的内生性表明，研究制度必须结合所在时空域考察制度需求状况和有效程度。这一点与马克思政治经济学有异曲同工之妙。制度的内生性再现了国家治理（大传统）和社会治理（小传统）以及个人知行等多方面因素对于制度变迁与功效的重要意义。

② 《资本论》（第1卷），载《马克思恩格斯文集》（第5卷），人民出版社2009年版，第9页。

第一，社会经济发展水平及市场竞争与开放程度。经济发展水平越高，劳工权益制度供给能力和意愿越强。一个充分竞争的环境促使劳工权益制度供给者竞相"提供"高质量的制度"产品"。当然，过度竞争则有可能导致两败俱伤。

第二，劳资力量分析对劳工权益制度安排的预期成本。设计一项制度需要搜集广泛的信息，还要进行详细的论证谋划，还要考虑其实施中的摩擦与机会成本。

第三，国家民主法治架构与公司治理结构。劳工权益制度供给受国家政治法律制度的制约。不同的公司治理结构体现了企业不同的权力关系，影响其对劳工权益制度供给的偏好。

第四，需求的作用力。劳工权益制度供给与需求的作用力成正比。此外，还涉及知识积累、道德伦理及公共舆论等的影响。

三 劳工权益制度供求非均衡分析

均衡是各种力量在某一时点上的平衡。在均衡存在的时点上，人们不会改变已有的行为规则。对于什么是制度均衡，学术界有着广泛的争议，本书限于篇幅与论域的集中，无意介入这一争议。本书试图反向理解什么是制度非均衡？以期取得最低限度的共识。制度非均衡至少可以理解为主体对制度的不满，制度供给不足或过剩，产生的净效益小。

劳工权益制度均衡在于劳动关系各方力量于制度需求与制度供给之间的相对平衡。在《资本论》时代，劳工权益制度特点显然是供给不足。[①] 所以产生供给不足，根本原因在于当时法律制定与实施过程中有意无意流露出的资本立场，"一切现在存在的政府形式，都是专横和不负责任的，不过程度的深浅，多少有点不同。从各种政府形式

---

① 制度供给不足在《资本论》中的体现是劳工劳动时间过长、劳动报酬被拖欠、压低、劳动保护缺失等奴役式使用，劳动关系治理压制排斥劳工、劳工人格尊严受到严重侵犯，劳工与雇主的经济收入悬殊、分配不公，等等。

所产生出来的弊害大概都是间接地通过法律的媒介，而影响到人民身上的；并且这种法律，常常必须沾染着一种不平等的精神，渗透了法律由以发生的政府"①。

而以我国为例，2004年宪法修正案在第14条增加了一款："国家建立健全同经济发展水平相适应的社会保障制度。"这是一个不太引人注目的条款。因为在此之前，社会保障制度已经在实践中建立并持续发展与完善。社会保障制度入宪，更多意味着国家对社会保障制度的重视已经上升到治国理政之根本，也体现了宪法文本对于弱势群体的承认：在我们生活的这个社会，很多人都是需要社会保障的，而社会保障的实质就是立足于社会公正和共同富裕的理念，对一部分人提供救助。"法律之所以存在，无非是要提高社会的福利；所以法律的编订一定要做到能够予以整个国家以最大的安全，而且能够予以个人的行动以最小的约束。"②

"既然法律的性质和用意是这样，所以一切只知约束个人的权利，而不知加强对于社会的保护之人，都是遗患匪浅而且心术不正和具有偏见的分子。至于法律的制定，当然不许少数人总是有特权将法律加之于大多数的人。所以无论在任何地方将法律硬加诸人，那就成了对于大多数的人犯了暴虐百姓的罪证。就是大多数的人们，也是不能总将法律加诸少数的人，除非这种法律的主要目的是为得同样地保护一般的社会权利。人们制定法律就是为得保护生命和财产——而且每一个尊重别人权利的人，应该将他自己的权利先奉为神圣不可侵犯。一切的法律，或者是由多数人制定，或者是由少数人制定，只要目的在于保护平等的权利，便是一切的人都要遵守。但是由于不知道权利的性质或其他原因，倘使多数的人们或少数的人们，自以为是颁布了干涉到一切人的权利的法律，而没有予一切人以平等地保护，那么他们

---

① ［英］约翰·勃雷：《对劳动的迫害及其救治方案》，袁贤能译，商务印书馆2012年版，第40页。

② 同上书，第38页。

是明明地做了不公正的事了。"① 而揭示到社会本质，还是马克思说得精辟准确："只要社会还没有围绕着劳动这个太阳旋转，它就绝不可能达到均衡。"②

四　劳工权益制度变迁机理分析

劳工权益制度的供求失衡是劳工权益制度变迁的前提条件，但非充分条件。《资本论》时代的劳工权益制度变迁受制于资本主义社会的经济、政治、文化的结构变化，取决于制度供求的变迁形态。具体而言，劳工权益制度变迁的方向就是创新劳动关系协调机制。劳动关系协调机制变迁不同于一般商品市场的供求平衡机理，最终能否走向均衡，除了供需双方的力量对比，相互竞争之外，还需要国家权力的干预，才能达至均衡的形成，这需要经过一个漫长的渐进过程。关键需要较为完备的协调组织平台和制度保障。

劳动关系根本上是一种利益关系，包含各种利益因素，只有深入劳动关系主体层面，尤其是从维护劳工权益角度出发，把握社会动态发展，进行积极的制度干预和政策引导，才能呈现较好的制度供给。早期的西方资本主义社会，劳工结社权及罢工权之所以被依法剥夺，除了劳工的法治博弈力量薄弱、社会地位低下之外，还因为结社罢工会危及劳动关系中一直隐含的主体——政府，治下的秩序稳定。国家通过法律等形式确立有利于占支配地位的行为主体的权利规则，从而导致制度变迁。相当程度上，劳工权益制度变迁受制于政治民主和经济民主的完善程度。

五　劳工权益保障协调机制变迁

资本主义制度事实上是以劳资关系为全部建构的核心，制度的首

---

① ［英］约翰·勃雷：《对劳动的迫害及其救治方案》，袁贤能译，商务印书馆 2012 年版，第 38—39 页。

② 《"揭露科伦共产党人案件"一书第二版跋》，载《马克思恩格斯全集》（第 18 卷），人民出版社 1964 年版，第 627 页。

要功能是为资本增殖服务，在整个社会演进方面不能寄望于资本主义制度的自觉性。唯有在政府与市场的关系处理中完善以协调劳动关系为目标的协商民主制度，才是劳工权益制度的改进方向。协商民主，简单理解就是为各种利益主体之间的协商搭建平台、构建更加平等宽松的制度环境。① 在具体的劳动关系治理体制中就是劳动关系三方协商机制。三方协商一般指官方（劳动行政部门）、资方（雇主组织）和劳方（工会组织）三方代表聚集在一起，通过法定程序规则，就劳动关系及与之密切相关社会关系协调的重大问题，民主协商与沟通合作的常态机制，被称为"劳动关系三方协商机制"，简称"三方协商机制"。

三方协商机制渊源来自国际法②，实践源自劳工立法，理论渊源于社会法原理。现在各国劳动关系政策调整或劳动立法多引入三方协商，并成为协调本国劳动关系的基本原则和机制，逐渐世界通行。三方协商机制基于这样一种信念：制定社会经济政策过程中的三方合作制度，以期对于建立民主、公正并有经济效益的社会能够起到长远作用。这一原则一视同仁地把劳资都看作发展经济的主导力量，并且是劳资利益共同体，政府在调整劳动关系时，三方应以平等身份合作协商和决策以达至劳资共享，社会和谐。现代国家普遍把三方协商广泛视为国家经济政策形成的一种重要形式。

第四节　本章小结

制度是实践《资本论》劳工权益思想的基本方式。实践的本质是

---

① 中共十八大报告把健全社会主义协商民主制度作为推进政治体制改革、加强社会主义民主政治建设的一项重要措施；中共十八届三中全会《关于全面深化改革若干重大问题的决定》中也指出推进协商民主广泛多层制度化发展，构建程序合理、环节完整的协商民主体系。

② 国际劳工组织（ILO）成立时《章程》（1919 年）已经确定三方原则，即机构都是由政府、雇主和劳工组织三方面的代表组成。……后来，劳动关系三方协商机制被明确表述为：在一般情况下，三方协商是指国家（通常以政府作为代表）、雇主和劳工三方之间，以组织形式就制定和实践经济与社会政策而进行的所有沟通交往与协商。已为世界多国普遍采用。参见程延园《集体谈判制度研究》，中国人民大学出版社 2004 年版，第 52 页。

人的生产生活，主要通过人与人之间的生产关系与交往关系等来呈现，生产与交往关系的框架与规则形成了制度，制度进而成为调节人与人之间关系的标准，制度规范着人们的行为，调整着人们的关系，成为人们实践的基本方式。本章主要对《资本论》劳工权益思想的实践来源与实践发展进行考察，分别选取两个具有代表性的国家，英国作为第一次工业革命的引领国，是最先进行劳动立法的国家；德国作为第二次工业革命的引领国，最先开展社会保险立法，都是在不同阶段对世界劳动与社会保障立法做出巨大贡献、影响深远的典型国家。英国的立法更多是为《资本论》劳工权益思想的系统形成提供实践支撑，而德国的立法更多是《资本论》劳工权益思想的实践呈现。

通过考察英国、德国的劳工权益保障制度实践，运用制度经济学原理，探寻劳工权益制度实践的机理，与依据马克思主义法学理论建构起来的《资本论》劳工权益思想交相映证。劳工权益制度变迁的内在机制就是劳动关系协调机制。劳动关系三方协商机制达致的劳资共享，是劳工权益制度变迁机制的改进方向。

第七章 《资本论》劳工权益
思想的当代启示

对于《资本论》研究而言，"当代"是一个能不断给予新鲜活力的特定视角，以此为基点，可以激活文本中一些关注不够乃至被忽略、被遮蔽的思想。因为《资本论》至今没有丧失其现实性，今天不得不喟然惊叹于马克思当年精湛的分析对于当前社会现象的适用度，"仿佛马克思当年有一架时间机器，可以让他飞到当代，描述今天发生的事情"①。德国学者沃尔夫冈·豪格的断言让我们深深领悟到：若要真正理解人的生存方式并厘清现代社会及其矛盾运动，《资本论》依然是值得珍视的重要思想资源，依据其冷静审视自身及所处的现代社会关系，就《资本论》劳工权益思想来说，其现实性与时代性也自不待言。

第一节 劳工权益保障:资本积累规律
促使对劳方倾斜保护

随着经济全球化和我国改革开放以来，资本积累规律的确立及资

---

① ［德］沃尔夫冈·豪格：《125 年过去了——马克思仍然是资本主义最重要的批评者》，德国之声电台网站，http：//www. deutsche-welle. de/dw/0，2142，293，00. html 2008 年 3 月 14 日访问。

本固有逻辑对我国经济社会的强势渗透和作用，需要引起重视。本书立足于《资本论》提供的理论范式，对资本积累规律与当代中国劳动者结构变化之间的联系进行深度剖析，一起为思考和解决困扰经济社会发展的重大现实问题，特别是为劳动关系治理体制创新、加强劳工权益保障做出理论阐发。

随着我国以公有制为主体、多种所有制经济共同发展的基本经济制度的逐渐完善，国家治理进入全面深化改革阶段，《中共中央关于全面深化改革若干重大问题的决定》规定的总目标中明确"让一切劳动、知识、技术、管理、资本的活力竞相迸发，让一切创造社会财富的源泉充分涌流，让发展成果更多更公平惠及全体人民"①。这就要求我们正视资本积累规律，探寻劳动者身份多元化趋势。越来越多的劳动者成为非公经济、混合所有制经济的雇佣劳动者，非公经济生产资料的私有性质或混合所有制经济中所含的私有成分决定了劳动者和生产资料所有者之间在经济地位和企业民主管理等方面存在的张力。资本逻辑在当代中国的展开是产权促进资本与劳动力螺旋式对立统一的上升过程，这一过程直接推动着劳动者乃至社会的结构变化。党的十八届三中全会已经提出"允许混合所有制经济实行企业员工持股，形成资本所有者和劳动者利益共同体"。值得结合资本积累规律深入研究，因为这猛烈冲击着原有劳动者的单一结构。同时最值得关注的是，在资本的吸引下，中国一大批农民由农村走进城市，进入各类资本企业，成为中国工人阶级的重要成员——中国新生代劳工。

一　从契约自由到国家干预

（一）劳动关系与契约自由

劳动关系作为一种以财产关系为主要内容的社会关系，无疑具有

---

①　《中共中央关于全面深化改革若干重大问题的决定》，《人民日报》2013 年 11 月 16 日第 1 版。

契约自由、意思自治的私法因素。在自由资本主义时期，国家和法律在劳动关系方面奉行"契约自由"和"不干预"，从西方政治和社会历史的角度看，还具有更为复杂和深刻的原因。以工业革命最早发生的英国为例，在规范劳动关系方面，英国最初系采取法律不干预之基本政策，已如前章所述。英国法律拒绝干预劳动关系，不是建立在一种哲学思想体系之上，也不是政治家或法律学者有计划之安排。就像其他英国法律制度一样，这是历史经验之产物。因此，为理解英国劳动关系治理之特色，必须全面考察 19 世纪英国经济社会史。简而言之，可归纳为三点加以说明：（1）18 世纪末叶及 19 世纪初叶，正值英国工业快速发展、劳工问题滋生之际。但在此期间，英国政治体制系沿袭光荣革命以来之成规，其所产生国会，基本上仍是中世纪之组织结构，代表地主资产阶级利益，希望其积极立法保护劳工，实在不现实。（2）在劳工问题发展之关键时期，劳工不但未受到法律之保护，联合行动反而受到《禁止结社法》（*Combination Acts* 1799，1800）之取缔及制裁。在欠缺法律保护之下，劳工开始团结自救，经过百年抗争，地位趋于稳固。1867 年及 1884 年《国民参政法》（*Representation of Peoples Act*）之制定，使劳工逐渐取得参政权之前，劳工已能透过集体谈判制度，照顾自己利益。（3）基于长期斗争经验，劳工及其联合组织工会，明白自身团结之力量才是有效争取改善劳动条件的最重要砝码。劳工罢工并不期望国会能积极立法之保护，仅要求国家和法律的不干预。① 而劳动关系如果任其自由发展，有可能会出现失衡局面，资本愈益压迫，劳工反抗愈益激烈，从而带来劳工权益受损之后的各类不确定风险。随着经济社会转型加快，经济结构和社会结构随之调整，若劳工权益未能有效表达或获得支持，往往造成劳、资双方的紧张，严重者甚至爆发暴力冲突，酿成社会危机。

---

① 王泽鉴：《民法学说与判例研究》（第 2 册），中国政法大学出版社 2005 年版，第 288—289 页。

（二）资本积累引致劳动关系的国家干预

资本积累的过程呈现为资本对劳工无酬劳动牟取不停歇的规律，这一规律作为资本主义生产的强制性规律不断地再生产出资本主义生产的条件，即资本对劳动的统治不断再生产的过程。但同时资本积累也造成生产条件在不同的资本家之间的重新洗牌，"积累一方面表现为生产资料和对劳动的支配权的不断增长的积聚，另一方面，表现为许多单个资本的互相排斥"①。资本家的相互竞争、相互剥夺对劳工权益是利大于弊，正如资本家乐见劳工之间劳动就业的相互竞争一样。因为在影响经济发展的诸要素中，劳动者因素占据第一位，如果劳动者的积极性不能得到有效发挥，势必会影响到资本效益。劳工待遇、劳动条件等权益的落实与提高有助于大幅度提高劳工生产积极性，也有益于资本积累。相反，如果劳工劳动报酬偏低及社会保障不健全，则必然影响整个市场消费能力，造成恶性循环，进而影响生产规模的扩大，影响经济社会发展。由此，从资本积累规律以及社会秩序和社会治理角度分析，劳工权益需要合法保护，国家干预劳动关系是历史的必然和现实的需要。

马克思在分析商品交换的契约关系时指出："他们是作为自由的、在法律上平等的人缔结契约的。契约是他们意志借以得到共同的法律表现的最后结果。"② 马克思认为在商品关系中，交换双方必须交换自己的所有物，即以自己的意志体现在物上的人才有权彼此发生关系，人们不能超越他们所处的关系去订立契约，以至于马克思有时把契约说成是"法律拟制"③。因此，马克思认为契约在形式上表现为具有平等地位和自由意志的当事人之间的权利交换的关系。契约关系实现的基础是双方都是各自财产的所有者，也就是双方对相互财产所有权的认可；契约关系实现的条件是发生关系的双方具有共同一致的意志行

---

① 《资本论》（第1卷），载《马克思恩格斯文集》（第5卷），人民出版社2009年版，第721页。
② 同上书，第204页。
③ 同上书，第662页。

为；契约关系的结果是双方的经济关系具有了法律表现形式。可见，《资本论》对契约关系的本质认识是法律反映经济关系的表现形式。在分析劳资双方关于劳动力买卖所发生的契约关系时，马克思并未止步于契约的表面形式去探讨法律关系，而是进一步深入契约关系，透析契约背后的资本主义劳资关系，发现并揭露了形式平等的契约之内容的实质不平等。

劳动力具有商品的价值和使用价值两个因素，使得在生产过程中劳工实际上是用自己创造的价值支付自己的商品的本质一览无遗。"契劳工出卖自己的劳动力，取得自己商品的价值，从而把这种商品的使用价值即劳动让渡给资方。资方将劳动和生产资料转化为一种新产品，这个产品在法律上归资方所有。"① 因而，劳动力买卖形式下的实质为"资本家用他总是不付等价物而占有别人的已经物化的劳动的一部分，来不断在换取更大量的别人的活劳动"②。马克思进一步指出资本主义劳动关系订立契约双方在法律上的形式平等的背后，实质上是双方的实际经济地位的悬殊。劳工是在丧失生产资料，从而无法生产自己生活必需品的条件下，在力量对比绝对不利的场合中，别无选择地将自己的劳动力出卖给资本家。因此，马克思戳穿了劳动力买卖契约权利平等的外观，揭露了契约关系的剥削实质。马克思指出："劳动力的买和卖是在流通领域或商品交换领域的界限以内进行的……他们是作为自由的、在法律上平等的人缔结契约的。……使他们连在一起并发生关系的唯一力量，是他们的利己心，是他们的特殊利益，是他们的私人利益。"③

基于此，马克思透过资本主义社会各式各样形式平等的契约关系，

---

① 《资本论》（第1卷），载《马克思恩格斯文集》（第5卷），人民出版社2009年版，第674页。

② 同上书，第673页。

③ 所以，按照马克思对契约本质的分析，如果真正想要了解资本主义契约关系下所掩盖的经济关系实质，必须进入生产领域，而不是"嘈杂的、表面的、有目共睹的流通领域或交换领域……赚钱的秘密最后一定会暴露出来"。参见《资本论》（第1卷），载《马克思恩格斯文集》（第5卷），人民出版社2009年版，第204—205页。

深入发现这些契约关系所反映的经济关系实质，从而揭示出资本主义劳动关系的剥削本质。为了削弱这种剥削性，也为了防止剥削的放任而导致劳资关系的崩盘，势必需要国家立法干预。

二 劳资自治的国家角色

市场经济发展的历史和我国治理文化传统表明，中国模式应该是"强社会—强政府"，而不是西方传统的"大社会—小政府"，即使是西方，在现代成熟期也不在是纯粹的市场经济，而是市场自发调节与国家适度调控的相互结合。市场经济中的劳动关系以自治为主，依循市场经济规律，国家在劳动关系协调方面的职能主要为立法、指导、服务、监督检查等。① 具体而言，劳资自治中的国家依然发挥着必不可少亦不可替代的作用。

第一，劳动立法与政策的制定。国家作为制度供给主体，也有责任使劳资双方和各项劳动事务皆有法可依，具体表现在对工时、工资、职业安全卫生、女职工和未成年人特殊保护等劳动基准方面和职业培训、保险福利等劳动保障方面。国家通过立法与政策制定来完善劳动法律法规体系，对劳动关系进行调整②，准确把握劳资合作与劳资冲突之间的辩证关系，侧重于指导和服务劳动关系协调机制创新。在立法中遵循平衡与向劳动者倾斜并重原则，充分发挥劳动法律的权益保障和社会保障作用。通过加强促进就业，保护劳工权益，实现民主参与，维护生产安全，解决劳动争议，强化劳动执法等方面的劳动立法，实现劳动关系治理法治化，从而为经济社会发展创造和谐、稳定的秩序环境。

第二，劳工权益的合法保护。劳动力作为劳动者生命力的主要内容，承载着劳动者的生存权，劳动力的消耗过程实际上就是劳动者生命的实现过程。所以，在法律上需要特别强调劳工权益的保护。而且

---

① 常凯：《劳动关系学》，中国劳动社会保障出版社 2005 年版，第 231 页。
② 国家宏观调控劳动关系主要分为劳动力市场调节和劳动福利政策实施两方面。

在资本与劳动关系中，资强劳弱成为不争的事实，"资本如同吞噬一切的黑洞，把人的自由自觉的活动贬低为维持肉体生存的手段"①。劳动权作为劳工权益的核心权利，目前已成为各国宪法赋予公民的一项基本权利，其内涵也极为丰富，包括就业权、劳动保护权、劳动报酬权、休息权、社会保障权、劳动救济权等。作为宪法赋予的权利，这些劳动权利同时也意味着国家的义务与责任，尤其是中国在工会主体性与独立性不强的情况下，国家更要用好公共权力，改变二元行为目标偏差，着力解决由劳工失权引发的社会问题，真正行进在劳工权益保护的正确轨道之上。

第三，劳动争议纠纷的调处。劳动争议纠纷无论是对抗性的矛盾，还是在劳动关系双方当事人之间具有共同的利益和合作的基础上，国家角色一直在场。从宏观角度分析，《资本论》时代的劳动争议纠纷引发的暴力斗争色彩非常浓厚，劳动争议常常是阶级矛盾外在的表现之一；从微观角度分析，劳动纠纷的发生肯定是劳资双方有一方的权益受到损害，另一方侵权或侵犯了对方的利益，寻求权利救济才是自己所关心的。虽然不是出于阶级斗争的考虑，但是却非常容易被激化，若处理不当或不及时，会立即转化为对抗性矛盾，造成破坏性社会后果，这对于国家介入劳动关系的成败与否形成严峻的考验。

第四，劳动法律的执法与监督。国家制定劳动法律强制规范劳动关系，在劳动关系协调体系尚不完善的情况下，显得尤为重要。② 加强劳动监察是保障劳动权实现、减少劳动争议发生的重要环节。为保护处于劳动关系弱势一方的劳动者，国家加强劳动执法力量，对劳动力市场秩序进行监督和调控，通过劳动法律的监督施行保障劳工权益。另外，国家要充分培育和发挥工会的作用，积极建立有效的劳动关系

---

① 贺来：《马克思的哲学革命与价值虚无主义课题》，《复旦大学学报》2004 年第 6 期。

② 在现代西方市场经济国家和地区很少发生的欠薪问题，在中国竟成为一个难以解决的顽疾，一些地方政府把解决了拖欠工资问题作为政绩来宣传，这实质是一种对劳动关系治理现实的讽刺，也显示出劳动法治的艰巨性。

三方协商机制。

第二节　劳资伦理建构:劳资对抗向劳资共享发展

《资本论》中的劳资关系是对抗性的,劳动主体的"卑微"与劳动成果(资本)的"高尚"形成伦理悖论。但《资本论》也蕴含着劳资关系的统一性,当代实践表明,劳资关系的走向是构建和谐劳动关系。构建和谐劳动关系的终极意义是伦理的而不是经济的。① 劳资伦理的建构路径是由劳资对抗迈向劳资对立统一的共享发展。

一　劳动关系由个体调整向集体调整发展

我国劳动关系的市场化转型正步西方国家后尘,集体劳动关系已见端倪,也体现了劳动关系历史演进规律。

本书第二章"《资本论》劳工权益思想的理论方位"中讨论劳工权益的内涵时将劳权分为个体劳权与集体劳权,而将二者纳入劳动关系考察,自然就表现为个体劳动关系与集体劳动关系。所以,个体劳动关系(也称个别劳动关系)是指劳工个体与雇主在劳动中形成的关系。劳动关系的主体是劳工和雇主,二者通过劳动合同确定和规范双方的权利与义务,形式上意思自治、契约自由平等,实质上是一种从属关系,因为劳资双方地位不平等,劳工必须服从雇主的指挥、管理去按照要求完成劳动任务。而集体劳动关系(亦称为团体劳动关系),通常指劳工群体(通常以工会为代表)与雇主及其联合组织,就劳资之间所涉事务协商和博弈而形成的社会关系。集体劳动关系包含企业、行业、产业等不同层面,现实中的集体谈判关系、集体争议关系、民主参与管理关系等皆囊括其中。劳动者通过自身的团结和集体行动与雇主对等谈判商定劳权事宜,是集体劳动关系的主要功能。劳动的从

---

① 张志伟:《论德性伦理与构建和谐劳动关系》,《才智》2008 年第 5 期。

属性是个体劳动关系本质特性，而对等性是集体劳动关系本质特性。

（一）西方市场经济国家劳动关系发展轨迹

集体劳动关系的形成基础是个体劳动关系，集体劳动关系的形成目的是矫正个体劳动关系的从属性，以使劳动关系双方的力量能够获得相对平衡。个体劳动关系向集体劳动关系发展是现代西方市场经济国家发展的历史轨迹。劳工的联合行动，原初是劳工希望改变劳动从属性带来的不平等地位的共同诉求和集体行动，构成集体劳动关系形成的原动力。

现代市场经济国家劳动关系治理一般以个体劳动关系调整为基础，以集体劳动关系调整为主线。因为，集体劳动关系被认为是劳动关系高度社会化的必然结果，集体劳动关系的调整引入协商民主理论。"对抗资本主义的剥削，一方面固可透过立法，另一方面也由劳动者本身团体劳动之结果获得，劳动条件之改善，不但应在个别劳动关系中促成，更重要者在于团体协约方面。"[①] 集体协商逐渐成为占据现代集体劳动关系调整主导的核心环节与价值中枢。

（二）当代中国劳动关系调整

当代中国自 20 世纪 80 年代改革开放以来，逐步建立起中国特色社会主义市场经济体制，劳动关系也逐步向市场化过渡转型。中国劳动制度的改革和市场化劳动关系的初步建立，是以《中华人民共和国劳动法》（1995 年）实施为标志，劳动合同是个体劳动关系的法律形式确认，至今已经整整二十年。但这二十年实乃步履蹒跚，尤其是《劳动合同法》颁布实施之后劳动争议激增，显示劳动关系的市场化转型依然任重道远。[②]

究其根源，由《劳动合同法》主要规制和确认的劳动关系多呈现为个体劳动关系，其效用主要是通过法律规范保障劳工权益，对资本

---

① 黄越钦：《劳动法新论》，中国政法大学出版社 2003 年版，第 31—32 页。

② 与现代西方市场经济国家不同，我国市场化的劳动关系并非自发形成，而是政府通过改革从计划经济体制中转型而来，以所有权关系和经营权关系的转变为背景，进行劳动用工制度的改革，目标是建立一个自由流动的劳动力市场，以此构建市场化、法治化的劳动关系。参见常凯《劳动关系的集体化转型与政府劳工政策的完善》，《中国社会科学》2013 年第 6 期。

所有者进行限制。因为个体劳动关系的人身性和从属性，个体劳动关系的形式平等难以掩盖实质上的不平等，劳工在具体劳动关系中时时处于被支配的劣势和弱势地位。进而使得资本与劳动更加的不平衡，劳资矛盾激化，这也必然导致法律上不得不放弃不干预政策，对劳动关系实行国家干预，并随着社会的发展不断强化对劳工的倾斜保护。法律控制是一种整体性社会关系调控，从外部并不能绝对保证劳资力量的均衡，只有集中劳动者的组合力量在内部形成抗衡才有实质意义，真正实现劳资力量的相对平衡和劳资自治。法律之于劳动关系的调整主要经由三条进路：一是通过法律规范确认劳动关系的建立，确保劳动关系有序进行；二是以强制性的劳动基准法规定资方义务，保障劳工权益，并通过国家力量予以监督检查；三是确立法定协商机制，由工会代表劳工与资方集体谈判、协商，国家居中指导、调节，确定彼此权利义务，实现劳资自治。由于劳动关系双方实际经济地位和社会地位的差别，"在对社会关系进行调整时，对处于弱势的一方，法律的天平需要适当地倾斜，原因在于如果势均力敌，双方都不需要法律；如果强弱之势明显，强者不需要法律。在社会中，只有那些通过自身力量正义得不到伸张、公平不能够实现的弱者才是真正需要法律的人，才是必须得到法律帮助的人"①。

总之，劳动关系的调整以个体与集体相结合，才能实现劳动关系系统的功能平衡。我国在依法治国的大背景下，只有进一步规范集体劳动关系，我国劳动关系治理市场化、法治化与科学化才能真正实现。

二 劳资和谐的路径选择

（一）完善三方协商机制

三方协商机制，就是前章已有述及的劳动关系三方协商机制。②

---

① 黎建飞：《从雇佣契约到劳动契约的法理和制度变迁》，《中国法学》2012年第3期。
② 见本文第六章"《资本论》劳工权益思想的实践映证"中的最后部分"劳工权益制度变迁机制改进"。

所有这些交往与活动都与劳动关系有所关联，也构成了社会关系的核心论域。基于协商民主理论基础上的西方现代劳工权益保障机制模式确保了劳动关系的和谐发展，对于当代中国的劳资和谐的路径选择具有重要意义。

市场经济条件下国家层面对劳动关系的介入和干预是以劳工权益保障为旨归的实质公正，是劳动立法依据之所在。

（二）逐步与国际劳工标准接轨

1. 外部加强合作

一方面，注重与国际劳工组织的合作，促进中国在劳工标准方面的改进以及加强在国际贸易中的砝码。找准我国劳工立法与国际劳工标准的差距，根据国情，循序渐进地发挥国际劳工标准在维护劳工权益方面中的作用。另一方面，中国要面对国际贸易中的挑战，积极与发达国家协商沟通，优化贸易条件，改善国内劳动条件，提高劳工标准，减少劳动力比较优势，争取发达国家的援助，积极开展技术创新，努力同发达国家达成谅解合作，在最大限度内达致共赢。

2. 内部着力改善

细分不同产业、不同行业与不同企业的情况，采取相应对策。（1）对外贸易类率先建立国际劳工标准。因为当前国际劳工标准与国际贸易挂钩，对外贸易要求靠拢国际劳工标准，同步态实行，这样才能增强我国企业的国际竞争力。比如服装、鞋帽、玩具和电子元件等劳工标准，应率先与国际劳工标准接轨。（2）劳动密集型企业提高劳工标准。我国许多企业属于劳动密集型企业，所以能在国际贸易中占一席之地，依赖的就是劳动力比较优势。但是，长期如此将会导致劳动力再生产危机，劳动力成本低到缺乏社会保险，难以为继的地步。而且，对劳动力比较优势的依赖也会导致企业技术创新不足。（3）基础产业、重污染行业提高劳工标准。以实现经济社会和谐发展为目标，尽快提高火电、钢铁、水泥、煤炭、建材、造纸、冶金、化工、电解铝、石化、纺织、制革、采矿等重污染及基础行业、企业的劳工标准，切实保障劳工权益，维护劳动者基本生存权和发展权。（4）中小非公企业持续提高劳工标准。要为中小企业营造良好、协调、健康环境，花工夫解决其中的"超经济剥削"的问题。以提高劳工标准为重点，解决农民工"用脚投票"的问题，维护社会稳定。（5）加快地方政府观念转变。不能再一味追求 GDP 增长，担心提高劳工标准会使资方利益受损，投资流失，影响经济增长。而要关注劳工权益对分配正义、内需提升、经济安全、社会和谐皆具有基础性效用。权利与经济是正相关关系，劳资和谐才能产生最大效益。

第三节 劳工权益促进：基于主体、关系、制度的维度

问世近 150 年的《资本论》，对于仍处于社会主义初级阶段的当代中国仍有着非常重要的实践指导价值。《资本论》劳工权益思想对于中国正确处理劳动关系、保障劳动者权益、加强劳动法治建设、维护社会和谐发展有着针对性非常强的理论促进作用。

一 劳动权利主体维度的促进

（一）培育劳动者权利意识

有学者在研究我国劳动法的发展时，敏锐的观察到"从《劳动法》将书面形式设置为劳动合同的有效要件，到劳动部《关于确定劳动关系有关事项的通知》对未签订劳动合同的劳动关系的确认，再到《劳动合同法》将劳动关系建立的标志设立'为用工之日'，可以看到我国劳动立法对劳动者法律意识的要求在步步降低"[①]。之所以出现这

---

① 钱叶芳：《〈劳动合同法〉地方指导意见评述——关于劳动人事争议当事人和劳动关系的认定》，《现代法学》2011 年第 3 期。

种现象，并不是因为国家不要求劳动者具备法律意识，而是因为在当初制定《劳动法》时，立法者对劳动者法律意识问题缺乏实事求是的客观认识。后来，《劳动合同法》的制定开始从对劳动者素质比较理想化的认识回归现实。从城市化运动的逐步深入、现代产业革命的深入开展，越来越多的偏远村落的劳动者放下锄头走进城市拿起瓦刀、钳子等工具成为城市建设或大机器工业中的产业劳工，生活环境的巨大变化使其思想意识必须有大的转变才能适应。不考虑这个现实，就会使制定的法律在现实中实行不下去，从而损坏法治。

关于法律意识，就像一切思想意识一样，都不是天生的，而是从社会实践中来，特别是从生产和生活实践中来。经过城市文明的熏陶，经过现代产业社会实践，劳动者的法律意识才能逐渐养成，就像人的理性需要锻炼与培养一样。当然，政府也不能置身事外，应当遵循人类的认识规律，能动地营造氛围、采取宣传、教育等各种手段，积极构建劳工权益与行政权力之间的良性互动关系，以使劳动者的法律意识逐渐得到提升并适当加快。只有劳动者权利意识提高，法治意识健全，才会积极维护自身劳动权益。在此基础上，如果劳动者能够团结起来，积极行使自己的集体劳动权，那么劳工权益保障的效果将得到大大的提升。

（二）健全规范劳动力市场

劳动力市场有商品市场的一般性，但是由于劳动力是特殊的商品，劳动力载体是人，因而有人权属性，劳动力在使用过程中要体现人的价值、人的尊严。但是由于劳资双方事实上的不平等，资本市场与劳动力市场有着天壤之别，资强劳弱，如果劳动力市场不健全，劳工权益则很难保障，劳动过程中出现纠纷，解决不好便会成为影响社会稳定的隐患。从具体劳动关系来看，就业涉及劳动力市场供求关系、工资涉及劳动力市场价格关系、职业安全卫生涉及劳动力市场环境关系、职业培训涉及劳动力市场供求主体素质关系、社会保障涉及劳动力市场风险、劳动法律法规涉及劳动力市场的运行秩序，等等。凡此种种，都需要劳动力市场去不断规范健全。只有规范健全劳动力市场，才能更好地维护劳工权益。当然，规范健全劳动力市场并不意味着劳动力市场各类关系不存在产业、地区、行业、部门差别，通过深入、细致地劳动力市场分类、分层，对比分析不同类型、不同层次劳动力市场的特点和作用，才是真正地规范健全劳动力市场。

（三）合理发挥工会作用

工会旨在维护劳工权益，将分散的劳工力量团结起来，形成合力，维护劳工集体权益，促进劳工个体权益。工会需要进一步发挥劳工代表职能开展集体谈判，发挥民主监督作用加强劳动保护，保持一致行动处理劳动争议，凝聚劳工，积极参与构建三方协商机制，对于劳工过激行动、给予社会的压力都可以适当缓冲，协调劳资利益关系，促进社会关系和谐。目前，我国工会功能、作用的发挥还有很大的空间。①

二　劳动关系协调维度的促进

《资本论》中明确指出劳动与资本的结合是实现物质资料生产的前提，劳动是价值的唯一源泉，而资本则是价值创造的必要物质条件。劳动与资本共同创造财富，这是劳资合作的物质基础，也是劳动关系协调的实践基础。此处重点从企业治理角度谈对劳工权益的维护。企业管理方是劳动关系在法律上的义务主体，因为在现实劳动关系中企业管理方由于享有经济的实力和管理的权力，致使其在劳动关系中处于绝对优势的地位。

（一）加强劳动者民主参与管理

企业只有加强劳动者民主参与管理，贯彻权利平等原则，以职工代表大会为基础，推行劳资平等协商会议、职工董事及监事、厂务公

---

① 工会在法律法规上地位明确，但现实中作用和功效明显发挥不够，往往流于形式。如我国《工会法》第五章第四十二条规定，工会的经费主要来源于企业按每月全部职工工资总额2%所拨的经费。这就导致了工会无法独立于企业而存在。

开等活动完善职工民主管理体系，才能促进内部劳资关系协调，才能保证员工与企业共生共荣，共同发展，才能使企业繁荣发达，蒸蒸日上，充分发挥企业对整个国民经济发展的促进作用。同时，加大劳动者民主参与管理的约束力度，将民主参与权与集体谈判权有机结合，加强工会作用，加强工会监督，促进企业的发展，保障整个社会关系协调发展。

（二）进一步完善企业内部调解委员会

劳资争议放在企业内部调解，既能维护劳动者的合法权益，确保劳动者的工作岗位，又能维护企业的声誉，既便捷又符合中国的传统和谐文化。以中国的乡土人情论，轻易对簿公堂，不仅成本过高，而且将双方完全处于对峙局面，以后很难合作共事，会造成劳动者赢了官司却丢了饭碗的局面。调解委员会中的民主程序需要不断完善与巩固，程序公平能够促进实质公平。

三 劳动法制保障维度的促进

制度保障主要依靠国家层面的举措。也就是以国家强制力来协调实现劳资和谐自治。2007 年是我国劳动法治年，出台"劳动三法"[①]，《社会保险法》又于 2010 年获得通过，加上 1994 年颁布的《劳动法》，可以说，随着 2010 年中国特色社会主义法律体系的基本形成，我国的劳动法律体系大体形成。相较于《资本论》时代的劳动法制已不可同日而语，现在关键是需要制度的执行层面要切实有效，运作机理科学有效。

（一）劳工权益法制保障运行机理

劳工权益法制保障立基于劳动关系依法治理体制的建构，现代劳动关系依法治理主要分为劳动基准法（劳动关系之条件维护的各种标准的法律规范）和劳动关系协调法（调整劳动关系运行机制或方法的

---

① 《劳动合同法》、《就业促进法》和《劳动争议调解仲裁法》。

法律规范）。

1. 劳动基准法的运行机理

劳动基准法乃是为规定劳动报酬、劳动条件最低标准，保障劳工权益之法。所谓劳动条件，是指生产劳动中的设施条件、工作环境、劳动强度和工作时间等。劳动基准法实质是国家立法对劳动关系的底线性干预或者基础性保障，也就是对劳动关系当事人意思自治的内容进行底线性规制，干预的范围与程度取决于一国国情、权利认知状况和经济社会发展阶段。

就劳工权益法制保障角度来说，国家对劳动关系的治理可分多个层次，劳动基准法可以说是国家层面的第一道干预，而劳动监察法是国家层面的第二道干预，是对违反劳动基准法的行为的监督与矫正，劳动争议处理法则是国家层面的第三道干预，对于劳资之间一切纠纷的化解。

我国现有的劳动基准规范，因位阶较低、规范抽象、执法较软而没有取得良好的实施效果。今后我国的劳动基准立法应坚持广泛覆盖，合理定位，统一性与差异性相结合，强化操作性的原则。

2. 劳动关系协调法的运行机理

劳动关系协调法可以分为宏观协调、中观协调与微观协调，宏观协调是指整个劳动的全过程法律协调，劳动就业—劳动关系的运行—劳动保障，三个环节的协调；中观协调主要表现为不同的劳动关系的法律协调，个体劳动关系—集体劳动关系—国家干预，三个层面的协调；微观协调是指劳动关系中不同主体的法律协调，雇主—劳工—政府，三方主体的协调。

劳动关系运行的基础性环节是微观协调，也就是雇主、劳工、政府三方协调。各方立场不同就会有不同角度的利益追求①，只有通过

---

① 如劳工最关注劳动报酬能够得到合理分配；雇主最希望的是获得更大的经济效益和利润；政府则更倾向于经济的持续增长，社会和谐发展。参见朱海龙《论美国劳动关系三方协调法律机制及其对中国的启示》，《政治与法律》2014年第2期。

各方主体依法协商，达至使各方权益基本均衡的结果，有助于综合利益的最优化，社会利益的最大化，劳动者的生产积极性得到调动和保护，劳动力再生产得以持续和优化，劳动力资源得以科学开发、可持续开发，劳资得以消解对抗、增进互信，实现劳动关系治理的良性化、常态化，促进社会和谐发展。

（二）现代劳工权益保障机制建构

我国的劳动关系运作整体上呈现宏观三个环节协调有脱节、中观三个层面协调有缺失、微观三方主体协调有漏洞的局面。宏观协调的脱节主要体现在过度干涉和不当介入，比如宏观调控的主体是政府，在劳资关系处理中政府不是充当企业的代言人，就是主导工会的行动；中观协调的缺失主要表现集体劳动关系规制欠缺、有所不足；微观协调的漏洞则主要体现在工会功能缺位发挥不够，未能将劳工权益真正保障到实处。因此，必须根据国情建构起中国特色现代劳工权益保障机制。

1. 加强协商民主，强化企业社会责任机制

现代劳工权益保障机制的构建和运行是以协商民主为思想基础，以劳动法规为法律基础，劳资双方平等对话和协商为实践基础。政府作为第三方起到的组织、协调、监督和服务的作用。

企业拥有产业资本和管理劳工权力，绝对优势地位使得企业宏观方面决定整个市场经济的活力，微观方面决定劳动者生产与生活发展状况。在如今经济对外开放、全球一体化的背景下，引入协商民主机制，现代西方劳动关系和谐程度有了显著提高。[①] 人力资源管理柔性化、人本化，将劳资利益冲突转变到劳资合作的轨道上，这充分体现了现代企业所承担的社会责任。这对我国企业是启发也是促动，允许劳动者加入企业董事会或管理层进行管理以及开展劳工持股计划分享企业经营利润等，如前文所述，也是中共十八届三中全会《关于全面

---

① 欧美现代企业给员工提供种种福利系列完整，从养老、医疗等生理健康福利到休假、社会服务等精神健康福利，还有培训、旅游等奖励福利，配套薪酬激励措施和"利润共享计划"激发了劳动力潜能，使得劳动关系比以前更加和谐。

深化改革若干重大问题的决定》的应有之义。

2. 加强制度执行，优化劳动监察机制

劳动法律、法规的建立和完善，是劳工权益保障机制构建的重要前提，但是，现有制度的执行是劳工权益保障机制运行的重要路径。纵观党和国家劳动立法与政策的历史变迁，最早可追溯到新中国成立前中国共产党的劳动立法实践。中共在对我国劳资关系本质问题的认识上，与对《资本论》等马克思主义经典文本的理解深入过程同步态，总体上经历了一个在长期实践中逐步摸索与认知的曲折过程。①直到最近的《安全生产法》的修订并实施，我国的劳动关系治理一直在寻求进步和完善。

我国改革开放迄今关涉劳工权益保障的法律有《劳动法》（1995年）、《职业教育法》（1996年）、《职业病防治法》（2001年）、《工会法》（2001年修订）、《就业促进法》（2007年）、《劳动合同法》（2007年）、《劳动争议调解仲裁法》（2007年）、《社会保险法》（2010年）、《安全生产法》（2014年修订）等，另外还有《工伤保险条例》、《劳动保障监察条例》和《集体合同规定》等行政法规、部门规章，以及最高人民法院四个《关于劳动争议案件适用法律若干问题的解释》的发布，共同构建了我国劳动与社会保障法制的基础框架。现有制度已经较为完善，但在规范实施层面还需要加强。② 因此，建立整合与国

---

① 梳理《资本论》劳工权益思想在中国的实践，最早可以追溯到新中国成立前中国共产党的劳动立法实践。早期中国共产党人李达，于1922年9月在上海《民国日调报》副刊《觉悟》发表《劳动立法运动》，他运用马克思劳动价值理论分析当时劳工运动，强调劳动立法的重大意义，指出了劳动立法是保护广大劳工生存和工作的重要武器，并号召广大劳工为此而努力奋斗。这是我国第一次运用马克思劳工权益思想阐述劳动立法。之后从土地革命时期《中华苏维埃共和国劳动法》开始，历经抗日战争时期、解放战争时期直至新中国成立初期皆没有停止劳动立法的探索，中国劳工权益保护体系的构建不能割裂新中国成立前中共劳动关系政策实践，不能抛开新中国政权建立前获得的经验教训，这对于当下进行劳动立法与劳资关系政策的确立起着启迪与借鉴作用。

② 很重要的方面是相关法律法规之间未能完全有整合，如对于我国老龄社会来临，劳动者超龄工作或者老龄人口从事产业劳动的劳工权益保障问题，现有制度相互抵牾，使得相关权益未能适时保障。

情和劳动力市场结构特点相适应、与国际接轨的劳工权益保障法制，在立法过程中充分吸收借鉴国际劳工标准和先进立法、执法经验显得尤为重要。

没有劳动监察，劳动法就等于"老虎没有牙齿"、"手枪没有扳机"。在强化劳动监察职能，优化劳动监察机制方面，首先，应尽快制定《劳动监察法》。现行《劳动保障监察条例》属于行政法规，权威性不足、位阶不够，应当从国家立法的层面加以提高，赋予劳动监察更强的法律执行权力。其次，建议建立"劳动调查员制度"。马克思写作《资本论》时，阅读了大量工厂视察员报告和公共卫生报告，并在书中大篇幅引证，对于《资本论》劳工权益思想的系统形成帮助很大，然后又反映在对德国社会立法有较大促进作用。由此，本书建议我国设立"劳动关系调查委员会"①。再者，强化对劳动监察的制约监督，保证劳动监察权力得到正确行使。发挥工会的民主监督、加强内部监督、扩大社会监督等是保障法律落实的有效途径。

第四节　本章小结

本章主要研究《资本论》劳工权益思想之于当代中国的启示。首先，立足于《资本论》提供的理论范式，对资本积累规律与当代中国劳动者结构变化之间的联系进行深度剖析，思考和解决困扰当代经济社会发展的重大现实问题。马克思在《资本论》中透过资本主义社会看似平等的各种各样的契约关系，深入地考察这些契约关系所反映的劳动关系不平等实质，揭示出资本主义性质劳动关系的剥削真相。为了削弱这种剥削性，也为了防止剥削的放任而导致劳

---

① 具体做法是，由人民代表大会常设机构聘请相关专业人士担任调查员，授权承担一定区域内的劳工权益状况的独立调查，并定期书面报告，公开向人民代表大会报告、向社会公布。

动关系的崩盘，势必需要国家立法干预对劳工权益倾斜保护。其次，挖掘《资本论》的劳资有机统一之理论蕴含，结合当代发展实际，分析个体劳动关系调整向集体劳动关系调整的发展，提出完善三方协商机制、与国际劳工标准接轨是劳资和谐的合理路径选择。保障劳工权益，实现体面劳动，已经成为全球化时代劳动伦理。最后，结合国情，从劳动权利主体、劳动关系协调、劳动法制保障三个维度，讨论《资本论》劳工权益思想对于当代中国劳动关系治理法治化的理论启示与实践促进。启示必须在现实基础上获得，《孟子·滕文公上》有云："夫物之不齐，物之情也。"《诗经·小雅·鹤鸣》亦有云："它山之石，可以攻玉。"结合当代中国劳动关系之现实，《资本论》劳工权益思想所带来的启示主要有四个方面。

一是以人为本。劳动创造人类，人类创造社会，劳动主体的权益保障是社会和谐、稳定、发展的核心。必须把解决广大劳动者最关心、最直接、最现实的利益问题，切实维护劳工权益，作为劳动关系治理的根本出发点和落脚点。

二是依法治理。市场经济本质是法治经济。中国劳动关系治理必须法治化，健全劳动与社会保障法律体系，增强企业法治意识，提高劳动者依法维权能力，加强劳动执法监察和劳动纠纷依法调处，依法化解劳动关系矛盾，把劳动关系的建立、运行、监督、调处的全过程纳入法治化轨道。

三是协同共享。《资本论》劳工权益思想揭示出劳动关系治理的方向是劳资自治、劳资协作、劳资共享。在当代中国需要促进企业发展和劳权保障协同发展，健全劳动关系协调机制，加强企业民主管理制度建设，丰富民主参与形式，畅通民主参与渠道，扩大厂务公开，推动劳资协商共事、机制共建、效益共创、利益共享，构建和谐劳动关系。

四是改革创新。没有对经典理论的把握，就失去了创新的基础，《资本论》劳工权益思想是劳动关系治理创新的理论依凭。全面深化改革与全面推进依法治国要求从我国基本经济制度出发，统筹考虑公有制经济、非公有制经济和混合所有制经济的特点，积极探索社会主义市场经济条件下劳动法治规律，与时俱进，积极稳妥推进中国特色劳动法治体系创新。

第八章　结语

马克思对劳工权益之认识非常深刻，早在《1848 年至 1850 年的法兰西阶级斗争》中，便已阐明"劳动权就是支配资本的权力，支配资本的权力就是占有生产资料，使生产资料受联合起来的工人阶级支配，也就是消灭雇佣劳动、资本及其相互间的关系"[①]。这里，隐含着资本天性里面的恶是可以遏制并矫正的权利逻辑，隐含着劳工权益对资本权力的制约，《资本论》所述英国工厂立法以及后继西方资本主义市场经济国家的立法实践业已初步证明。当然，劳工权益的完全实现必须依赖于劳动者控制了生产资料，也就是说，劳动力与生产资料不再分离。

第一节　基本结论

本书对《资本论》的研究，并非简单地从现实问题出发去文本中寻求解决方案，或者单纯靠一个外在的理论框架抑或当代流行的思潮和方法去"挖掘"和"阐释"其思想，而是在扎实解读文本基础上结合当代资本全球化的发展态势来重新评价《资本论》所蕴含的劳工权

---

① 《1848 年至 1850 年法兰西阶级斗争》，载《马克思恩格斯文集》（第 2 卷），人民出版社 2009 年版，第 113 页。

益思想及其对资本逻辑的批判，确立其思想价值和当代意义，现初步形成以下基本结论。

其一，《资本论》劳工权益思想在马克思法律理论中处于核心地位。具体而言，《资本论》劳工权益思想是马克思权利理论的核心支点，是马克思劳动关系理论的阿基米德点，是促进劳动与社会保障法发展的理论动力，是马克思主义法学理论的重要组成部分和新的理论生长点。

其二，《资本论》劳工权益思想呈现由异化劳动引致劳工权益缺损，进而劳工权益超越资本权力的逻辑。《资本论》劳工权益思想为开辟通往历史唯物主义的现实道路铺垫了重要基石，《资本论》所阐释的劳工权益思想的实现与否成为衡量社会文明程度的标杆，劳权保障也是未来社会人自由全面发展的现实路径。本书以资本主义生产方式下的劳工为出发点，在对资本主义经济关系深入分析的基础上，批判和扬弃了"异化劳动"，经由价值理论的分析，研究资本运动中的劳动关系以及劳工权益呈现，与法律制度实践相互映证，经过劳动和资本的螺旋上升式对立统一，揭示劳工权益思想对劳动力权本质理解应该是人权基础之上的产权化，提出"重建劳动者的个人所有制"以实现人的自由全面发展。

其三，《资本论》劳工权益思想具有个体劳权、集体劳权与劳权救济等丰富蕴涵。依据现代劳动与社会保障法理论，《资本论》劳工个体权益思想可以分为《资本论》工作日理论所蕴含的劳工休息权与发展权，工资理论所蕴含的劳动报酬权与劳动力产权，劳动教育思想所蕴含的职业培训权和受教育权，劳动保护思想所蕴含的劳动安全卫生权和职业灾害赔（补）偿权，社会保障思想所蕴含的社会保障权与平等分配权等。而劳工集体权益的实践基础是《资本论》中的协作思想，《资本论》中的集体劳权思想可以分为劳工结社思想所蕴含的结社权或团结权，集体谈判思想所蕴含的平等谈判权和劳资自治权，集体行动思想所蕴含的自力救济权和罢工权，民主参与思想所蕴含的民主参与权和剩余价值分享权。《资本论》劳工权益救济思想包含劳动监察思想与劳动争议处理思想。劳动监察是对劳工权益的"禁区防守"和"底线救济"，也是对社会利益的整体调控。而劳动争议处理思想所蕴含的劳动争议处理权是一种司法救助权和平等裁审权。"重新建立劳动者个人所有制"则是马克思在《资本论》中明确提出的关于未来共产主义社会所有制形式的科学设想，这一设想蕴含着《资本论》劳工权益思想的最高目标——天然就业权。

其四，《资本论》劳工权益思想的实践主要体现为权利思想与法律制度的互动演进。制度是实践《资本论》劳工权益思想的基本方式。《资本论》劳工权益思想的实践来源与实践发展分别为英国与德国。因为，英国作为第一工业革命的引领国，是最先劳工立法的国家；德国作为第二次工业革命的引领国，最先开展社会保险立法。《资本论》劳工权益思想的实践机理呈现为劳工权益制度变迁的内在机制就是劳动关系协调机制。劳动关系三方协商机制是劳工权益制度变迁的改进方向。

其五，《资本论》劳工权益思想之于当代中国有理论指导性和实践示范性。资本积累规律促使劳工权益倾斜保护，劳资伦理的建构是劳资对抗向劳资有机统一的发展。完善劳动关系三方协商法律机制，与国际劳工标准接轨是劳资和谐的路径选择。《资本论》劳工权益思想的劳动权利主体、劳动关系协调、劳动法制保障等多维蕴涵，对当代中国劳动关系治理创新发挥理论促进作用。

回顾本书对《资本论》的研究，并非割裂《资本论》，本书始终是以历史唯物主义和辩证唯物主义立场将《资本论》作为有机整体来研究的，劳工权益思想研究仅是作为一个切口，以便从一个新颖的视角进入《资本论》的理论系统，上述的基本结论也是为了更好地深入理解《资本论》、雅俗共赏《资本论》，让《资本论》劳工权益思想有机融入马克思主义法律思想和中国特色社会主义法治理论，为法治中国建设实践汇入理论营养。

第二节　研究的不足与研究展望

需要指出的是，《资本论》劳工权益思想在马克思主义法学经典文本研究和劳动与社会保障法学领域皆具有开拓性，在这个理论发展与制度构建中，马克思没有也不可能探讨劳动与社会保障法学的全部问题。虽然在《资本论》写作过程中马克思阐述了许多劳工权益思想，但随着时代变迁与社会实践的发展，理论研究随之深化和完善是后世学人的历史使命。

当然，这不能成为《〈资本论〉劳工权益思想研究》一书质量差强人意的借口。本书确实有诸多尚需深化之处，如《资本论》劳工权益思想与制度的相互映证还可以加强，以进一步增强理论现实指导性，进一步增强理论与实践的有机联系；《资本论》劳工权益思想内容阐释如何更加系统化，以及如何处理与马克思主义法学理论其他组成部分的关系；《资本论》劳工权益思想研究的领域如何扩展还需要深入阐发；《资本论》劳工权益思想对当代中国劳动关系治理法治化启示研究得还不够全面、不够深入，等等。

今后的研究，将以《资本论》劳工权益思想研究为起点，按照历史与逻辑相统一的原则，深入探讨《资本论》劳工权益思想的当代价值，完整描绘马克思主义法学理论的发展图景，为马克思主义法律思想中国化创新路径，在学科资源整合的基础上寻求我国劳动关系治理法治化的不断创新，进而为推进国家治理体系和治理能力现代化提供科学的理论武器，为实现中华民族伟大复兴、最终实现人的解放作出智识贡献。

参考文献

一 经典文献

［1］《马克思恩格斯文集》（第1—10卷），人民出版社2009年版。

［2］《马克思恩格斯选集》（第1—4卷），人民出版社2012年版。

［3］《马克思恩格斯全集》（第30卷），人民出版社1995年版。

［4］《马克思恩格斯全集》（第31卷），人民出版社1998年版。

［5］《马克思恩格斯全集》（第32卷），人民出版社1998年版。

［6］《马克思恩格斯全集》（第33卷），人民出版社2004年版。

［7］《马克思恩格斯全集》（第34卷），人民出版社2008年版。

［8］《马克思恩格斯全集》（第35卷），人民出版社2013年版。

［9］《马克思恩格斯全集》（第49卷），人民出版社1982年版。

［10］《马克思恩格斯全集》（第50卷），人民出版社1985年版。

［11］马克思：《资本论》（根据作者修订的法文版第一卷翻译），中国社会科学出版社1983年版。

二 中文著作

［1］李光灿、吕世伦、公丕祥等主编：《马克思恩格斯法律思想史》（修订版），法律出版社2001年版。

［2］孙国华主编：《马克思主义法理学研究——关于法的概念和本质的

原理》，群众出版社 1996 年版。

[3] 张文显主编：《马克思主义法理学——理论与方法论》，吉林大学出版社 1993 年版。

[4] 武步云：《马克思主义法哲学引论》，陕西人民出版社 1991 年版。

[5] 黎国智：《马克思主义法学论著导读》，中国政法大学出版社 1993 年版。

[6] 公丕祥：《马克思法哲学思想述论》，河南人民出版社 1992 年版。

[7] 公丕祥：《马克思的法哲学革命》，浙江人民出版社 1987 年版。

[8] 公丕祥：《权利现象的逻辑》，山东人民出版社 2002 年版。

[9] 公丕祥、龚廷泰主编：《马克思主义法律思想通史》（1—4 卷），南京师范大学出版社 2014 年版。

[10] 付子堂：《马克思主义法律思想研究》，高等教育出版社 2005 年版。

[11] 付子堂：《文本与实践之间——马克思主义法律思想中国化问题研究》，法律出版社 2009 年版。

[12] 付子堂：《历史与实践之维——马克思主义法律思想时代化问题研究》，法律出版社 2011 年版。

[13] 杜万华：《马克思法哲学与法律社会学理论研究》，法律出版社 2003 年版。

[14] 顾海良主编：《马克思主义发展史》，中国人民大学出版社 2009 年版。

[15] 俞吾金：《被遮蔽的马克思》，人民出版社 2012 年版。

[16] 张一兵：《回到马克思——经济学语境中的哲学话语》，江苏人民出版社 2014 年版。

[17] 王亚南：《〈资本论〉研究》，上海人民出版社 1973 年版。

[18] 章世嵘：《〈资本论〉的逻辑》，湖南人民出版社 1983 年版。

[19] 胡世祯：《〈资本论〉研读》（上、下），暨南大学出版社 2012 年版。

[20] 聂锦芳、彭宏伟：《马克思〈资本论〉研究读本》，中央编译出

版社 2013 年版。

[21] 毛信庄:《〈资本论〉法律思想研究》,生活·读书·新知三联书店 1992 年版。

[22] 庞正:《历史唯物主义法学形成的理论脉象》,南京师范大学出版社 2007 年版。

[23] 张波:《马克思主义法律思想中国化路径研究》,人民出版社 2011年版。

[24] 王永杰:《从普适性到地方性:马克思主义法学中国化研究》,东方出版中心 2011 年版。

[25] 周尚君:《马克思〈巴黎手稿〉的法哲学问题》,法律出版社 2010 年版。

[26] 迟方旭:《〈马克思恩格斯文集〉私法思想考论》,中国社会科学出版社 2011 年版。

[27] 侯廷智、邰丽华:《马克思主义法学思想理论及其现实意义》,首都经济贸易大学出版社 2011 年版。

[28] 常卫国:《劳动论:〈马克思恩格斯全集〉探义》,辽宁人民出版社 2005 年版。

[29] 冯华:《论马克思恩格斯工作日制度思想及其意义》,光明日报出版社 2014 年版。

[30] 王虎学:《马克思分工思想研究》,中央编译出版社 2012 年版。

[31] 樊晓磊:《马克思权利思想研究》,法律出版社 2014 年版。

[32] 朱春燕:《〈资本论〉产权思想研究》,中国社会科学出版社 2008年版。

[33] 胡玉鸿主编:《弱者权益保护研究综述》(上、下),中国政法大学出版社 2012 年版。

[34] 方世南、曹峰旗、王海稳:《马克思恩格斯弱者权益保护思想》,生活·读书·新知三联书店 2012 年版。

[35] 任岳鹏:《西方马克思主义法学》,法律出版社 2008 年版。

［36］ 高鸿钧、马剑银：《社会理论之法：解读与评析》，清华大学出版社 2006 年版。

［37］ 何志鹏：《权利基本理论：反思与构建》，北京大学出版社 2012 年版。

［38］ 周永平：《当代劳动关系法律制度研究》，中国方正出版社 2010 年版。

［39］ 刘家珉、林原：《从马克思劳动力价值与工资理论看现实经济危机》，中国经济出版社 2010 年版。

［40］ 贾樟柯：《中国工人访谈录》，商务印书馆 2009 年版。

［41］ 黄进才：《中国农民工权利保护的法律考察》，人民出版社 2011 年版。

［42］ 常凯：《劳权论》，中国劳动社会保障出版社 2004 年版。

［43］ 常凯：《劳动关系学》，中国劳动社会保障出版社 2005 年版。

［44］ 王全兴主编：《劳动法学》，法律出版社 2008 年版。

［45］ 王江松：《劳动哲学》，人民出版社 2012 年版。

［46］ 秦国荣：《劳动权保障与〈劳动法〉的修改》，人民出版社 2012 年版。

［47］ 龚向和等：《从民生改善到经济发展——社会权法律保障新视角研究》，法律出版社 2013 年版。

［48］ 郑尚元主编：《劳动和社会保障法学》，北京师范大学出版社 2010 年版。

［49］ 林嘉主编：《劳动法和社会保障法》，中国人民大学出版社 2014 年版。

［50］ 李建正等主编：《新社会政策》，香港中文大学出版社 2012 年版。

［51］ 黄越钦：《劳动法新论》，中国政法大学出版社 2003 年版。

［52］ 黄越钦：《劳动法论》，三民书局 1994 年版。

三 外文文献

［1］ R. Banakar & M. Travers, *An Introduction to Law and Social Theory*,

Oxford-Portland, Oregon: Hart Publishing, 2002.

［2］Hugh Collins, *Marxism and Law*, New York: *Oxford University Press*, 1982.

［3］Karl Renner, *The Institutions of Private Law and Their Social Functions*, Translated by Anges Schwarzschild, London, 1949.

［4］J. T. Ward, *The Factory Movement──Popular Movements c. 1830 - 1850*. New York: Saint Martin, 1970.

［5］C. R. Dobson, *Masters and Journeymen: A Prehistory of Industrial Relations 1717 - 1800*, London: Croom Helm Ltd, 1980.

［6］Philip Bagwell, *Industrial Relations*, Dublin: Irish University Press, 1974.

［7］J. E. Stiglitz, *Whither Socialism*, The MIT Press, 1994.

［8］G. D. H. Cole, *A Short History of the British Working Class Movement*, New York: Macmillan, 1927.

［9］B. L. Hutchins and A. Harrison, *A History of Factory Legislation*, London: P. S. King & Son, Ltd, 1926.

［10］J. L and Barbara Hammond, *The Town Labourer*, London: Longman, 1978.

［11］J. L and Barbara Hammond, *The Village Labourer*, London: Longman, 1978.

［12］J. L and Barbara Hammond, *The Skilled Labourer*, London: Longman, 1979.

［13］Anthony Howe, *The Cotton Masters 1830 - 1860*, Oxford: Oxford University Press, 1984.

［14］Charis Doucouliagos, *Worker Participation and Productivity in Labor-Managed and Participatory Capitalist Firms-A Meta-Analysis*, Industrial and Labor Relations Review, 1995: Vol. 49, No. 1.

［15］A. H. Yarmie, *Employers'Organizations in Mid-Victorian England*,

International Review of Social History, 1980: Vol. 25, No. 2.

［16］ Corey Rosen and Michael Quarrey, *How Well is Employee Working*, Harvard Business Review, 1987: September-October.

［17］ C. Rosen, J. Case, M. Staubus, *Every Employee an Owner. Really*, Harvard Business Review, 2005: Vol. 83, No. 6, June.

［18］ Donna Sockell, *The Legality of Employee-Participation Programs in Unionized Firms*, Industrial and Labor Relations Review, 1984: Vol. 37, No. 4.

四　翻译著作

［1］［德］康德：《法的形而上学原理》，沈叔平译，商务印书馆 1991 年版。

［2］［德］伯恩·魏德仕：《法理学》，丁小春、吴越译，法律出版社 2003 年版。

［3］［德］考夫曼：《法律哲学》，刘幸义等译，法律出版社 2004 年版。

［4］［德］H. 科殷：《法哲学》，林荣远译，华夏出版社 2002 年版。

［5］［德］卡尔·拉伦茨：《法学方法论》，陈爱娥译，商务印书馆 2003 年版。

［6］［德］哈贝马斯：《在事实与规范之间》，童世骏译，生活·读书·新知三联书店 2003 年版。

［7］［意］葛兰西：《狱中札记》，曹雷雨等译，中国社会科学出版社 2000 年版。

［8］［奥］凯尔森：《共产主义的法律理论》，王名扬译，中国法制出版社 2004 年版。

［9］［苏联］帕舒卡尼斯：《法的一般理论与马克思主义》，杨昂等译，中国法制出版社 2008 年版。

［10］［澳］迈克尔·黑德、叶夫根尼·帕舒卡尼斯：《一个批判性的再评价》，刘蔚铭译，法律出版社 2012 年版。

[11] ［加］迈克尔·A. 莱博维奇:《超越〈资本论〉——马克思的工人阶级政治经济学》,崔秀红译,经济科学出版社 2007 年版。

[12] ［美］阿伦特:《马克思与西方政治思想传统》,孙传钊译,江苏人民出版社 2007 年版。

[13] ［美］道格拉斯·L. 莱斯利:《劳动法概要》,张强等译,中国社会科学出版社 1997 年版。

[14] ［美］约翰·罗尔斯:《正义论》,何怀宏等译,中国社会科学出版社 1988 年版。

[15] ［美］罗纳德·伊兰伯格、罗伯特·史密斯:《现代劳动经济学》,潘功胜、刘昕译,中国人民大学出版社 2011 年版。

[16] ［美］C. A. 摩尔根:《劳动经济学》,杨炳章译,中国工人出版社 1984 年版。

[17] ［美］约翰·W. 巴德:《人性化的雇佣关系——效率、公平与发言权之间的平衡》,解格先、马振英译,北京大学出版社 2007 年版。

[18] ［英］亚当·斯密:《国民财富的性质和原因的研究》(上、下卷),郭大力、王亚南译,商务印书馆 1983、2008 年版。

[19] ［英］柯林斯:《马克思主义与法律》,邱昭继译,法律出版社 2012 年版。

[20] ［英］汤普森:《英国工人阶级的形成》,钱乘旦等译,江苏人民出版社 2001 年版。

[21] ［英］阿克顿:《自由与权力》,侯健、落亚峰译,商务印书馆 2001 年版。

[22] ［英］戴维·麦克莱伦:《马克思思想导论》,郑一明、陈喜贵译,中国人民大学出版社 2009 年版。

[23] ［英］约翰·哈罗德·克拉潘:《现代英国经济史》(上、中、下),姚曾廙译,商务印书馆 1964、1975、1977 年版。

[24] ［挪］A. 艾德等:《经济、社会和文化的权利》,黄列译,中国

社会科学出版社 2003 年版。

［25］［日］宫川彰:《解读〈资本论〉第一卷》，刘锋译，中央编译
出版社 2011 年版。

［26］［日］广松涉:《资本论的哲学》，邓习议译，张一兵审订，南京
大学出版社 2013 年版。

［27］［法］阿尔都塞、巴里巴尔:《读〈资本论〉》，李庆其、冯文光
译，中央编译出版社 2008 年版。

［28］［比］欧内斯特·曼德尔:《〈资本论〉新英译本导言》，仇启
华、杜章智译，中共中央党校出版社 1991 年版。

五　相关论文

［1］成有信:《论教育与生产劳动相结合的实质》，《中国社会科学》
1982 年第 1 期。

［2］常凯:《WTO、劳工标准与劳工权益保障》，《中国社会科学》2002
年第 1 期。

［3］常凯:《劳动关系的集体化转型与政府劳工政策的完善》，《中国
社会科学》2013 年第 6 期。

［4］卜祥记:《〈资本论〉的理论空间与哲学性质》，《中国社会科学》
2013 年第 10 期。

［5］江必新、王红霞:《法治社会建设论纲》，《中国社会科学》2014
年第 1 期。

［6］刘作翔:《权利平等的观念、制度与实现》，《中国社会科学》2015
年第 7 期。

［7］仰海峰:《马克思资本逻辑场域中的主体问题》，《中国社会科学》
2016 年第 3 期。

［8］张文喜:《马克思对"伦理的正义"概念的批判》，《中国社会科
学》2014 年第 3 期。

［9］张文喜:《马克思所有权批判及其相关的公平正义观》，《中国社

会科学》2016 年第 8 期。

[10] 马一德：《宪法框架下的协商民主及其法治化路径》，《中国社会科学》2016 年第 9 期。

[11] 李路路、朱斌、王煜：《市场转型、劳动力市场分割与工作组织流动》，《中国社会科学》2016 年第 9 期。

[12] 喜佳：《二元结构下"农民工"劳动权之一元法律保护：从身份到契约》，《中国法学》2010 年第 2 期。

[13] 沈同仙：《论完善我国不当解雇的法律救济措施》，《中国法学》2012 年第 6 期。

[14] 李雄：《我国劳动争议调解制度的理性检讨与改革前瞻》，《中国法学》2013 年第 4 期。

[15] 李伯侨、林碧艳：《股份公司职工持股制度立法研究》，《法学研究》1999 年第 3 期。

[16] 易继明：《评财产权的劳动学说》，《中国法学》2000 年第 3 期。

[17] 任洲鸿、刘冠军：《从"雇佣劳动"到"劳动力资本"——西方人力资本理论的一种马克思主义经济学解读》，《马克思主义研究》2008 年第 8 期。

[18] 任雪萍、黄志斌：《马克思恩格斯对资本主义劳动异化的哲学批判》，《马克思主义研究》2010 年第 11 期。

[19] 常述雄等：《我国劳动份额变化趋势研究》，《马克思主义研究》2013 年第 2 期。

[20] 陆夏：《劳动租金论与劳动者薪酬福利的理论解析》，《马克思主义研究》2013 年第 3 期。

[21] 刘海军：《资本逻辑与当代工人阶级结构变化》，《马克思主义研究》2013 年第 6 期。

[22] 李惠斌：《劳动产权概念：历史追溯及其现实意义》，《马克思主义与现实》2004 年第 5 期。

[23] 李惠斌：《劳动产权理论及其意义》，《马克思主义与现实》2013

年第 3 期。

[24] 赵义良、王代月：《马克思的产权思想：价值取向与当代意义》，《马克思主义与现实》2013 年第 3 期。

[25] 赵学清：《劳动者的双重身份与生活资料的个人所有制——关于马克思个人所有制思想的新思考》，《马克思主义与现实》2013 年第 3 期。

[26] 刘秀萍：《私有财产关系的起源、表现及其社会后果——马克思"巴黎时期"思想再探讨》，《马克思主义与现实》2013 年第 3 期。

[27] 李招忠：《论马克思恩格斯的平等思想——弱势群体权益保护的思想资源》，《哲学研究》2007 年第 5 期。

[28] 秦国荣：《劳动权的权利属性及其内涵》，《环球法律评论》2010 年第 1 期。

[29] 李谧：《论马克思劳动价值论中的民生伦理思想》，《中国特色社会主义研究》2014 年第 2 期。

[30] 朱海龙：《论美国劳动关系三方协调法律机制及其对中国的启示》，《政治与法律》2014 年第 2 期。

[31] 熊惠平：《穷人经济学的健康权透视：权利贫困及其治理》，《社会科学研究》2007 年第 6 期。

[32] 汪火良：《从劳动权的历史维度看人的发展》，《湖北社会科学》2005 年第 12 期。

[33] 张开发、王宇博：《论英国 1802 年工厂法》，《苏州科技学院学报》2014 年第 1 期。

[34] 贺来：《马克思的哲学革命与价值虚无主义课题》，《复旦大学学报》2004 年第 6 期。

[35] 黎建飞：《从雇佣契约到劳动契约的法理和制度变迁》，《中国法学》2012 年第 3 期。

[36] 钱叶芳：《〈劳动合同法〉地方指导意见评述——关于劳动人事争议当事人和劳动关系的认定》，《现代法学》2011 年第 3 期。

［37］［法］多米尼克·巴里：《新自由主义全球化与中国的劳资问题》，张春颖、张卫红译，《马克思主义与现实》2014 年第 2 期。

［38］王峰明：《异化劳动与私有财产》，《马克思主义与现实》2013 年第 1 期。

［39］陆晓光：《马克思美学视阈中的“汉特医师”们——重读〈资本论〉》，《社会科学》2008 年第 4 期。

［40］韩伟：《契约自由与劳动法的兴起——〈资本论〉的法哲学解读》，《理论导刊》2008 年第 7 期。

［41］韩伟：《〈资本论〉中的劳动法思想初探》，《福建论坛》（社科版）2009 年第 4 期。

［42］黄立君：《从〈资本论〉对英国工厂法的分析看马克思的法经济学思想》，《理论学刊》2010 年第 2 期。

［43］徐丹、朱进东：《马克思对尤尔的思想超越及其理论意义》，《南京社会科学》2015 年第 1 期。

［44］江雪松：《〈资本论〉价值理论对劳工权益的逻辑诠释》，《学海》2015 年第 2 期。

后　记

本书是我进行马克思主义法学研究的初步尝试。原拟题名为"马克思弱者权益思想研究"，但随着研究的推进，我发现问题越来越多，如对弱者的界定，对马克思主义法学研究方法的探讨，对马克思浩瀚著作的研读……需要大量时间去研究，每一处都不能等闲视之。在很长时间里，研究几无进展和突破，我苦恼过、彷徨过、犹豫过，甚至退缩过。然而，马克思的学术魅力不时提醒我不能入宝库而空手归。一直从事劳动与社会保障法教学的经历，触发我聚焦马克思主义法学研究中大家容易忽视却又是基础性的问题——劳工权益，文献研究也集中于《资本论》及其手稿。这样，研究的面不需铺得过大，研究的点更为集中，研究的度亦可以更深入，且这项研究确属经世之学，值得持续挖掘。

当然，"《资本论》劳工权益思想研究"仍是一个难度不小、留白较多的跨学科综合课题，囿于资料匮乏，我只有在原著中而无法通过阅读相关的评述性文章去挖掘马克思丰富的劳工权益思想。潜心研读经典原著，反复咀嚼其中的字字珠玑，此项工作花费经年。文本精读之后，我在法学之外还需广泛涉猎与劳工权益相关的经济学、政治学、社会学、历史学、管理学等多学科领域的专业理论，这亦是非常艰巨的工作。幸运之至，我获公派赴香港中文大学法律学院访学半年，得以集中时间进行交叉比较研究，同时又分别获得中国博士后基金会和江苏省哲学社会科学规划办公室的资助。

写作中，困难和琐事常伴左右，疑虑和阻滞如影随形。自感不配"铁肩担道义，辣手著文章"，但天生的扶弱情怀始终是我坚持研究的精神支柱，每每查阅资料，掩卷沉思，键盘敲击，不敢有丝毫懈怠荒废；况且，我非常幸福地得到周遭师长、家人和亲友的帮助和支持。首当其冲感谢恩师公丕祥教授，作为我的博士后合作导师，在繁重公务之余，拨冗指导，极其认真，倾注诸多心血和精力，令我感动。吾师高山仰止，海纳百川，厚德载物，余定当追随一生！感谢我的博士生导师余达淮教授，高深的学术造诣、严谨的学术态度、细致入微的热情指导、随和宽容的待人接物，是我努力效法的榜样。他对拙稿的奖掖鼓励和睿智点拨令我难忘！感谢蔡道通教授，早在我硕士阶段便一直引领我前行，帮我校准人生坐标、矫正学业方向，事事鼎力举荐，历历在目、感激涕零，这部书稿也凝聚着蔡师的心血！感谢吴远教授、黄明理教授、刘爱莲教授、姚润皋教授、杨明教授、王荣江教授、季秀平教授、郭兴利教授等诸多专家的不吝鼓励与精当意见。感谢黄辉、李薇伉俪在我居港访学期间给予的关照。感谢前春、聂达、加永、何刚诸友的鼎力支持！感谢中国社会科学出版社赵剑英社长、熊瑞编辑的出版支持，让本书得以在《资本论》问世150周年的前夕致以学术献礼！也感谢我的博士后研究单位南京师范大学、博士学习单位河海大学、工作单位淮阴师范学院熟识的各位领导、师友对我的关怀与帮助。

感谢我年迈的父母，始终无私奉献、默默支持，而我却因学业未成不能回乡常侍左右，心实惶恐而歉疚！母亲以钢铁般的意志与病魔顽强斗争，从容而去，令我钦佩而感怀！此书献给仙逝的母亲！我要感谢贤妻秀兰，自身工作非常繁忙，放弃了原本领先于我进一步深造的机会，相夫教子，全力支持我的求学和工作，这一切让我很感激！她扎实的劳动与社会保障法学功底对本书的贡献，好比恩格斯之于马克思理论的贡献，当然这个比喻不很恰当，我们无意与伟人攀比，但

16 年的相濡以沫，使得本书乃至我的全部研究成果都是"夫妻共同财产"！我引以为豪的江来已经 13 岁了，感谢你给了我生活中大多数的快乐！家是我最大的财富、最宁静的港湾，我永远珍惜！

最后，面对这部并不尽如人意的拙稿，志忐于马克思主义劳工权益理论探索才刚刚迈步，我想以研读《资本论》时烂熟于胸的一句话来自勉："在科学上没有平坦的大道，只有不畏劳苦沿着陡峭山路攀登的人，才有希望达到光辉的顶点。"

江雪松

丙申年秋